AF240565

Une famille de Peintres

Horace Vernet et ses ancêtres,

PAR FÉLIX DE BONA.

Quodcumque acciderit.

Société de Saint-Augustin,

DESCLÉE, DE BROUWER ET Cⁱᵉ

Imprimeurs des Facultés Catholiques de Lille.

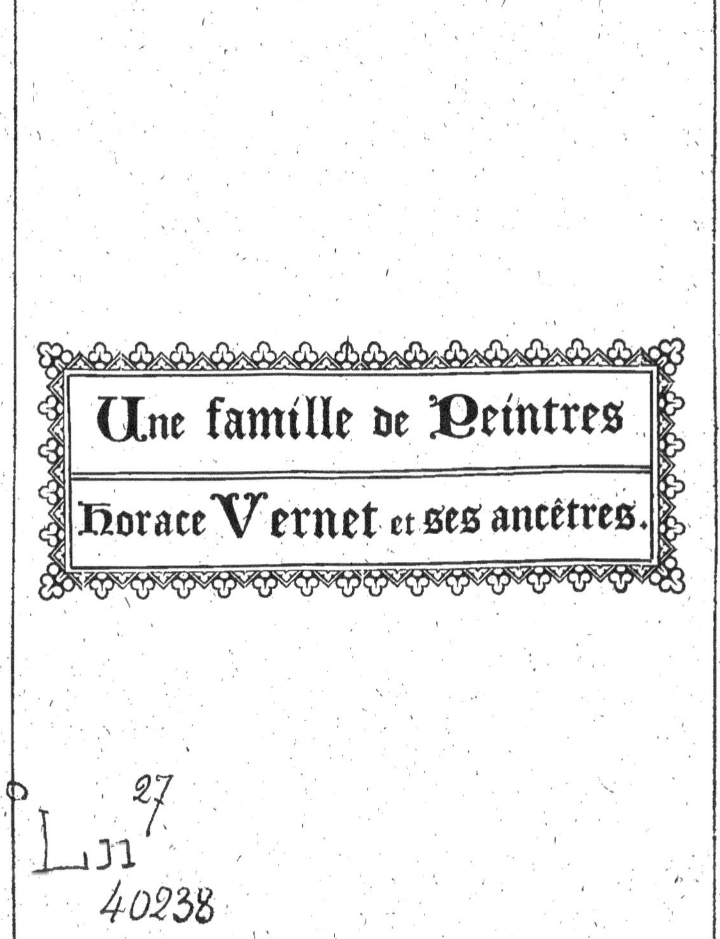

Une famille de Peintres

Horace Vernet et ses ancêtres.

Le maréchal Moncey, à la barrière de Clichy, tableau d'HORACE VERNET.

Une famille de Peintres

Horace Vernet et ses ancêtres,

PAR FÉLIX DE BONA.

Quodcumque acciderit.

Société de Saint-Augustin,

DESCLÉE, DE BROUWER ET Cie,

Imprimeurs des Facultés Catholiques de Lille.

Vernet *est un nom connu et aimé de nos contemporains. Aussi nous plaisons-nous à leur présenter cette famille dès son origine et dans l'intimité de sa vie.*

Dans Joseph, le peintre de marines, nous trouverons l'artiste, qui, en fils de ses œuvres, arrive par son travail à une position aisée.

Carle, esprit gaulois, gai, un peu frivole, est l'homme des chasses, des cavalcades; il a merveilleusement saisi et rendu, avec autant de sincérité que de brio, le monde du Directoire.

Horace enfin, plus près de nous et mieux connu, vrai type du militaire, tête fine et intelligente, cœur d'or, a uni dans un même amour le métier de soldat et le métier de peintre. A lui nous devons les pages les plus fidèles de l'épopée du Consulat et du premier Empire; ses œuvres furent une révolution dans le domaine de l'art.

Or, comme le dit si judicieusement Théophile Gautier, il faut savoir beaucoup de gré à ceux qui abordent l'histoire de leur temps et l'expriment en y ajoutant une proportion d'art suffisante. Horace Vernet a ce mérite rare de n'avoir pas fait, comme tant d'autres, des guerriers à cuirasse d'airain, à casque classique surmonté d'une aigrette rouge, à bouclier orné d'un bas-relief circulaire ; mais d'avoir représenté tout bonnement des soldats avec shako, bonnet à poil, buffleteries, giberne, sac, guêtres, capote ou dolman, selon l'uniforme, tels qu'ils sont en effet et que chacun peut les voir à la parade ou à la bataille. Quand il a voulu peindre des cavaliers, il ne les a pas campés sur les coursiers de marbre de Phidias, comme c'est l'habitude : mais il leur a mis entre les jambes des chevaux de régiment fort peu historiques, harnachés d'après l'ordonnance et auxquels un instructeur de l'école de Saumur ne trouverait rien à reprendre. Rien n'a l'air plus simple en apparence, et rien n'est plus difficile. La poésie des temps modernes n'est pas toute faite comme celle des temps anciens : il faut la deviner, la dégager et inventer des formes pour la rendre. Horace Vernet aura cette gloire d'avoir été de son époque, lorsque tant d'artistes, d'un mérite supérieur peut-être, se renfermaient dans la sphère de l'idéal et n'en descendaient pas, vivant abstraitement aux siècles de Périclès, d'Auguste et de Léon X. Il n'a pas eu comme eux d'illustres modèles, des traditions sacrées, des règles certaines : il lui a fallu tout créer : dessin, couleur, arrangement pour peindre ce héros collectif

qu'on appelle l'armée et qui vaut bien Achille
ou Hector, quelque admiration qu'on professe
d'ailleurs pour ces personnages homériques.
Sans doute Horace Vernet ne saurait être comparé pour le style et le coloris aux grands maîtres d'Italie, de Flandre ou d'Espagne; mais il
est original, moderne et français. Ce sont là
des qualités dont il faut tenir compte, quand
même on leur en préférerait d'autres.

Le peintre de l'armée française était en
outre un homme d'esprit. Caractère aimable,
nature honnête, loyale, vive et sensée, c'était
plaisir de s'approcher de lui; il inspirait l'a-
mitié en même temps qu'il justifiait la gloire.

LES Vernet sont d'origine avignonnaise. D'après le savant M. Achard, archiviste du département de Vaucluse, les registres des paroisses contiennent beaucoup d'actes au nom de Vernet. Les prénoms sont à peu près partout les mêmes, la profession n'est indiquée que pour Vernet (François), docteur en droit, en 1674, et pour André, peintre, qui fait baptiser un de ses enfants le 5 mars 1669. Cet André a pu être le père ou le frère aîné d'Antoine, et par conséquent, le grand-père ou l'oncle de Joseph, grand-père lui-même d'Horace Vernet [1].

Antoine Vernet dont le nom vient d'être cité, est le premier de la famille sur lequel on puisse avoir quelques données. Peintre d'attributs à la fin du XVIIe siècle, il décorait surtout les chaises à porteurs et les panneaux de voiture [2]. Mais Antoine Vernet ne pouvait prétendre au titre d'artiste ; c'est son fils Joseph qui est le vrai chef de la dynastie des Vernet.

Ce modeste peintre d'attributs, dont le nom devait

---

1. Olivier Merson. — *Revue contemporaine de 1863* — Février.
2. On conserve au musée Calvet, à Avignon, deux spécimens de son savoir-faire, un bouquet de fleurs accompagné d'oiseaux au plumage varié et un double écusson armorié supporté par des lions.

devenir si célèbre, avait épousé Thérèse Garnier, qui lui donna une famille nombreuse [1]. Comme il était peu fortuné, chacun de ses enfants devait, dès que le permettaient ses forces, se mettre au travail et contribuer ainsi au bien-être général ; leurs dispositions étaient donc étudiées et suivies avec soin. Joseph, le seul dont nous nous occuperons, naquit à Avignon le 14 août 1714. Il manifesta dès son plus jeune âge un grand penchant pour la peinture. On raconte que son premier hochet fut un pinceau ; sa mère ne pouvait apaiser ses cris que par ce singulier joujou ; toute sa petite enfance annonça donc un goût particulier pour cet art ; il fallait lui cacher papiers et crayons surtout les dessins de son père que l'enfant s'amusait à retoucher et barbouiller dès qu'il les trouvait.

A quatorze ans, dit M. A. Durande, Joseph aidait fort convenablement son père dans ses décorations, et fut même jugé assez habile pour aller, vers la fin de 1731, à Aix, décorer l'hôtel de Mme de Simiane, petite-fille de Mme de Sévigné. Son protecteur à cette époque, le marquis de Caumont, reçut beaucoup de félicitations au sujet du précoce artiste.

Malheureusement Antoine Vernet conçut une profonde jalousie de ce que son fils le surpassait. Plusieurs fois Joseph eut à souffrir de cette mauvaise disposition de son père à son égard, quand une circonstance acheva de détruire les bons rapports entre le fils et le père.

Un jour que tous deux décoraient une salle à manger dans l'hôtel d'un cardinal établi à Avignon, l'Éminence

---

1. Voir à l'appendice, note n° 1.

vint visiter les peintres, au moment où Joseph achevait une jolie corbeille de raisins et de pêches. Frappé de la perfection du travail, le cardinal ne put s'empêcher d'en faire compliment à l'artiste. Antoine, qui dévorait son dépit en silence, voyant que le maître accordait à peine un regard à ses panneaux, conçut un vif ressentiment contre son fils, cause de cet affront, disait-il, et défendit à Joseph de continuer la peinture. Le pauvre enfant se garda bien de jeter ses pinceaux, il les cacha dans un grenier et, grâce aux absences fréquentes de son père, le jeune artiste put travailler activement : ce fut un paysage que Joseph entreprit dans son étroite et incommode cachette. Le cardinal avait reçu les confidences du jeune homme ; aussi, grande fut la surprise de tous les Vernet, quand une après-midi, ils virent un beau carrosse s'arrêter devant leur porte, c'était le prince de l'Église, qui venait demander à voir le paysage.

Ce zélé protecteur consentit à monter au grenier et déclara ce tableau fort bien ; il engagea alors Joseph Vernet, à aller en Italie, se perfectionner dans cette patrie des beaux-arts et lui en fournit les moyens.

C'est ainsi qu'à vingt ans Joseph quitta Avignon pour se rendre à Rome, dans l'atelier de Bernardino Fergioni, peintre de marines, qu'il devait bientôt surpasser.

Pendant ce voyage, sa vocation réelle lui fut révélée, il rencontra la mer !... et son âme d'artiste, frappée de ce merveilleux spectacle, jura de ne plus peindre que l'immensité des eaux. S'élançant aussitôt hors de la diligence, il saisit ses crayons et se mit à composer un tableau ; absorbé par son œuvre, il ne s'apercevait pas de la chute du jour, les instances réitérées d'un guide l'arrachèrent avec peine de ce lieu enchanteur.

Le lendemain, s'étant procuré toile et couleurs, il recommença son pèlerinage et resta ainsi sept jours pour peindre — de son aveu — la plus détestable marine qu'il eût faite de sa vie.

Tandis qu'il faisait voile pour l'Italie, une grande tempête s'éleva, à la hauteur de l'île de Sardaigne. Ravi d'enthousiasme à la vue de cet affreux et féerique tableau, le peintre semblait humer le plaisir ; il n'avait qu'un désir, celui de traverser l'ouragan, d'y être mêlé, pour ainsi dire, afin d'étonner un jour et d'épouvanter les autres par la reproduction des terribles effets qu'il allait surprendre. Il n'avait qu'une peur, celle de voir finir un spectacle si nouveau pour lui. On sait qu'il se fit attacher sur le pont au grand mât, et que, ballotté en tous sens, couvert de lames d'eau, d'autant plus animé par cette lutte corps à corps avec la tourmente, qu'il en peignait les phases, non sur la toile, mais dans sa mémoire, nuages, vagues et rochers, figures et ton : il voit, il pénètre tout ; il saura tout par cœur, le mouvement des chaloupes et l'inclinaison du navire, et les accidents de lumière : un ciel ardoise, servant de fond à la blancheur de l'écume.

Ses débuts à Rome furent cependant pénibles, matériellement parlant, malgré ses protecteurs : le jésuite Fouque et le marquis de Quinson. La misère avec son sombre cortège de privations se fit sentir au pauvre artiste ; il vécut d'abord en faisant des dessins qu'il vendait un sequin ou deux, puis les exigences de la vie devinrent plus grandes, et il se trouva sans ressources.

Comme autrefois à Avignon, ce fut un prince de l'Église qui le sauva : après plusieurs essais infructueux il réussit à arriver près d'un cardinal et lui présenta

JOSEPH VERNET, d'après le tableau de Vanloo.

quelques-unes de ses petites toiles, qui toutes représentaient des marines ; elles furent appréciées par ce connaisseur, qui les paya largement.

Débarrassé du lourd souci de la vie, Joseph Vernet reprit sa palette avec plus d'ardeur ; il travailla non seulement dans l'atelier de Fergioni, mais aussi dans celui de Manglard. Ce fut surtout la nature qui se chargea de son éducation artistique.

Le soleil est le meilleur maître des paysagistes. Vernet le savait bien : aussi explorait-il la campagne tout le jour, et peignait-il ce qu'il voyait. Ses yeux avaient une perception très nette des objets, et il était doué d'une mémoire infaillible : ce qu'il avait regardé une fois il ne l'oubliait jamais. Joseph se préoccupa surtout de la coloration et chercha à se rendre compte exactement des effets si variés et si fugitifs de la lumière. Un jour qu'il avait peint un ciel du bleu le plus transparent, ses reflets sur tous les objets qui composaient son tableau lui ayant paru d'une scrupuleuse exactitude, il fut fort surpris quand, revenant le lendemain à la même place, il trouva l'horizon sans nuages comme la veille, l'air aussi limpide ; cependant son étude n'avait plus cet accent de vérité qui l'avait satisfait, et tous les détails de sa composition prenaient un aspect différent de celui qu'il croyait avoir si bien saisi. Cette épreuve le fit réfléchir : il comprit que l'effet, dans la nature, est instantané, et que le soleil joue à peu près le rôle d'un kaleidoscope gigantesque dont les verres de couleur forment des combinaisons diverses à mesure qu'on le tourne. Fort de cette découverte, Joseph imagina un alphabet sur lequel il notait non seulement les nuances différentes de l'azur du ciel, mais encore tous les accidents de la lumière et de ses reflets aux différentes heures du jour. Les divers caractères de cet alphabet, correspondaient à autant de teintes différentes.

S'il voyait le soleil se lever d'une couleur fraîche et argentine, se coucher dans la pourpre, un orage s'approcher ou s'enfuir, il ouvrait ses tablettes, et aussi promptement que l'on jette dix ou douze lettres sur le papier, il pouvait indiquer toute la gradation des tons qu'il admirait. Après avoir ainsi comme sténographié les beautés du ciel, il revenait dans son atelier les traduire sur la toile d'après ses chiffres, et fixer, pour ainsi dire, ce mobile ensemble. Tel effet charmant, depuis longtemps disparu, était ainsi recomposé dans toutes ses harmonies pour l'enchantement de nos yeux.

L'artiste français s'était lié à Rome avec le musicien Pergolèse ; ils travaillaient ensemble; l'un faisant de la musique, pendant que l'autre peignait ; ce fut ainsi que Joseph Vernet fut le premier à entendre le *Stabat*, et tant d'autres chefs-d'œuvre du jeune maître, que la mort devait sitôt enlever.

La fortune cependant se montrait peu prodigue de ses dons envers Joseph Vernet. Il était logé chez un perruquier qui avait deviné la valeur qu'auraient un jour les œuvres de Joseph ; or avec l'arrière-pensée de se faire payer en peinture, l'habile Figaro avait patiemment laissé s'accumuler plusieurs termes. Un jour que l'artiste venait de donner le dernier coup de pinceau à un *Point du jour*, son propriétaire lui demanda de lui céder cette toile pour l'argent qu'il lui devait. Mais ce tableau avait été commandé par le cardinal dont nous avons déjà parlé. Le perruquier se jeta aux genoux de Son Éminence et le supplia, les larmes aux yeux, de renoncer en sa faveur au tableau en question. Joseph, d'abord un peu interdit, expliqua l'aventure, et le cardinal, touché du désespoir de son étrange compétiteur, voulut bien renoncer à son droit.

C'est en 1735, un an après son arrivée à Rome, que le jeune artiste, qui avait déjà conscience de sa valeur, commença à dresser la liste des tableaux qui lui étaient demandés, et cette liste ne s'arrête qu'en 1787, un an avant sa mort[1].

Cependant sa réputation allait grandissant. En 1739, Joseph avait déjà fait trois tableaux pour notre ambassadeur de Rome, le duc de Saint-Aignan, qui en demanda immédiatement cinq autres. A dater de cette époque commença pour l'artiste cette vogue extraordinaire qui lui permit de vendre ses moindres toiles aussi cher qu'il le voulut.

En 1743 il fut nommé membre de l'académie romaine de Saint-Luc. Cette admission d'un étranger dans la noble compagnie romaine n'était pas un honneur sans précédent, mais ce n'était pas non plus un honneur banal. Au moment où Vernet vint y prendre place, il ne s'y trouvait qu'un petit nombre d'artistes français : de Troy, le directeur de l'académie de France ; Étienne Parrocel, un des membres de cette nombreuse famille qui a donné à Avignon plus d'un homme de talent ; les sculpteurs Adam et Slodoz, l'architecte Soufflot et Manglard, le peintre de marines.

---

1. Pour tout ce qui concerne Joseph Vernet nous avons puisé dans ses *Livres de raison*, sorte de journal quotidien que possède la Bibliothèque d'Avignon, véritable trésor auto-biographique et que M. Léon Lagrange a régularisé. Voir *Joseph Vernet et la peinture au XVIIIe Siècle*, par Léon Lagrange. Paris-Didier et Cie.

En 1745, l'académie de Paris l'admettait au nombre de ses agréés.

Cette même année, il épousa à Rome, dix ans après son arrivée dans la Ville Éternelle, la fille d'un anglais catholique, officier dans la marine du Pape, mademoiselle Virginia Parker [1].

Aussitôt unis, les deux époux prirent la route de Naples. Le *Journal* n'a gardé aucune trace de ce voyage. On peut facilement suppléer à son silence. Le peintre montrait à sa femme un pays qu'il savait pour ainsi dire par cœur. Déjà plusieurs fois il l'avait parcouru, en 1735, en 1739, en 1742. Il en avait dessiné les plus beaux sites et les plus beaux monuments. Il pouvait en faire les honneurs en connaissance de cause. Chemin faisant, on recueillit une commande du roi de Naples, don Carlos, devenu plus tard roi d'Espagne. Le sujet choisi était une *Chasse aux Canards* sur le lac de Patria. Au milieu du tableau, une barque dorée conduit Sa Majesté, bien reconnaissable à son nez plus que bourbonien, et le prince son fils. Une autre barque suit, portant deux gardes du corps, et tout autour se pressent, dans une trentaine de bateaux, les principaux personnages de la cour de Naples. Autant de figures, autant de portraits. Le marquis de l'Hospital, ambassadeur de France, qui y reconnut le

---

1. La généalogie des Parker pourra, au premier abord, sembler bizarre. Un de leurs ancêtres avait été archevêque de Cantorbery, mais il s'était fait anglican. Plusieurs de ses descendants servirent dans la marine et, lorsque Jacques III se retira à Rome, il y avait au nombre des fidèles dont se composait la cour du royal exilé un Parker nouvellement converti au catholicisme. C'est à cette branche de la famille qu'appartenait madame Virginia Vernet.

sien, voulut avoir une copie du tableau royal ; et c'est cette copie, peinte à Rome en 1749, que l'on voit aujourd'hui au musée de Versailles. L'exactitude historique n'ôte rien au charme du paysage, qu'enveloppent, sans le voiler, les vapeurs légères d'une belle matinée d'été.

Il semble que ce voyage de Naples, en rapprochant Joseph Vernet d'une nature dont il aimait à s'inspirer, lui communiqua une verve nouvelle. A peine de retour il voit les amateurs se presser à sa porte, les commandes pleuvent sur lui, mais il s'en tire avec honneur.

Enfin Joseph Vernet menait à Rome une vie heureuse s'il en fût jamais. Le travail rendu léger par la facilité de la main, la santé entretenue par les exercices du corps, l'esprit distrait par les spectacles et les promenades, la musique servant de repos à la peinture, la compagnie d'une femme charmante, une société de joyeux camarades, l'affluence des amateurs, la protection de ce que Rome comptait de plus illustre, la clientèle des têtes couronnées, des succès toujours croissants, une fortune qui s'augmentait chaque jour, certes, peu d'artistes avaient trouvé à Rome plus d'éléments de bonheur. Cependant Joseph Vernet travaillait avec acharnement : on aura une idée de sa fécondité merveilleuse, lorsqu'on saura qu'en cinq années, de 1747 à 1751, il termina cent cinquante-cinq tableaux. La naissance d'un premier enfant vint compléter le bonheur du jeune ménage, Livio naquit en 1747. Trois ans plus tard la famille s'augmenta d'un second fils, Orazio, mais cet enfant vécut peu.

Le séjour de Rome, cette patrie des beaux-arts, ne

faisait cependant pas oublier à l'artiste français sa terre natale; à chaque salon ses toiles ne manquaient pas et elles étaient appréciées et recherchées. Les amateurs anglais, hollandais se les disputaient, mais ses compatriotes avaient toujours la préférence. C'est ainsi que son exposition aux salons de 1748 et 1750 appartenait tout entière au marquis de Villette.

Cette même année 1750, nous le retrouvons à Rome, où venait d'arriver M. de Vandières, frère de madame de Pompadour, pourvu de la survivance du directeur général des bâtiments du roi, M. de Tourneheim. En attendant que le titulaire cédât la place, son successeur avait été envoyé en *Italie* afin de se rendre à peu près apte à la remplir, et de se donner au moins une teinture des arts qu'il était appelé à diriger. Dans ce but on forma au jeune touriste une petite cour, destinée à lui préparer les connaissances qu'il devait acquérir. L'architecte Soufflot, le graveur Cochin, et l'abbé Leblanc, écrivain d'un goût assez pur, furent chargés de cette tutelle. C'est de leur main que l'apprenti ministre devait recevoir, comme un lait bienfaisant, ses impressions toutes faites. Au fond, François Poisson, déguisé sous ses marquisats de rechange, n'était pas plus sot qu'un autre. Son bon sens naturel lui montra ce qu'il devait voir. Il revint d'Italie amateur d'un goût médiocre, mais assez bon administrateur.

Ce fut un voyage de fête et de plaisir. Tout ce monde d'artistes voyait dans M. de Vandières son chef immédiat, la source des faveurs, le canal des grâces royales. L'Académie le logea, le directeur donna des bals, les pensionnaires organisèrent des mascarades. Joseph Vernet n'eut pas à se mettre en frais, si ce n'est de talent. La caravane arrivait à lui les mains pleines. N'est-ce pas M. de Vandières qui lui apporta cette commande inscrite avec une certaine solennité en tête d'une page blanche : — « Pour le roy de France, deux tableaux.... ordonnez le 12 may 1750. » L'abbé Leblanc s'inscrit immédiatement après pour une marine et un paysage. Quant à Cochin et à Soufflot, afin d'imiter ce bon exemple et de ne pas sortir de l'atelier les mains vides, ils décrochèrent au hasard deux petits tableaux, un paysage au premier coup et une marine de 250 livres. M. de Vandières se traita en enfant gâté : il ne prit qu'un tableau du prix de 40 écus.

Cette visite fut féconde pour l'avenir, car c'est à cette époque qu'il faut faire remonter la première idée des tableaux des ports de France, commandés seulement trois ans après.

La vie de Joseph Vernet en Italie se termine avec l'année 1751. Nous le retrouvons à Marseille, travaillant, en 1751 et 1752, pour un certain nombre d'amateurs distingués.

En 1753, l'époque du salon approchant, l'idée vint à l'artiste d'aller lui-même à Paris porter les tableaux qu'il destinait à être exposés. Un autre soin l'appelait dans la capitale. Agréé de l'académie de peinture et de sculpture depuis le 6 août 1745, il allait se faire recevoir dans ce corps illustre, et portait avec lui son morceau de réception, un paysage maritime, de quatre pieds de large sur trois et demi de haut. La réception eut lieu le 23 août. Deux jours après ouvrait le salon.

Joseph Vernet n'avait exposé jusqu'alors que deux ou trois tableaux à la fois, quatre au plus. Il voulut inaugurer son titre d'académicien par une exposition splendide. Autour du morceau de réception se groupaient cinq tableaux du cabinet Peilhon et six du cabinet de Villette. *Tempête, Brouillard, Soleil levant, Soleil couchant, Port de mer, Cascades, Paysage* à la Salvator-Rosa, *Parties de plaisir sur le bord de la mer*, rien n'y manquait. Le salon de 1753 est le premier où ce talent flexible se montra dans toute sa richesse et sa variété. Et ce fut pendant ce voyage que fut réglée définitivement l'affaire des ports de France. M. de Vandières était devenu le marquis de Marigny, directeur suprême des beaux-arts. L'idée de confier à Joseph Vernet la représentation des principaux ports de mer du royaume avait été agréée par le roi. Joseph en reçut alors la mission officielle[1] et se mit aussitôt à l'œuvre.

Ce fut par Marseille (octobre 1753) que l'artiste débuta ; l'itinéraire prescrivait deux tableaux pour ce port, une vue extérieure, une vue intérieure. Dans la vue extérieure, prise de la montagne appelée *Tête de More*, Joseph Vernet s'est représenté lui-même, entouré de sa famille. Une joyeuse compagnie a dressé le couvert sur les rochers ; la nappe est mise, on fait sauter le bouchon des bouteilles, on n'attend que le peintre pour commencer le festin donné en son honneur. On

1. Si le premier projet eût été suivi, la peinture des ports eût compris vingt tableaux : huit pour la Méditerranée et douze pour l'Océan. Mais les circonstances, en modifiant les intentions du marquis de Marigny, abrégèrent la besogne imposée à Joseph Vernet, et réduisirent ce nombre à quinze

l'aperçoit à quelques pas plus loin, un portefeuille sur les genoux, il dessine. Derrière lui, M. Parker, son beau-père, se penche sur le dessin, un lorgnon à la main. Livio, en habit de gala, se tient debout tout à côté. Une femme, grande, élancée, d'une tournure plus anglaise qu'italienne, coiffée d'une sorte de casquette bleue, et vêtue d'une robe jaune, s'avance vers le peintre. C'est sa femme, Virginia Parker : elle lui présente un vieux pêcheur, le centenaire Annibal Camoux (qui avait 117 ans à cette époque), dont l'âge et le nom sont écrits dans la pâte du tableau par l'artiste lui-même.

Tel Vernet se montre ici, tel nous le retrouverons pendant sa longne tournée et pendant le reste de sa vie. L'art, la famille, le monde, il ne sépare pas ces trois obligations dont il sait faire des sources de plaisirs. Infatigable au travail, il a toujours un sourire pour ses enfants et pour sa femme ; il est fier de celle qui porte son nom et qu'il peut présenter à tous la tête haute. Il ne néglige rien pour faire bonne figure aux yeux du monde. Il se loge grandement ; il passe la belle saison à la campagne. Madame Vernet attire par sa grâce, Joseph par son humeur facile et son talent. L'administration salue en lui le peintre officiel ; la marine, la guerre, la finance se mettent à ses ordres. La noblesse lui sourit, la bourgeoisie le fête, le populaire pose volontiers devant un homme qui paye ses modèles d'une pièce blanche et d'un bon mot. La Provence entière est à ses pieds ; jamais homme ne fit si bien mentir le proverbe : Nul n'est prophète en son pays.

Ainsi ce voyage est une fête où tout devient matière à plaisir.

La *Vue extérieure du port de Marseille* est l'occasion d'un déjeuner champêtre. Dans la *Vue intérieure*, le gouverneur lui-même, avec son cortège de grandes dames et d'abbés, se fait le cicerone du peintre et lui nomme en passant les costumes divers, les denrées, les ustentiles des nations étrangères qui s'entassent le long du quai ; c'est-à-dire que la *Vue intérieure* n'est pas reproduite avec moins d'imagination et de mouvement que la précédente, les navires sont au déchargement, et le tableau rend avec vérité cet amas de marchandises, cette cohue de types des races méridionales et levantines, qui caractérisent le port de Marseille.

Tant de travaux ne faisaient pas oublier à l'artiste ses affections de famille, qui furent toujours l'objet de sa constante sollicitude. Aussi le voyons-nous, en décembre 1753, se rendre à Avignon, pour recevoir le dernier soupir de son vieux père.

Après Marseille, ce fut Toulon, dont le port fut peint avec le même succès par l'illustre artiste.

En 1755, Joseph Vernet fit un voyage à Paris pour présenter lui-même au roi ses deux tableaux des ports de Marseille ; son succès fut sans égal et commença l'éclatante réputation du peintre des *Ports de France*. C'est alors que Louis XV devant des courtisans qui hésitaient à se prononcer et attendaient l'opinion du maître, dit ce mot flatteur pour le peintre : « Il n'y a plus de marine en France que celle de Vernet. »

La tâche monotone et difficile de reproduire tous les ports du royaume fut reprise avec ardeur : malgré l'aridité de ce travail Joseph Vernet devait s'en tirer avec gloire ; ce fut Antibes que son pinceau immortalisa alors, puis Cette. Il y eut au sujet de ce dernier tableau, entre Vernet et M. de Marigny, un échange de lettres très curieuses que nous ne résistons pas à citer :

« Avignon, le 6 septembre 1756.

« Selon l'Itinéraire que vous eûtes la bonté de m'envoyer, je dois peindre le port de Cette, étant le seul du Languedoc. Je me propose, pour profiter de la belle saison, de m'y rendre vers le 8 ou le 10 du mois prochain, puisque, selon les plants que j'en ay vu, le plus beau point de vue sera du côté de la mer ; ainsy j'auroy besoin du calme pour en faire les ettudes. J'auroy là occation de faire sur le devant du tableau une mer un peut en mouvement, et peut-être fairoy-je une tempête, ce qui produiroit un effet assez rare dans le nombre des tableaux que j'ay à faire pour le Roy, peignent ordinairement l'intérieur des ports et par conséquent la mer tranquille.

« Il me semble qu'après avoir fait toutes les études nécessaires pour le port de Cette, surtout si je le prends du côté de la mer, qu'il seroit assez inutile de m'établir dans cette petite méchante ville, où je serois mal à mon aise pour y peindre ce tableau, et si je vois que la chose n'exige pas ma résidence sur le lieu, je pourrois l'aller exécuter à Bordeaux, où je trouverois plus de secours pour les parties accessoires qui doivent orner le tableau de Cette ; mais j'attendray vos ordres là-dessus, ne voulant agir et ne le devant faire que par eux. »

M. de Marigny répondit à cette humble demande

par une longue lettre, dans laquelle il se montrait
d'abord plein de courtoisie et juge excellent de la
question qui lui était posée :

« Le 9 octobre 1756.

« ... Vos tableaux doivent réunir deux mérites,
celuy de la beauté pittoresque et celuy de la ressemblance. Je trouve bien l'un dans le projet que vous me
proposés ; mais je crains que ce ne soit aux dépens de
l'autre, et je doute que le port de Cette représenté en
vue du côté de la mer soit reconnu par le grand nombre
de ceux qui ne l'ont vu que du côté de la terre. La
tempête que vous avés dessein d'y ajoutter rendroit
encore votre tableau moins ressemblant, atendu qu'il
est rare de voir la mer dans un port agitée de la tempête. Il faudroit que le devant de votre tableau fût la
pléine mer, et par conséquent que le port fût reculé
dans le lointain, ce qui vous empêcheroit de le détailler
d'une façon caractéristique. Il me semble que le projet
de ce tableau, tel qu'il est dans l'Itinéraire que je vous
ai remis, rempliroit mieux l'objet que vous devés vous
proposer. D'un côté, la plus grande partie de l'étang
de Thau ; de l'autre côté, le commencement du canal
du Languedoc dónneroient à votre tableau un caractère
distinctif qu'il n'auroit point suivant votre nouveau
projet ; consultés-vous avant de vous décider, et surtout
ne perdés pas de vue l'intention du Roy, qui est de
voir les ports du royaume représentés au naturel dans
vos tableaux. Je sens bien que votre imagination se
trouve par là gênée ; mais, avec votre talent, on peut
réunir le mérite de l'imitation et celui de l'invention ;
vous en avés donné des preuves. »

Ces réflexions étaient parfaitement justes. En effet, si, dans le portrait d'un personnage insignifiant, la ressemblance n'est, au point de vue de l'art, qu'une qualité secondaire, elle tient le premier rang dès qu'il s'agit de représenter un monument ou une ville, parce que le modèle reste toujours sous les yeux de la postérité, qui peut contrôler l'exactitude de la copie.

Mais M. de Marigny, après avoir montré l'urbanité d'un vrai grand seigneur, reprend, vers la fin de sa lettre, les manières rogues et hautaines d'un parvenu, lorsqu'il ajoute ces mots :

« Quelque envie que j'aie de vous procurer dans vos travaux tous les agrémens possibles, je ne puis consentir au désir que vous avés, après vos études faites de ce port, de finir votre tableau à Bordeaux, et je crois devoir vous faire observer que le Roy paye vos tableaux de façon à exiger de vous que vous leur donniés toute la perfection possible, et que vous ne sauriés mieux les finir que sur les lieux. Ainsy je compte que vous acheverez votre tableau du port de Cette à Cette même, d'autant que de tous les ports du royaume, c'est le seul dont le séjour ne soit pas agréable, et vous n'aurés que quelques mois à vous priver des commodités que vous n'y trouverés pas. »

Vernet ne se laissa point rebuter par ces paroles peu encourageantes, et il insista pour que l'autorisation qu'il demandait lui fût accordée. Dans une seconde lettre, M. de Marigny céda sur le premier point : il permit à Vernet de prendre la ville de Cette du côté de la mer et de représenter une tempête : mais il se montra inflexible sur la question du séjour dans la ville, tant que durerait l'exécution du tableau. L'artiste dut se résigner : il demeura six mois dans cette petite ville maussade.

Le 14 mai 1757, nous retrouvons toute la famille installée à Bordeaux. Le port de cette ville devait être reproduit en deux vues ; Joseph Vernet prit l'une au château, Trompette, l'autre du côté des Salinières.

Le 14 août 1758, nous avons à enregistrer la naissance d'Antoine-Charles-Horace Vernet appelé Carlo par sa mère, qui parlait toujours italien et dont on a fait Carle. L'artiste, par une bizarrerie peu commune [1], ne voulait jamais imposer à ses amis une obligation qui pût leur devenir onéreuse ; aussi à chaque enfant qui lui était né, il avait pris pour parrain le premier pauvre qu'il avait rencontré, puis la cérémonie faite, il lui remettait un louis d'or et tout était dit. Par une faveur toute spéciale, Anna-Rosa, femme de chambre que Madame Vernet avait ramenée de Rome, fut la marraine de Carle, quant au parrain, on rencontra à la porte de l'église un Savoyard des environs de Chamounix. Lui ou un autre, peu importait : il tint le fils du célèbre peintre sur les fonts baptismaux. Son nom était Saint-Jean, et comme Joseph trouva que Saint-Jean avait de l'intelligence dans la physionomie et les allures franches, au lieu de s'en séparer après le baptême, il l'amena au logis pour le garder à titre de laquais. Saint-Jean vieillit et mourut chez les Vernet.

---

1. La bizarrerie ici était plus que singulière, car sans parler de la dignité dont il convient d'entourer les cérémonies du baptême, c'était donner la charge de parrain à des gens qui, le cas échéant, eussent été dans d'impossibilité de remplir les devoirs qu'elle impose.

Après avoir élevé les enfants de Joseph, il éleva ceux de Carle. Il tricotait des bas à Horace, des jupons à sa sœur Camille, et leur apprenait à tous deux le patois de son pays.

En juillet 1759, Joseph arrivait à Bayonne, où sa famille venait le rejoindre trois mois après ; et le 20 juillet 1760, il lui naissait une fille, Émilie, dont nous raconterons plus tard la fin malheureuse.

Vernet envoya à Paris, au salon de 1761, deux vues du port de Bayonne. Puis ce furent la Rochelle et Rochefort qui reçurent la famille du peintre ; mais bientôt la fatigue se fit sentir. Quand l'artiste vit qu'il avait mis huit ans pour peindre douze tableaux, et qu'il lui en restait huit à peindre, las de traîner d'une province à l'autre une famille qui allait toujours en s'augmentant, il demanda grâce. Tant qu'il n'avait eu affaire qu'à la nature du midi, il s'était senti à l'aise. Mais à mesure qu'il remontait vers le nord, le froid le saisissait et paralysait son imagination méridionale.

Enfin, un motif plus grave portait Joseph Vernet à désirer la fin d'une entreprise qui lui devenait de jour en jour plus onéreuse, étant chargé d'une famille nombreuse. Le Trésor ne s'acquittait pas vite des dettes contractées par l'État, le prix des tableaux se faisait attendre, et ces lenteurs usaient la patience du père de famille, qui avait de lourdes charges, et aurait pu y subvenir sans peine en travaillant pour des particuliers.

Or, le jour où le peintre réclama ses honoraires arriérés, on lui répondit : *Non possumus.* Il demanda s'il devait poursuivre, en attendant des temps meilleurs, on lui conseilla de s'arrêter : il est donc vrai de dire que les tableaux des ports de France n'ont pas été achevés, faute d'argent. Joseph Vernet termina en 1765 une *Vue de Dieppe,* qui fut le dernier tableau de la commande du roi. En dix ans, de 1753 à 1763, l'artiste avait fait les quinze tableaux des ports de France, dont les estampes furent gravées par Cochin et le Bas [1].

Vernet quitta la Rochelle en juillet 1762, et vint droit à Paris pour y retrouver ses amis, sa gloire et la fortune.

L'année précédente, en récompense de ses tableaux des ports, il avait été pourvu d'un brevet de logement aux galeries du Louvre; son appartement portait le n° 15 [2]; l'artiste allait se trouver dans son véritable élément, au milieu d'une colonie d'hommes distingués et d'amis dévoués.

Aussi bientôt recommença à Paris l'ancienne vie de Rome, facile et heureuse. Les commandes ne manquèrent jamais à ce laborieux et grand peintre qui fut unique dans son genre: l'ordonnance de ses ouvrages a une unité si parfaite, qu'on ne pourrait en ôter la moindre partie sans leur nuire; il a si bien fait les

---

1. Les dessins originaux des ports existent; le Musée d'Avignon les conserve précieusement.

2. Ce fut Henri IV qui rendit une ordonnance accordant le logement au Louvre à tous les artistes célèbres. On comptait, dans les galeries du Louvre, vingt-six appartements, dont la libre jouissance était abandonnée à des peintres, sculpteurs, architectes, graveurs, orfèvres, horlogers, tapissiers, ingénieurs, mathématiciens, géographes. L'imprimerie de la *Gazette de France,* le *Journal officiel* du temps, étaient installés dans le logement n° 14. On peut dire que les appartements du Louvre ont été l'abri, le cœur et le foyer de l'art français et de notre industrie pendant deux siècles. — Voir Sauval, *Hist. des antiquités de la ville de Paris,* t. II.

figures, que par la manière dont elles sont groupées et par celle dont elles sont peintes, elles contribuent toujours beaucoup à l'effet général de ses tableaux... Vernet a saisi l'ensemble des tons que la nature présente aux différentes heures du jour; aussi on peut dire qu'il est admirable dans un grand nombre de détails, et l'on peut en nommer beaucoup que personne n'a faits comme lui. Quel artiste a représenté des rochers plus vrais, d'une plus belle hardiesse, et quel génie les a peints avec plus d'esprit et de chaleur ? Il a rendu mieux que nul autre l'étrangeté des nuages, de ces corps immenses et légers, éblouissants, ténébreux, montagnes flottantes, élevées, renversées, dissipées par les vents. Nul mieux que lui n'a exprimé le fracas et les épouvantes de l'ouragan par la distribution sublime de l'ombre et de la lumière ! Qui aussi bien que lui, a donné aux flots de la mer, la beauté et la puissance, la grâce et l'énergie ? « Il a saisi avec une scrupuleuse exactitude, toutes les formes qu'ils prennent, soit dans leur cours majestueux, soit dans leur terrible courroux, soit lorsqu'ils baignent mollement la rive, ou qu'en masses blanchissantes, impétueuses, ils frappent, parcourent les rivages et les rochers, et s'élancent jusqu'aux cieux. Et l'imposante noblesse des vaisseaux ? Si d'autres leur ont donné tous leurs cordages, lui seul leur a donné toute leur âme, en les reproduisant tourmentés par la fureur des vents et des flots. Leurs agrès, leurs mâts brisés, leurs voiles déchirées, leurs tristes débris ont sous son pinceau l'intérêt le plus attachant......[1] »

---

[1]. BEULÉ, *Éloge des Vernet*, Paris, 1863.

Si sa palette fut exceptionnelle, son cœur fut aussi

Orage impétueux, d'après un tableau de Joseph Vernet.

d'une générosité sans égale, car ayant un nombre

incalculable de neveux et de nièces, sans compter —
s'il faut en croire les historiens — ses vingt-un frères
et sœurs, il s'occupa toujours de tous ceux qui s'adres-
sèrent à lui, et jamais il ne resta sourd à l'appel d'aucun d'eux. C'est ainsi que pour un de ses beaux-frères,
Guibert, il obtint la commande des cadres des *Ports
de France ;* il prit avec lui un de ses frères, paya l'ap-
prentissage d'un autre, fit nommer son frère François
peintre des bâtiments du roi et obtint pour lui d'im-
portantes commandes.

De ce dernier frère, comme de bien d'autres, il ne
reçut en reconnaissance que peines, ennuis et soucis;
mais son grand cœur ne se laissa jamais décourager
par l'ingratitude. En dehors des siens, sa bonté s'éten-
dait sur ses amis : en voici un exemple.

A la place de conseiller à l'Académie, dignité à
laquelle il avait été promu en 1766, était attachée une
pension de 600 livres. Il céda ce modeste traitement
à Bertoux, vieux et infirme; puis, après ce dernier, à
un autre pauvre artiste, Drouais le père. Il fut, du reste,
assez mal récompensé de sa générosité, car après la
mort de ses obligés, il eut toutes les peines imaginables à rentrer en possession de ses 600 livres; on
invoquait contre lui la prescription.

En dehors des déceptions habituelles de la vie,
Joseph Vernet eut de grands sujets de tristesse, et ce
bon père de famille les sentit vivement. Après la naissance d'Émilie, la santé de Mme Vernet commença à
s'altérer à Bayonne. La maladie se porta principale-
ment sur le cerveau et amena un dérangement
d'esprit.

La pauvre femme était poursuivie d'une idée fixe, c'est qu'on voulait l'empoisonner. La chose en vint au point que, lorsque la famille se fut installée à Paris, aux galeries du Louvre, madame Vernet s'en allait en voiture chaque matin acheter son pain chez un boulanger différent, et, chaque matin aussi, le fidèle Saint-Jean, ce domestique modèle qui, entré au service de la maison en 1759, y demeura pendant près de trente années, était obligé de la conduire en bateau au milieu de la Seine pour qu'elle y puisât elle-même l'eau nécessaire à sa consommation [1]. L'infortuné mari fit appel aux plus habiles médecins de l'époque, mais l'amélioration obtenue fut de courte durée ; aussi la famille entière fut forcée de quitter Paris pour Meudon, puis pour Saint-Cloud. En 1767, le *Livre de dépenses* nous apprend l'achat d'une villa à Rueil ; mais bientôt la vie commune est devenue impossible (1774) et la pauvre malade est confiée à Mlle Douay à Monceaux. Entourée de soins et du plus grand bien-être, Mme Vernet vécut longtemps, car en 1808 elle existait encore [2]. Le reste de la vie de Joseph Vernet fut intimemnt lié avec celle de son fils Carle, dont nous allons aborder le récit ; nous l'y retrouverons donc et nous pourrons le suivre jusque dans ses dernières années.

---

1. Nous devons ces détails à M. St-Vincent Duvivier, secrétaire de l'école des Beaux-Arts.

2. Son père M. Parker mourut en 1775.

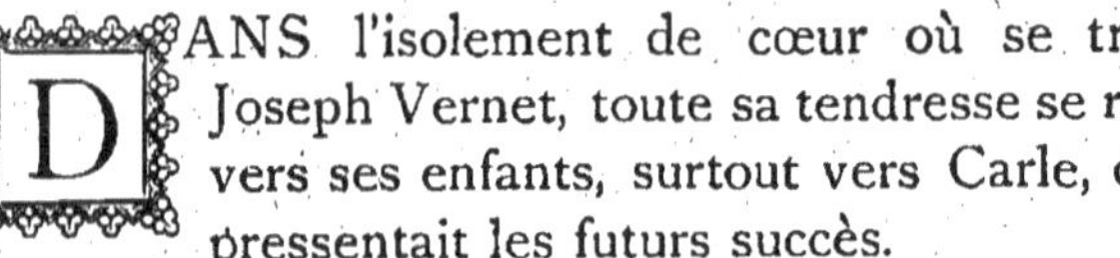

CHAPITRE DEUXIÈME

CARLE VERNET.

DANS l'isolement de cœur où se trouvait Joseph Vernet, toute sa tendresse se reporta vers ses enfants, surtout vers Carle, dont il pressentait les futurs succès.

Son fils aîné, Livio, n'eut jamais aucun attrait pour la peinture, il fut d'abord receveur général des tabacs à Avignon ; puis successivement directeur des vivres de la marine à Brest, et agent en chef des équipages des vivres des armées du Nord et de Sambre-et-Meuse; il mourut vers 1812.

Carle était venu au monde chétif et malingre. A peine âgé de deux ans, il fut atteint d'une petite vérole confluente qui se porta sur les yeux, et le médecin chargé de le soigner déclara un jour au malheureux père qu'il n'y avait plus qu'un moyen, et encore bien incertain, de sauver la vue de son fils ; mais ce remède était presque impraticable : il s'agissait de trouver une personne qui eût le courage d'appliquer ses lèvres sur les paupières malades et d'opérer une succion. Joseph n'hésita point un instant à se charger de cette redoutable cure; aussi Carle disait-il plus tard que son père lui avait donné deux fois la vie. Ce beau trait d'amour paternel nous fait connaître l'infinie tendresse de ce cœur dévoué.

Le pauvre enfant était si délicat, qu'on le couchait

sur des bandelettes pour mieux soutenir ses membres noués et souffreteux ; mais enfin les soins incessants dont il fut entouré triomphèrent de sa faiblesse, et l'adolescent se fit homme.

CARLE VERNET.

Si les forces physiques lui manquèrent longtemps, par contre les dons intellectuels lui avaient été largement donnés, et ses dispositions pour la peinture étaient merveilleuses.

Il était âgé de cinq ans lorsque son père, justement fier de ses heureuses aptitudes, en parla un jour avec feu dans le salon de M. d'Angivilliers, où se réunissait une société nombreuse et choisie. On se récria sur l'aveuglement paternel. Joseph Vernet envoya chercher son fils. On mit devant le petit enfant une feuille de papier et un crayon. Suivant son instinct, Carle dessine hardiment un cheval. — « Bien, très bien, » — s'écrie-t-on de toutes parts. Mais à mesure qu'il avance les murmures commencent. — « Il a pris trop bas, dit-on, il n'aura pas de place pour les jambes. » — Sans se déconcerter, l'enfant continue, achève le corps du cheval, commence les jambes, puis en quatre coups de crayon figure de l'eau sur le bas de sa feuille, faisant ainsi prendre un bain de pied à son cheval, et laissant les spectateurs étonnés de sa présence d'esprit.

Pour apprendre à écrire, Carle copia tout au long un Traité de peinture. C'était, on le voit, un enseignement à deux fins. En tête du registre dont il se servait pour faire ses devoirs, on lit cette phrase : « Papa m'a promis de m'acheter des bottes, l'année prochaine. » Il paraît que cette promesse si brillante lui tenait fort à cœur ; cette inscription se retrouve plusieurs fois sur son cahier, tracée en gros caractères, enfantins comme l'idée qu'ils expriment.

Cet enfant gâté de la famille ne fut pas mis en pension comme son frère Livio, sa frêle santé explique cette exception ; du reste pour son père il n'y avait point d'incertitude sur la vocation de Carle, il était né peintre !

En effet, à onze ans, Carle entrait dans l'atelier de Lepicié le 1er juillet 1769, et, peu de temps après, il écrivait à son père la lettre suivante, que nous donnons dans toute sa naïveté de rédaction et d'orthographe :

« Mon très cher papa,

« Je vous *écrit* pour vous *informé* de *la rangement* que nous avons fait *Gounod*[1] et moi. Nous nous *coucheront* le soir à huit heures ; le matin, nous nous *lèveront* à cinq heures, pour être chez monsieur *Lepicié* à cinq heures et *demi ;* nous aurons le modèle jusqu'à huit heures ; le reste du jour nous dessinerons, tantôt d'après le *dessein*, et tantôt d'après de grandes *estempes*, pour nous *apprendres* à *composés*. Nous dessinerons une semaine d'après nature, et une semaine d'après la bosse, mais toujours à la même heure. Nous serons six MM. *Lepicié, Metivier, Godefroy, Colmart, Gounod* et moi.

« *Sa* nous reviendra à trois francs par mois chaque. Monsieur *Lepicié* dit, que si il me voyait assez fort pour *dessiné* à l'académie, et que vous le vouliez, j'y *dessinerez*.

« 'Je suis, mon très cher papa, votre très humble et très *obéisant* fils.

« Carle VERNET. »

Deux ans après, 14 novembre 1771, le rapin est devenu assez fort pour commencer sa première aca-

----

1. Gounod (François-Louis) obtint le second prix de Rome en 1783. S'il n'est pas très célèbre par lui-même, il a laissé à son fils, l'auteur de *Faust*, le soin d'illustrer son nom.

démie; à treize ans, il est donc peintre et possède deux palettes, le chevalet, le pincellier, la boîte à couleur et une pierre à broyer. L'année d'après, son père l'emmène avec lui dessiner à Meudon, et le 17 octobre 1773, il reçoit un écu de six livres pour une tête qu'il a peinte. Il a quinze ans. Dès lors, le voilà hors de pages. Le jeune homme se débrouille et le peintre aussi. Le 14 janvier 1775, Joseph Vernet reçoit deux louis pour un dessus de porte que Carle a peint.

Carle se distingua, dès ses débuts, par la peinture des chevaux, il était au surplus écuyer accompli et avait une passion pour l'équitation. Le plus souvent possible, ainsi que le prouvent les livres de dépenses de son père, il faisait des promenades à cheval, quelquefois seul, le plus souvent avec ses camarades, Gounod et autres. Lorsqu'il y avait des courses, il était toujours au premier rang des curieux, et brûlait de jouer sur le turf un rôle plus actif.

Sa mère lui avait légué sa suprême élégance, on pouvait dire de lui, qu'il était de race des pieds à la tête; aussi ce brillant gentleman était-il fort recherché dans le monde pour sa distinction, son élégance et la gloire attachée à son nom.

En juillet 1778, les deux peintres, le père et le fils, partirent pour la Suisse avec M. Girardot de Marigny. A Genève, ils furent accueillis par le docteur Tronchin [1]. Après les excursions à Lausanne, Berne, l'Oberland et Schaffouse, nous retrouvons nos voyageurs à Paris, 12 août.

---

1. L'apôtre de l'inoculation.

Au salon de 1779, deux tableaux furent exposés rappelant ce voyage, mais ils eurent peu de succès [1].

A dix-sept ans, en 1780, Carle se présenta au concours de Rome et il fut admis à monter en loge. Le premier prix ne fut pas décerné, il reçut le second [2].

En 1782, avec une toile représentant l'*Enfant prodigue*, Carle obtint le grand prix de Rome. Le jeune artiste partit à regret pour la patrie des beaux-arts, car il s'était attaché à mademoiselle Hélène de Monbars, qui, loin de répondre à l'affection du jeune peintre, se maria sans attendre son retour.

Carle chercha d'abord à se distraire par un travail assidu, mais, mélancolique de sa nature, il se laissa vaincre par le chagrin et crut ne plus pouvoir trouver la paix que dans le cloître. Il déserta l'atelier pour l'église, et des lettres d'Italie annoncèrent, un beau jour, que le grand prix de l'école française se disposait à faire profession dans l'ordre des moines blancs.

Joseph Vernet courut en poste jusqu'à Rome. Il arriva juste pour s'opposer à la prise d'habit, et ramena notre désolé en France, où l'abbé Maury, qui prêchait alors aux Feuillants, fut appelé à juger en dernier ressort la vocation de Carle,

— « Soyez un grand peintre, lui dit-il, cela vaut mieux que d'être un moine obscur. »

Carle se laissa convaincre, et le livre de dépenses atteste la tendre affection et la prodigalité de son père

[1]. La chute ou les cataractes du Rhin à Lauffenbourg, près de Schaffouse, en Suisse, vues des deux côtés opposés.

[2]. Le tableau représentait Abigaïl apaisant la colère de David en lui apportant des présents.

pour ce fils tant aimé. La fortune de Joseph Vernet

La course, d'après Carle Vernet.

avait à cette époque considérablement diminué, par

suite des charges et des emprunts de sa nombreuse famille;cependant il acheta un cheval à son fils toujours grand amateur d'équitation, et bientôt celui-ci reprit ses habitudes quotidiennes d'élégant cavalier ; le spectacle, l'escrime et toutes les distractions de la brillante société dans laquelle son père était reçu, achevèrent de lui faire oublier la plaie de son cœur.

Admis dans l'intimité du duc d'Orléans, qui l'invitait à toutes ses parties de chasse, Carle en profitait pour crayonner des points de vue et étudier les chevaux, qu'il aimait tant.

L'art redevient son idole, et bientôt il commence son grand tableau, le *Triomphe de Paul Émile*. Il y avait dans ce tableau un quadrige traînant le héros, qui était le morceau de choix du peintre.

Par goût et par instinct, Carle représenta ces nobles coursiers comme ceux qu'il avait souvent admirés dans les promenades de Paris, et non avec les formes épiques et convenues qu'on leur donnait toujours; aussi, inquiet de son audace, il n'osait montrer son ébauche à personne, pas même à son père.

Mais il arriva qu'un jour il fut forcé de se trahir. Son sujet grandissant à mesure qu'il le mettait à exécution, l'atelier se trouva trop petit pour contenir l'immense toile à laquelle il avait été forcé de faire coudre des rallonges, et il dut faire abattre une cloison.

Joseph Vernet, étonné de voir des maçons chez son fils, força la consigne et pénétra dans la maison accompagné de son ami Moreau, le graveur du cabinet du roi. Carle était loin de s'attendre à cette visite, aussi resta-t-il tout interdit, attendant avec anxiété le jugement que deux experts en fait d'art allaient porter. Son attente ne fut pas longue, car son père se jeta bientôt dans ses bras en s'écriant : « Bravo, mon Carle; tu es un peintre. »

Carle, oubliant enfin sa première déception, épousa en 1787, mademoiselle Fanny Moreau, la fille de ce dessinateur habile auquel on doit les illustrations de tous les livres élégants du siècle dernier ; l'annonce d'un livre illustré par Moreau était à cette époque un événement toujours impatiemment attendu.

Cette même année, Joseph, qui avait soixante-treize ans, envoya douze tableaux au salon, c'est dire que l'âge n'affaiblissait pas l'ardeur de son pinceau.

Heureux dans son fils et sa fille, il continua à fréquenter la ville et la cour où il avait ses grandes et petites entrées, ce qui n'était pas un honneur ordinaire à cette époque. Il eut plusieurs fois, ainsi que son fils Carle, l'honneur de recevoir le roi et la famille royale dans son atelier. L'auréole de son talent, sa gloire avaient élevé ce plébéien jusqu'aux plus hauts échelons de la société. Joseph n'en tira jamais vanité, mais s'en servit pour faire du bien.

Il secourut et devina Grétry, quand il vint à Paris. L'ami de Pergolèse était un habitué du concert spirituel et le soutien des principaux artistes qui s'y faisaient entendre.

On le savait bon, hospitalier, généreux, et tous venaient vers lui. C'est ainsi qu'on doit à Joseph Vernet d'avoir encouragé et aidé Bernardin de Saint-Pierre.

En 1787, le célèbre écrivain, peu connu encore, bien qu'il ne fût déjà plus très jeune, vint frapper à la porte de l'atelier du vieux peintre ; il paraissait désolé, et Joseph lui demanda le sujet de sa tristesse.

Bernardin venait de lire, dans le salon de Mme Necker, un roman sur le succès duquel il fondait les plus grandes espérances. Buffon n'avait fait que regarder sa montre ; Thomas s'était endormi ; quelques femmes, plus humaines, se sentaient disposées à pleurer, mais le sourire sarcastique du maître de la maison leur avait fait honte de leur faiblesse, et elles avaient refoulé leurs larmes. Bref, il voyait bien, ajoutait-il, qu'il s'était trompé et qu'il ne lui restait plus qu'à jeter au feu son manuscrit.

« Pendant que je vais peindre, lui dit Vernet, lisez-moi donc votre histoire. »

Joseph s'installa devant son chevalet, et la lecture commença.

A mesure que Bernardin de Saint-Pierre tournait les feuillets, Vernet, saisi par l'intérêt croissant de ce chef-d'œuvre, qui n'était autre que *Paul et Virginie*, se détachait peu à peu de son propre travail, et lorsque l'auteur eut fini, il lui conseilla de ne pas se laisser décourager par des critiques ou envieuses ou inintelligentes, l'exhorta vivement à publier son livre et lui prédit un très grand succès en dépit de tous ses amis, les beaux esprits, qui n'y entendaient goutte, assurait-il. Personne n'ignore la suite de l'histoire ; mais ce que tout le monde ne sait pas, c'est que Vernet voulut aussitôt illustrer ce livre, dont il était en quelque sorte le parrain. Il choisit comme sujet l'épisode qui convenait le mieux à la nature de son talent, le *Naufrage de Virginie*. Malheureusement le peintre resta fort au-dessous du poète.

Une grande joie était réservée à cet homme de bien, à cet artiste modèle, qui resta toute sa vie bon et simple, malgré la fortune incroyable à laquelle il s'éleva : comme l'atteste sa belle réponse au roi Louis XV, qui lui proposait de l'anoblir : « Sire, les hommes n'ont déjà que trop d'occasion de devenir des sots ; il ne faut pas leur en fournir de nouvelles. »

La joie dont nous voulons parler, lui fut donnée en 1789 ; son cher fils Carle vit s'ouvrir devant lui les portes de l'Académie : c'est la splendide toile, *Triomphe de Paul-Émile*, qui lui valut cet honneur dont Joseph Vernet fut si heureux ! Or, d'après le cérémonial en usage à cette époque dans l'Académie, le récipiendaire était présenté successivement par un huissier à tous les membres ; et il devait faire à chacun d'eux un profond salut. Lorsque Carle fut arrivé devant son père, ils oublièrent tous les deux les lois de l'étiquette, et se précipitèrent dans les bras l'un de l'autre aux applau-dissements de l'assemblée ; qui, pour la première fois depuis sa fondation par Louis XIV, voyait un père et son fils siéger en même temps dans son sein.

Mais les deux Vernet ne jouirent pas longtemps de ce privilège devenu héréditaire dans leur famille. Joseph mourut le 3 décembre 1789 ; ayant cependant eu le bonheur d'embrasser au berceau son petit-fils Horace, qui était né le 30 juin 1789, et qui devait être le plus célèbre de sa race.

Le corps de Joseph Vernet fut inhumé dans l'église

Saint-Germain l'Auxerrois ; mais la tempête des révolutions a dispersé ses cendres.

Les élèves les plus connus de Claude-Joseph Vernet sont La Croix et Volère [1].

On a plusieurs portraits du peintre des Ports de France.

En 1768, il s'était fait peindre par son ami Louis-Michel Vanloo. C'est le portrait d'apparat. La palette à la main, la perruque courte, noblement drapé dans le désordre pittoresque d'un riche costume de travail, il regarde le public, et son œil vif, sa bouche souriante, sa physionomie ouverte appellent les sympathies. Le teint est brun, les traits manquent de distinction native ; à cette marque d'origine on reconnaît le fils du peuple anobli par le travail. Cathelin a gravé ce portrait en 1770. Quelques années après, en 1778, Madame le Brun fut appelée à reproduire à son tour les traits de Joseph Vernet. Plus intime et plus familier, comme doit l'être l'œuvre d'une femme, ce portrait nous montre bien le même homme : la tête nue, la palette à la main, vêtu d'un habit de velours violet, il est vu de trois quarts et tourné vers la droite ; mais l'âge a voûté le corps, et sur le visage amaigri une seule expression prime toutes les autres, celle de la bonté. C'est par ce côté en effet que Madame le Brun connaissait le grand peintre, son ami et son guide, c'est le bon père de famille qu'elle aimait en lui et qu'elle a pris plaisir à peindre.

L'œuvre de madame le Brun est au Louvre. L'ori-

<hr>

1. Voir à l'appendice, note n° 2.

ginal de l'estampe de Cathelin, pieusement conservé par Horace Vernet, a passé dans les mains de son petit-fils, M. Horace Delaroche, héritier de quatre générations d'artistes, avec le portrait de la signora Virginia, peint en 1767, par le même Louis Michel Vanloo, et celui de Carle, ouvrage de son maître Lépicié, daté de 1772. Carle avait alors quatorze ans.

Avant de nous occuper d'Horace, dont nous avons déjà prononcé le nom, nous suivrons son père Carle dans sa laborieuse et féconde carrière.

Les jours maudits de 1793 vinrent bientôt jeter l'épouvante et la mort dans cette famille d'artistes inoffensifs et paisibles. Carle Vernet tenait au passé par les relations de son père, toujours bien accueilli dans cette aristocratie alors en butte à l'explosion de haines lentement amoncelées, il songeait à partager son sort, à s'expatrier comme elle ; mais un affreux malheur retarda son départ et l'en détourna.

Sa sœur Émilie avait épousé, vers 1776, l'architecte du comte de Provence, Chalgrin [1] ; femme spirituelle et charmante dont Voltaire disait : « Voilà Mme Chalgrin qui nous quitte ; nous allons être bien malheureux, car sans *elle* il ne reste plus que *chagrin*. »

L'architecte du comte de Provence avait suivi le prince à Bruxelles, ne prévoyant pas que de lâches bourreaux feraient à sa femme un crime de cet exil volontaire et la rendraient responsable de son dévouement à la famille du roi ; c'est malheureusement ce

---

1. L'Architecte Chalgrin qui a travaillé à l'Arc de Triomphe de l'Étoile, à Saint-Philippe du Roule, à la plus petite des tours de Saint-Sulpice et au grand escalier du Luxembourg. Il fut nommé académicien en 1770.

qui arriva. Un jour que Mme Chalgrin était allée à
Louveciennes, assister au mariage de Mlle Filleul,
fille du concierge du château, son domicile fut envahi
par les révolutionnaires; sa maison visitée, on trouva
chez elle des bougies à la marque du comte de Provence, ce fut sa condamnation. Dans leur fureur aveugle,
les suppôts de Robespierre ne réfléchirent pas que
Chalgrin, étant architecte en titre du frère de Louis XVI,
avait le privilège d'être chauffé et éclairé aux frais du
prince ; la malheureuse femme fut arrêtée.

Dès que Carle Vernet eut appris cette fatale nouvelle, il courut chez David, son camarade, son ami, l'ami
de Moreau, celui de Chalgrin.

David était au mieux avec les Terroristes. Un mot, un
seul mot de sa bouche à Robespierre ou à Danton,
l'innocente victime était sauvée. Mais David répondit
à Carle : « J'ai peint Brutus, je ne saurais solliciter
Robespierre. » Malgré tous les efforts de son frère
affolé, Madame Chalgrin mourut sur l'échafaud le 6
thermidor 1794 [1], parce que, vertueuse autant que
spirituelle et jolie, elle avait autrefois repoussé l'amour
du peintre républicain.

Longtemps encore après ce deuil, quand on pro-
nonçait devant Carle le nom de David, il devenait
d'une pâleur extrême, et sa gaieté si connue disparais-
sait pour faire place à un silence morne mêlé d'une
sombre rage. On assure que souvent il provoqua son

---

1. On a conservé, dans la famille Vernet, un portrait de Madame
Chalgrin ébauché par David. La tête seule est terminée, elle est très
fine, très distinguée. Par un singulier hasard, le peintre avait préparé
le fond de sa toile avec des tons d'un rouge foncé, qui encadrent le
visage de son modèle dans une sanglante auréole.

confrère en duel et qu'il essaya de le contraindre à se battre, par de publics et sanglants affronts ; mais l'auteur du *Léonidas aux Thermopyles* craignit de s'expo-

Les Anglais à Paris, dessin de Carle Vernet.

ser au jugement de Dieu ! Ce n'est pas en effet par respect pour les défenses de l'Église, que David se montra si timide devant la provocation.

David, chassé par les Bourbons, mourut en exil.

Carle, qui aimait beaucoup sa sœur, tomba à cette époque dans une apathie profonde, qui dura jusqu'au

Les Anglais à Paris, dessin de Carle Vernet.

Directoire; puis le temps, ce consolateur infaillible, cicatrisa la blessure sans cependant la faire oublier. Avec le nouvel état de choses, le peintre reprit goût à la vie. Il était dans ses aptitudes de peindre les amusements du riche, et les ridicules de l'oisif ; il mit ses crayons au service de la satire.

L'observation avait toujours été un amusement pour cet artiste, et maintenant qu'il avait fait ses preuves en peignant les héros de l'antiquité, qu'il ne devait plus rien à l'Académie, il se moqua de la gravité de ses confrères qui continuaient à peindre des Grecs, des Romains, et s'appliqua à donner à l'art de Callot un caractère nouveau, moins fantastique, mais plus réaliste, quoique aussi spirituel. Les modèles, d'ailleurs, ne lui manquaient pas ; il n'avait qu'à copier ses amis, ses camarades, ceux qui chevauchaient avec lui ou patinaient sur la glace ; ceux qui se glorifiaient d'être surnommés les incroyables et se faisaient une gloire de donner le ton au palais, dans ces historiques galeries de bois, qu'on appelait, par dérision, le *camp des Tartares*.

Le même crayon qui avait dessiné *le Fils de Thésée*, fut employé à reproduire les modes extravagantes de l'époque.

Les caricatures dues à ce malin observateur des ridicules du jour, nous en donnent de curieux détails, dans les *Incroyables*, et dans les *Merveilleuses*, et dans les *Anglais*.

Qu'il savait bien rendre le gentleman dont la tête est toute en longueur et qui promène avec orgueil son auguste épouse caparaçonnée de vingt collerettes en tuyaux, coiffée d'un diminutif de chapeau, et tenant à la main le long manche d'un parapluie dont l'étoffe mettrait à peine à l'abri un oiseau-mouche.

Jamais la caricature ne rentra mieux dans le domaine de l'art qu'avec Carle Vernet. Il y mit toutes les qualités d'esprit et de dessin dont il était si largement pourvu.

Mais bientôt la guerre, cette ennemie acharnée des arts, arrêta la verve moqueuse et spirituelle de l'artiste. Sa palette changea d'objet, il comprit que nos soldats préparaient de nouveaux sujets aux peintres et que ceux-ci allaient avoir tout un champ de gloire à exploiter. Carle Vernet fut, après le baron Gros, avec un sentiment moins héroïque, mais plus moderne, l'artiste qui comprit le mieux le parti que la peinture pouvait tirer des actions éclatantes de ses contemporains.

La profonde connaissance qu'il avait acquise des chevaux, le portait à se faire peintre de batailles.

Il débuta dans ce genre par *La bataille de Marengo*, une de ses plus belles compositions. Dans ce tableau, qui a trente-deux pieds de long, l'auteur a su faire comprendre au spectateur les manœuvres de cette immortelle journée ; l'ordonnance de ce tableau est belle, et aucun détail ne nuit à son ensemble.

Au salon de 1808, Carle obtint un grand succès avec le *Matin de la bataille d'Austerlitz*. Cette toile lui valut la croix de la légion d'honneur. En la lui remettant de ses propres mains Napoléon lui dit : « Monsieur Vernet, vous êtes ici comme Bayard, sans peur et sans reproche. Tenez, voilà comment je récompense le mérite. » L'impératrice Joséphine lui dit à son tour avec sa grâce ordinaire : « Ce sont deux croix en une ; il est des hommes qui traînent un grand nom, vous, Monsieur, vous portez le vôtre. »

Bientôt le pinceau fut encore délaissé, et Carle reprit ses crayons. On comprendra difficilement qu'un

Bataille et Passage du Tagliamento le 26 ventôse an V. Tableau de Carle Vernet.

artiste sachant si bien employer les couleurs, ait eu une si grande prédilection pour le simple dessin. Carle Vernet fut un des premiers à mettre en usage les pro-

cédés de la lithographie que son fils Horace devait
adopter plus tard.

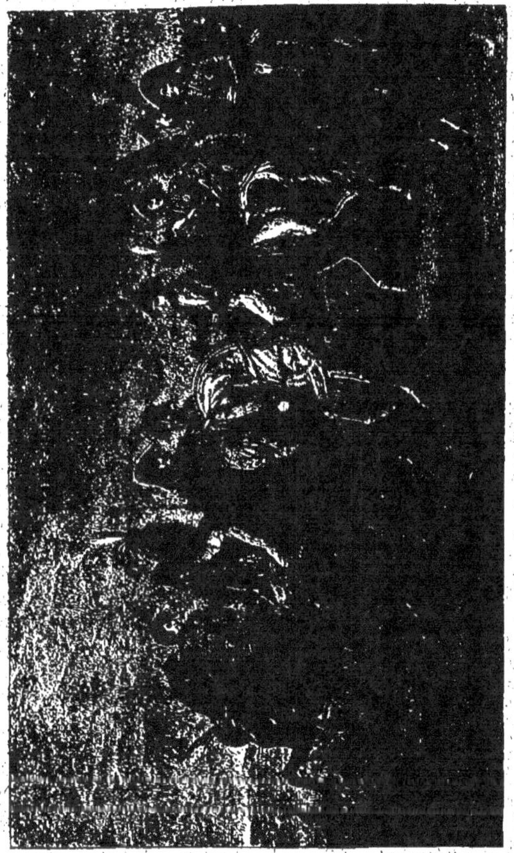

Napoléon donnant ses ordres avant la bataille d'Austerlitz.
Tableau de Carle Vernet.

En 1814, on vit reparaître sa même finesse d'observation dans des caricatures qui ne représentaient plus
les *Incroyables* et les *Merveilleuses* mais les types de la

Sainte-Alliance : les Cosaques, les Kalmouks, etc., etc.

Ses compatriotes et leurs habitudes ne furent pas épargnés, loin de là ; mais, comme le dit si judicieusement Charles Blanc, que d'esprit dans ces croquis si lestement improvisés !

« Ici c'est la marquise de Retintaille, surprise par une averse, que l'Auvergnat invite à passer le ruisseau sur une planche, en la priant de ne pas oublier l'ingénieur en chef de ce pont improvisé. Là, c'est l'aveugle qui embouche sa clarinette devant la portière des diligences attardées, ou bien le Savoyard qui fait danser son singe dans le costume d'un duc et pair ; rien n'est plus vrai, plus nature que ce *coucou* des barrières, où sont entassés, secoués, cahotés, pressurés et déformés une douzaine de Parisiens allant faire le dimanche et manger le melon sur l'herbe.

« Si Vernet s'amuse à regarder le charlatan forain pour le voir tenir un verre en équilibre sur le bout de son nez, c'est afin de le croquer sur une pierre où mille autres le verront après lui. Ce n'est pas non plus en badaud qu'il observe le saltimbanque avalant des épées et des couleuvres. »

Précurseur des Gavarni, des Daumier, des Granville, c'est Carle qui, le premier, sut affubler les animaux des costumes de l'homme pour fustiger spirituellement les ridicules de l'humanité.

Les sujets qu'il affectionnait le plus étaient les péripéties de la vie de soldat ; mais, avant tout, le soldat à cheval, depuis le boute-selle jusqu'à l'ambulance.

En dehors du peintre, du caricaturiste, du bon père de famille, du fashionable recherché dans les meilleures sociétés il y avait dans Carle Vernet un homme d'esprit vif et pétillant.

S'il est resté célèbre par ses calembours, il l'est aussi par l'à-propos, qui ne lui manqua jamais.

Le gastronome, de Carle Vernet.

Quoi qu'il fût écuyer consommé, et contrairement à l'habitude des cavaliers, il passait pour un des meilleurs marcheurs de son temps. On raconte qu'à la suite d'une gageure, il courut au champ de Mars, dans une de ces courses renouvelées du stade antique [1] et qu'il remporta le prix. En le lui remettant, Laréveillère-Lepeaux lui aurait dit : « Monsieur Vernet, votre nom est habitué à tous les triomphes. »

Une fois qu'il revenait en diligence de Marseille à Paris, il n'eut pas le même succès. Pour se distraire pendant la route, il avise parmi ses compagnons un monsieur dont l'extrême corpulence n'annonçait pas une grande légèreté, et, à la première montée, lorsque tous les voyageurs sont descendus, il dit à ce gros homme :

— Parions, monsieur, que vous ne sautez pas ce fossé, et que moi je le saute !

— Que parions-nous? demande l'autre sans se déconcerter.

— Notre déjeuner.

— Soit.

Et voilà ce colosse qui s'élance et qui franchit l'obstacle proposé.

Arrivé à l'auberge la plus voisine, Carle s'exécute et paye la carte, mais il ne se tient pas pour battu, et n'attend que le moment de prendre sa revanche. Dans la journée, il trouve un fossé plus large et recommence son défi. Cette fois c'est le dîner qui sert d'enjeu. Même succès.

Cette plaisanterie dura cinq jours, autant que le voyage de Marseille à Paris à cette époque, et Vernet eut la douleur d'offrir dix repas à son très gros, mais

---

1. Stade, arène longue de cent vingt-cinq pas où les Grecs s'exerçaient à la course.

très leste compagnon. Ils en étaient arrivés à sauter, tous deux, un nombre de pieds invraisemblable. Carle était essoufflé, époumonné, sur les dents.

Avant de se séparer, celui qui avait été ainsi hébergé tout le long de la route sans bourse délier remercia courtoisement Vernet, d'avoir bien voulu le nourrir *pour si peu de chose.* On s'expliqua. Le peintre avait affaire à un clown de profession, qui venait exercer ses petits talents dans « la capitale ». Carle fut ravi : il avait du moins la consolation d'avoir été vaincu par un acrobate, et l'honneur était sauf.

Quant aux saillies et aux bons mots, dont il abusait, on en ferait un volume; nous ne citons que les plus connus, pour donner un échantillon de son esprit subtil et fin.

Un soir, après la première représentation d'une comédie d'Alexandre Duval, intitulée *Maison à vendre,* on lui demandait, en le voyant garder le silence au lieu de féliciter l'auteur du succès qu'il venait d'obtenir :

— Vous n'êtes donc pas content de la pièce?

— Non, répondit Carle : M. Duval a trompé le public : il avait annoncé *une maison à vendre* et je ne trouve qu'*une pièce à louer.*

Une autre fois, se trouvant un jour d'hiver avec Isabey sur la glace du canal Saint-Martin, Carle dit à son camarade :

— Est-ce que tu as froid, toi?

— Moi je gèle, dit Isabey.

— Monsieur! s'écria alors le facétieux artiste en s'adressant à un badaud qui s'essayait à patiner : Voulez-vous avoir la bonté de fermer la porte Saint-Denis?

On juge de la stupéfaction du promeneur ainsi interpellé.

Le jour où l'on apprit à Paris la mort du maréchal Lannes, qui avait eu la cuisse emportée, Désaugiers rencontre Carle Vernet et lui dit:

— Allons, un calembour sur Lannes, et je donne l'exemple. S'il n'était pas mort de sa blessure, il n'aurait plus porté qu'un *bas*.

— Monsieur, reprit Carle, j'ai souvent joué sur les *mots* de la langue française, jamais sur les *maux* de la France.

Un jour Carle déjeunait à la table du roi, et comme on lui présenta une corbeille de pêches. « Pour le coup, dit-il à ses voisins en prenant l'un des fruits, je puis me flatter aujourd'hui d'avoir reçu une *dépêche* (des pêches) de Sa Majesté. »

La manie des calembours a été en quelque sorte un mal endémique dans la famille Vernet, Joseph et Carle n'y mettaient pas de mesure, et Horace ne fut guère plus modéré.

Carle Vernet était aussi un habile et charmant conteur, que les habitués du Café de Foy ne se lassaient pas d'écouter; quant à son esprit de repartie, en voici un trait. On raconte qu'un jour, ayant été arrêté par des voleurs dans la rue Neuve-des-Petits-Champs, presqu'au coin de la rue Vivienne, il répondit froidement aux misérables qui lui demandaient *la bourse ou la vie:* « La *Bourse* est au bout de la rue à droite, et l'*avis* que je vous donne, est de changer au plus tôt de profession. »

Il fut, comme son père, bon pour sa famille, bon

pour ses amis; cœur généreux et délicat, sa bourse ne se ferma jamais devant les nécessiteux; souvent il paya leur premier ouvrage à plusieurs de ses élèves, pour les encourager à travailler et les aider à vivre. L'un d'eux, ayant tiré un mauvais numéro à la conscription, il peignit en secret un tableau, qu'il lui donna dès qu'il fut terminé, pour le vendre et lui permettre de se racheter.

En 1822, Carle perdit sa femme [1]. Il tenait de sa mère une extrême faiblesse de tête, qui fut supportée par son fils Horace, avec une piété toute filiale. Du reste la vie de Carle Vernet s'était concentrée dans son amour pour ce fils; amour inquiet, exigeant, jaloux, qu'Horace sut toujours accepter et rendre avec cœur ; jamais il ne départit de son respect pour son père, il tolérait avec une patience digne d'éloge [2], ses singularités et ses manies souvent bien inoffensives.

Lorsque Carle habitait Rome avec son fils, qui était directeur de l'Académie de France, pour monter à la villa Médicis où conduisaient deux grands escaliers, il ne prenait jamais celui de gauche, et il se fût troublé s'il n'eût pas atteint la dernière marche avec le pied droit. Il avait peur du sel renversé et du nombre treize, et donnait avec une étonnante simplicité dans toutes les vulgaires superstitions. Mais s'il avait à cet égard les travers des Italiens, il avait aussi gardé leur foi vive et démonstrative.

---

1. Fanny Moreau, Madame Vernet, avait eu deux enfants : une fille qui épousa Hippolyte Lecomte, auteur d'un grand nombre de planches, de costumes et de tableaux militaires; et un fils, qui fut le grand Horace.

2. Voir *Joseph, Carle et Horace Vernet*, par A. Durande, page 106.

S'il passait devant une ces madones qu'on rencontre à chaque coin des rues de Rome, il ne manquait jamais d'ôter son chapeau. Quand venait le soir, il faisait en sorte de se trouver seul sur le *Monte-Pincio*, où est située l'Académie, et de là, il contemplait le dôme de Michel-Ange, de cette contemplation muette et profonde qui est celle du génie ; et il se plaisait à saluer la croix de Saint-Pierre, lorsqu'il apercevait encore sa silhouette noire projetée sur les dernières lueurs du ciel.

Rien ne faisait prévoir la mort de Carle Vernet, quand un refroidissement négligé l'enleva brusquement aux siens et à ses amis ; il s'éteignit presque subitement le 27 novembre 1836 [1]. Huit jours avant, il avait encore fatigué son cheval au bois de Boulogne.

Modeste autant que spirituel et bon, il répondit, l'avant-veille de sa mort, au docteur Biet, qui venait lui annoncer que le roi lui donnait la croix d'officier de la Légion d'Honneur.

« Je sens tout le prix de cette faveur, que j'attribue moins à mon propre mérite qu'au bonheur que j'ai d'être le fils et le père de grands artistes, car, mon cher docteur, on dira de moi ce qu'on disait du grand dauphin : Fils de roi, père de roi, et jamais roi ! »

On ne peut voir sans émotion ce mourant nier sa gloire devant la gloire d'un père, et, modestie plus rare et plus exquise encore, devant la gloire d'un fils.

Un des plus beaux portraits de Carle Vernet est celui que Robert Lefèvre a laissé de lui [2].

---

1. Il habitait alors, 56, rue Saint-Lazare.
2. Voir à l'appendice, n° 3.

CHAPITRE TROISIÈME.

HORACE VERNET.

E 30 juin 1789, Carle Vernet, qui demeurait alors aux galeries du Louvre [1], allait colportant une nouvelle dans son voisinage ; et voici comment il s'y prenait pour l'annoncer, à la suite du salut coutumier : — « Vous me reconnaissez donc ? disait-il, en prenant un air étonné. — Eh ! qui serait assez malavisé pour méconnaître l'habile Carle ? répondait-on avec une pareille surprise. — C'est que, répliquait ce dernier, je me supposais changé depuis que j'ai un nouveau-né *(nez)*. » Or, la nouvelle débitée de cette manière burlesque n'était rien moins que la naissance d'Horace Vernet.

A trois ans, Horace reçut le baptême du feu. C'était le 10 août ; son père, entendant les coups de fusils, voyant voler ses vitres en éclats, saisit l'enfant, le met sur son épaule, monte à cheval et traverse la place du Carrousel, accompagné de sa femme qui emportait de son côté sa petite fille Camille, âgée de quatre ans. Comme il avait ôté son uniforme et n'avait gardé que sa veste blanche à collet rouge, les républicains le prennent pour un Suisse et font feu sur lui. Carle, blessé à la main, poursuit sa route, et tous débouchent heureusement rue Froidmanteau, d'où ils vont gagner la

---

1. Le logement même occupé par son père, sous la grande galerie, au n° 15 ; autrefois habité par le fameux ébéniste Boulle.

rue du Coq et par là le logis de Moreau, grand-père des enfants.

L'enfance d'Horace Vernet s'écoula donc au milieu des horreurs de la Révolution, puis au milieu des luttes de la France contre l'Europe. Il reçut le contre-coup de tant d'émotions diverses qui se succédaient sans relâche, et, vivant dans cette atmosphère brûlante, il s'enivra de poudre, de gloire et de fumée comme tous les hommes de sa génération. C'est à ces premières années de sa vie qu'il faut demander compte de la nature de son talent : c'est là qu'il faut chercher l'origine incontestable de cette humeur guerrière qui fut sa fidèle compagne jusqu'à la mort.

Son père avait chez lui tous les accessoires de ses tableaux : carabines, fusils, pistolets, sabres de tous genres, modèles de canons. Défense expresse avait été faite au jeune Horace de jouer avec les armes; il obéissait bien à contre-cœur, car son caractère belliqueux le dominait souvent. Ce fut ainsi qu'un jour, plusieurs de ses petits camarades — les fils du miniaturiste Dumont, logé au Louvre lui aussi — étant venus lui apporter un paquet de poudre, Horace, ravi, se mit en devoir, aidé de ses amis, d'arracher un gond de porte, de le perforer et de le bourrer de poudre. Nos artilleurs improvisés montent cette pièce d'un nouveau genre sur un affût ; Vernet prend l'étoupe allumée et fait partir le canon, qui éclate en ne lui emportant heureusement qu'une mèche de cheveux. De tels préludes trahissaient déjà ses instincts et son imagination de troupier.

Comme son père, il montra dès le plus jeune âge un

HORACE VERNET.

esprit vif et prompt, et des dispositions merveilleuses pour la peinture. Tout le monde connaît la célèbre *hirondelle* du Palais-Royal. En voici, dit-on, l'origine.

Horace avait été un baby d'une beauté merveilleuse, sa bonne était fière de le montrer aux promeneurs des Tuileries et se plaisait à le faire admirer comme un objet d'art. Cette bonne resta longtemps chez Carle et n'en sortit que pour épouser un pâtissier très en vogue. Un jour, Horace, âgé de douze ou treize ans, crut être fort agréable à son ancienne bonne, en entrant dans sa boutique pour y manger quelques gâteaux. « Me reconnaissez-vous, ma bonne amie ? » lui demanda-t-il affectueusement. La pâtissière le reconnaissait fort bien ; mais il y avait là du monde. Trop fière pour avouer son ancienne condition, elle fit la sourde oreille et tourna la tête. — « Ah ! je conçois, dit l'enfant piqué ; vous ne voulez pas me reconnaître, parce que je ne vous montre que ma figure. »

Quand on apprit cette histoire au Café de Foy, chacun félicita le jeune Horace, et l'on déboucha du champagne en l'honneur de ce trait d'esprit. Or des peintres avaient ce jour-là restauré la salle. Un des nombreux bouchons que faisaient sauter les buveurs alla goudronner d'une tache noire le plafond récemment blanchi.

Le maître du café cria.

—Mon Dieu ! fit Horace, le malheur n'est pas grand, je vais le réparer.

Comme les peintres devaient revenir le lendemain, ils avaient laissé là leurs pinceaux, leurs pots et leur échelle double. Horace prit trois pinceaux, les trempa dans les couleurs qu'il jugea nécessaires, gravit l'échelle comme un écureuil et redescendit au bout de quelques minutes, montrant au patron grondeur une charmante hirondelle, qui déployait sur un fond d'azur son corset blanc et ses ailes noires.

Que de Parisiens et de provinciaux admirent encore de confiance cette gracieuse messagère du printemps [1], sans se douter que depuis lors elle a été repeinte à diverses reprises [2].

Quand vint l'âge de commencer ses études, son père le fit entrer au collège des Quatre-Nations : mais Horace n'avait aucun goût pour le grec et le latin, et au lieu d'apprendre ses leçons, il couvrait les marges de ses livres et les feuilles de ses cahiers, d'une foule de figures où les soldats étaient en majorité. Son éducation fut donc des plus incomplètes ; la faiblesse paternelle favorisa les allures de cet esprit avide de liberté, qui se dérobait à l'étude parce que l'étude était un joug.

Doué à un haut degré de la précocité merveilleuse particulière à tous les siens, il sortit avant l'âge du collège des Quatre-Nations pour s'adonner aux arts, et traversa plutôt qu'il ne fréquenta les ateliers de Moreau, son grand-père maternel,

---

1. *A l'Hirondelle*, magasin de bijouterie, 56, Galerie Montpensier au Palais-Royal.

2. Il en est de même du fameux *Cheval Blanc* de Leduc à Montmorency. Le père d'Horace le peignit sur l'enseigne du restaurateur afin de payer son écot et celui d'une douzaine de ses camarades. Leduc exposa trois jours l'œuvre du maître, juste le temps de fabriquer une copie ; le public ne s'aperçut pas du changement d'enseigne, et le cheval de Carle fut vendu mille écus.

de Chalgrin, son oncle, de Vincent, le maître de tant d'artistes distingués. Il concourut en vain pour le prix de Rome, et ne recommença point cette lutte où cependant la victoire se remporte rarement d'un premier effort.

Inconstant, mais enivré par l'adresse de ses doigts, il se jouait tour à tour avec le crayon, avec le burin, avec le pinceau, trouvant plus aisé de deviner que d'apprendre, et dédaignant ce qu'il n'avait point saisi. Son père, qui l'idolâtrait, le détournait du travail, de peur que le travail n'altérât sa santé ; il aimait mieux lui communiquer sa passion pour les chevaux, pour les armes, pour la chasse. Aussi malgré les dons que la Providence lui avait si généreusement et si largement donnés, un jour vint où Horace regretta les heures perdues de sa jeunesse. Ce fut à Rome, en face de chefs-d'œuvre dont il n'était plus temps de s'inspirer ; il comprit, tardivement hélas ! que la docilité est une puissance, la tradition une force décuplée, la mémoire un trésor qui doit s'emplir de lignes idéales et de formes parfaites.

A l'âge de douze ans, il fit pour Mme de Périgord un dessin de tulipe qu'elle lui paya vingt-quatre sous, et à l'âge de treize ans, il avait des commandes en assez grande quantité pour se suffire à lui-même. Une de ses premières œuvres fut la vignette qui, suivant le goût de ce temps, ornait les lettres d'invitation pour les parties de chasses impériales; et tel était le mérite de cette vignette qu'un graveur très renommé, Duplessi-Bertaux, n'hésita pas à la déclarer digne de son propre burin. Les commandes se succédaient rapidement chez le jeune Vernet : dessins à six francs, tableaux à vingt francs. Il travaillait pour le *Journal des modes*, dont il devint le dessinateur en titre, et c'est peut-être de ses travaux en ce genre que lui vint le talent de caricaturiste, dont il amusa ses amis souvent à leurs propres dépens [1].

L'éducation artistique d'Horace Vernet, il faut en convenir, avait été aussi négligée que son éducation littéraire. Son père même se méprit d'abord sur sa véritable vocation, il songeait à en faire un graveur et, par un travers bizarre, il se refusa la joie d'être le maître de son fils, qui passa sa jeunesse dans les ateliers de son grand-père Moreau et de son oncle Chalgrin. Lorsque Carle s'aperçut enfin que le jeune homme avait tout ce qu'il fallait pour faire un bon peintre il le mit sous la direction de Vincent, le chef d'un des trois ateliers qui, avec ceux de David et de Regnault, se disputaient chaque année le prix de l'École des Beaux-Arts. Mais Horace avait des dispositions autres encore ; il aimait d'un amour presque égal le métier de soldat et celui de peintre. Son père, qui s'en méfiait, prit de bonne heure ses précautions et coupa court à ses velléités guerrières en le mariant, dès l'âge de vingt ans (1810), avec Melle Louise Pujol, charmante jeune fille douée des meilleures qualités.

Toutefois les circonstances au milieu desquelles il avait grandi décidèrent de sa préférence pour les peintures militaires. Son début en ce genre fut *La prise d'un camp retranché*, exposée au salon de 1812.

---

1. Art. *Journal de Londres*.

Horace Vernet dut à Gérard son premier succès. Ce bon camarade lui obtint la commande du portrait de Jérôme, roi de Westphalie. Horace réussit à souhait, et cette toile mit l'artiste en lumière, elle lui valut une médaille et lui fut payée 8000 francs, premier sourire de la fortune! Aussi Horace Vernet voua dès lors une vive reconnaissance au frère de l'empereur. Anticipant sur les événements, nous tenons à prouver ici que ce ne fut pas là un sentiment passager.

A son retour de Crimée, le prince Napoléon commanda à Horace Vernet un tableau, représentant *La bataille de l'Alma*. Ce travail, comme tant d'autres, fut magistralement exécuté, et très remarqué au salon de 1857.

Pendant l'exposition, le prince envoya un de ses aides-de-camp féliciter l'artiste et lui demander si trente mille francs étaient une rémunération équitable de son travail, laissant d'ailleurs le peintre maître de formuler des prétentions plus élevées, lesquelles étaient agréées d'avance. Jamais Horace Vernet ne voulut entendre parler de vendre son tableau, toutes les instances de l'aide-de-camp furent inutiles, et il fut chargé de reporter au prince les respectueuses excuses de l'entêté peintre, lequel voulait garder sa toile.

Rien ne put le faire démordre de ce parti, seulement, le soir même, il écrivit au prince Jérôme :

« C'est au roi de Westphalie que je dois mon premier succès ; Sa Majesté m'a témoigné en 1812 une bienveillance que je n'ai certes pas oubliée, et comme marque que ce souvenir m'est resté, je supplie le prince Jérôme d'agréer l'hommage d'un tableau où j'ai eu le bonheur de représenter son auguste fils remportant sa première victoire. »

Un moment Horace fut soldat comme tout le monde, quoique son mariage l'exemptât de la conscription ;

Enfance de Napoléon. Lithographie d'Horace Vernet.

mais on était en 1814, et chacun portait un fusil. Avec Charlet, il concourut, sous les ordres du maréchal Moncey, à la défense de la barrière de Clichy, et, plus tard, il n'eut qu'à reporter sur la toile les impressions qu'il avait ressenties pendant cette terrible journée pour produire un de ses meilleurs tableaux [1]. Ce fut alors (1814), qu'il reçut la croix de la Légion d'honneur ; beau début pour un futur peintre de batailles que d'être décoré, non plus comme peintre, mais comme soldat. Il en fut à bon droit toujours fier, et il tenait plus à cette première distinction qu'à toutes celles qu'il reçut dans le cours de sa longue vie.

A cette époque, Vernet semblait éprouver le besoin de dire vite ce qu'il avait sur le cœur; le nouveau procédé, la lithographie, répondant à cette spontanéité, il s'en servit avec ardeur, et de 1811 à 1815, son crayon léger effleura la pierre avec une sûreté et une activité qui étonnaient son ami Géricault. Que de gracieux et charmants sujets il fit alors ! Les incidents du bivouac, les jeux et les bonnes farces du camp, voilà ce qu'il exploitait de préférence, dans ses lithographies que tout le monde connaît : ici *Un conscrit en maraude*, disant à son supérieur en lui montrant un serin dans une cage : « Mon caporal, je n'ai pu attraper que ça ! » Ou ce *Hussard*, plus adroit, qui a volé un cochon. Il l'a coiffé d'un bonnet de police et couvert de son manteau. « Mon lieutenant, c'est un conscrit, dit-il en regardant de travers un paysan qui vient réclamer son bien. » Ou encore ces *Cavaliers* qui, ayant envahi un poulailler, jettent du grain devant le trou pratiqué à la porte pour engager les innocents volatiles à sortir, tandis que l'un d'eux, tenant à la main son grand sabre, se prépare à couper le col aux

---

1. Voir en regard du frontispice du volume, un gravure de ce tableau.

imprudents qui se hasarderaient à sortir de leur retraite.

Du premier coup il imprimait à ses personnages le mouvement voulu, et les caractérisait par un geste qui traduisait on ne peut mieux sa pensée. Mais ces productions légères n'entravaient pas de plus nobles travaux; tout en croquant des troupiers, le jeune peintre, qui était en vogue à la cour, était à cette époque chargé de tous les dessins du dépôt de la guerre. L'impératrice Marie-Louise et le roi Jérôme lui commandèrent plusieurs tableaux [1] importants, qui furent admis aux expositions d'alors avec une quantité prodigieuse de portraits, parmi lesquels on cite celui du général Clarke, duc de Feltre.

Il illustrait aussi les *Fables de La Fontaine :* ses meilleures compositions sont : *La vieille et les deux servantes, Les femmes et le secret, L'enfant et le pédant.*

Déjà les éditeurs se disputaient les produits du crayon d'Horace et les couvraient d'or. Ses dessins pour le *Journal des Modes,* ainsi que ses caricatures, étaient très recherchés.

---

1. Ces tableaux lui étaient payés de huit à dix mille francs.

CHAPITRE QUATRIÈME.

E N 1816, Horace fit, le sac au dos, avec son ami le comte de Pontecoulant, son premier voyage en Dauphiné et en Suisse.

Entre Carle et Horace, il n'y avait pas communauté d'opinions politiques. Si le premier voyait avec joie le retour des Bourbons, son fils au contraire se montrait fort indifférent. Carle avait cependant fait tous ses efforts pour convertir Horace à ses idées. Un jour il amenait le duc de Berry dans son atelier; une autre fois il faisait inviter son fils aux chasses royales, et le pauvre Horace ne savait quel prétexte inventer pour décliner ces honneurs.

L'art est un terrain neutre qui ne cherche que l'idéal et les nobles actions, aussi pouvons-nous dire qu'Horace ne fut jamais l'homme d'un parti; mais il devait subir longtemps l'influence du milieu dans lequel il avait été élevé. N'oublions pas que né au début de la Révolution, élevé au bruit du canon, il appartenait au nouvel ordre de choses et était imbu des idées qui dominaient alors en France. Cependant, malgré tout ce qu'on a pu penser et écrire de lui, Horace Vernet fut en toutes choses et avant tout un Français, un Parisien, un peu frondeur, soit — ce défaut est dans la nature de l'enfant de Paris ; mais, véritable patriote, il aima son pays, sa gloire, ses armées, ses soldats. Caractère entier, impatient, il ne sut pas supporter l'injustice, ni le mensonge, sa vie nous en montrera plus d'une preuve ! La peinture n'a pas de parti, toutes les couleurs se trouvent sur sa palette, et l'on ne peut demander à l'artiste que d'illustrer les belles et nobles actions : tel fut toujours le rôle d'Horace Vernet.

En 1820, Carle et Horace partirent pour l'Italie; le père voulait sans doute soustraire son fils aux influences qui l'entouraient, et qui pouvaient, craignait-il, compromettre son avenir. Il n'y avait pas, en tout cas, de meilleur complément d'éducation pour un jeune artiste.

A Rome, les deux Vernet trouvèrent bon accueil, leur nom était connu et aimé; on se souvenait de Joseph, le père de Carle. Nous citerons ici la première lettre que nous ayons trouvée du grand peintre, elle est adressée à son oncle Livio, et elle nous fera mieux connaître ce caractère indépendant et cette âme affectueuse.

« Rome, le 3 mars 1820.

« Mon cher oncle,

« Que de remercîments ne te dois-je pas pour la lettre que tu nous as adressée à Rome ! Tu sais combien on se trouve heureux, quand on est éloigné, de recevoir des nouvelles des personnes qu'on aime ; tu dois juger de mon bonheur en recevant des tiennes. Nous faisons un charmant voyage, et ce qu'il y a de très remarquable, c'est que mon père n'est pas trop exigeant[1] et que nous sommes en très bonne intelligence. Ainsi tu vois que rien ne me manquerait, si vous étiez tous avec nous.

---

1. Allusion à ce qui a déjà été dit concernant les manies et l'affection exagérée de Carle pour son fils.

« Je vais me mettre à peindre. J'en ai grand besoin ! Tu penses que dans ce beau pays qui a inspiré tant de peintres, je ne puis rester sans en ressentir l'influence, et j'espère que mon premier essai me réussira. Je compte faire *la mossa*, ou, autrement dit, le départ des chevaux aux courses du carnaval. A propos du carnaval, vous en avez eu un bien triste à Paris. Quelle affreuse catastrophe [1]. Nous n'en avons appris la nouvelle qu'à Naples : mon père en a été foudroyé. Tu sais quelles étaient ses liaisons avec le prince, et tu juges de l'effet qu'a dû produire sur lui un pareil malheur.

« Nous avons assisté au service qui a eu lieu à Saint-Louis-des-Français.

« J'espère tirer un grand fruit de mon voyage, non seulement sous le rapport de l'art, mais aussi pour la connaissance que j'ai acquise de moi-même. C'est dans le choc des passions qu'on définit celles qui doivent vous mener à bien, ou celles qui doivent vous maintenir dans une fausse route. Je fais là-dessus mes observations et je compte en tirer un bon parti. D'ailleurs il est temps de penser sérieusement, car l'âge arrive sans qu'on s'en doute, et lorsqu'on veut faire un effort pour devenir meilleur, les forces vous manquent, et l'âme ne peut pas plus se redresser que les reins.

« Nous avons fait plusieurs courses pour voir les maisons que mon grand-père a habitées, celle où tu es né et l'église où tu as été baptisé. Toutes ces choses ont un grand charme pour moi. Je regrette de ne

---

1. L'assassinat du duc de Berry.

pouvoir te le faire partager, mais ma mauvaise éducation me refuse le moyen d'exprimer ce que je sens. Les termes me manquent, et quand par hasard ils arrivent, souvent je ne sais comment les écrire. Alors le dépit me prend, je quitte la plume, et je remets à mes actions le soin de prouver à ceux que j'aime que je ne vis que pour eux, et que mon plus grand bonheur est quand je m'aperçois qu'on n'y est pas indifférent.

« Voici une longue lettre, bien ennuyeuse; mais tu sais que le cœur a besoin de se vider quand il est trop plein. Pardonne-moi, si j'ai choisi le tien pour recevoir la *potée*.

« Adieu, mon bon oncle. Je n'ai pas besoin de te dire combien tu m'es cher; c'est une vieille chose que tout le monde sait ; aussi je me bornerai à t'envoyer une embrassade de trois cent soixante lieues de long,

Horace VERNET. »

Ce voyage fut de courte durée, mais laissa une grande impression dans l'âme du jeune artiste. Pendant son séjour, Horace avait peint un tableau pour M. de Blacas, qui le lui paya 4000 frs ; il acheta aussitôt une calèche dans laquelle il revint à Paris avec son père, après s'être arrêté cependant dans la vieille cité, qui avait été le berceau de ses aïeux.

Rien n'était changé dans la capitale, et les mortelles inquiétudes de Carle recommencèrent plus vives et plus fortes. 1814 était cependant oublié, et il n'y avait plus à craindre qu'on évoquât l'engagement pris à cette époque par Horace et son ami Géricault[1]. Cette

---

1. Les deux peintres s'étaient engagés dans un régiment de hussards.

folie n'avait été que l'affaire de quelques jours, le licenciement des troupes de Napoléon ayant rendu les deux jeunes peintres à leur atelier.

La fameuse *Lisette*, l'épée d'Horace, si souvent sortie du fourreau, pouvait alors rester paisiblement accrochée; mais mécontent du régime nouveau, l'artiste se fit frondeur, et les vainqueurs furent la cible de ses sarcasmes et des défis de son crayon. Que de tourments il causa à son père, qui, fidèle royaliste, souffrait cruellement du caractère bouillant et des incartades bonapartistes de son fils.

Ce fut grâce à Carle que les choses n'allèrent pas au pire. Cependant les salons se fermèrent devant Horace, et son atelier devint le refuge des mécontents, des officiers en demi-solde et des *Carbonari*.

Le duc d'Orléans, qui encourageait toutes les oppositions et les protégeait quand même, se déclarait hautement le Mécène d'Horace. Il lui commandait portraits sur portraits, tableaux sur tableaux, se faisant peindre sous tous les costumes et dans tous les épisodes de son histoire.

Bientôt, l'opposition d'Horace Vernet se fortifia d'un grief personnel. Tous les tableaux qu'il présenta pour le salon de 1822 furent refusés par ordre,

« On allégua, dit M. Beulé, les cocardes tricolores qui blessaient les yeux, on aurait dû alléguer les sujets qui troublaient tant de cœurs mal affermis dans l'obéissance. Mais on eut tort de provoquer un homme résolu, épris de la lutte, bien trempé pour la soutenir. Horace déclara que son exposition se ferait... et l'atelier de l'artiste, en haut de la rue de la Tour des

Dames [1], suffit à sa vengeance. Quels éloges! quel enthousiasme! quels transports commandés surtout par la politique! Ceux qui n'avaient jamais eu de regard pour la peinture étaient les admirateurs les plus fervents. »

On fit entendre au peintre que, s'il changeait les cocardes tricolores, l'exemption serait levée. Justement fier, Horace refusa, et *tout Paris* courut à son atelier.

« Ce n'était ni l'atelier classique avec tout son attirail olympien, grec ou romain, ni l'atelier romantique avec sa défroque moyen âge, dit M. de Loménie; c'était l'atelier troupier par excellence. De bas en haut, les murs étaient ornés des souvenirs militaires de la République et de l'Empire. Là figurait le soldat français sous tous les costumes et dans toutes les positions, en garnison, en campagne, à la revue, au bivouac, à l'assaut, avant, pendant et après la bataille. Infanterie, cavalerie, artillerie défilaient, chargeaient, tonnaient sous l'œil sévère du général Bonaparte en écharpe tricolore et en cheveux longs, du premier consul, ou de l'empereur Napoléon, à pied ou à cheval, en capote grise ou en habit vert des chasseurs de la garde. »

Quarante-cinq peintures figuraient dans cette exposition improvisée et si vite populaire.

Un petit tableau représentant le *Tombeau de Napoléon* était entouré d'un crêpe. Cette mise en scène seule, était devenue le but d'un pèlerinage quotidien pour tous les débris de la grande armée.

---

1. On appelait ce quartier *la petite Athènes.* Il y avait là les hôtels de Melle Mars, de Melle Duchesnois, d'Horace Vernet et de Talma.

On y voyait en plus les portraits de MM. Chauvelin, Dupin aîné, Madier de Monjau, père et fils, Gabriel Delessert et ceux du général Drouot et du duc de Chartres, encore enfant, représenté jouant au cerceau avec ses camarades de collège. Puis venaient : la *Mort de Poniatowski;* le *Soldat de Waterloo;* le *Soldat laboureur;* la *Bataille de Jemmapes.* Remarquons qu'avec Horace Vernet, chaque bataille aura son genre particulier : à Jemmapes, la composition est riche, on transporte les blessés, les obus éclatent, un moulin brûle, les paysans se sauvent avec leurs meubles, l'intérêt des épisodes est subordonné à l'action principale, partout le mouvement le plus hardi et en même temps le plus juste, partout une précision scientifique qui ne nuit point à un parfait naturel, partout la passion, le feu, la vie, mais sans que la main de l'artiste perde jamais son allure aisée et sa touche spirituelle.

A côté, le tableau qui avait surtout motivé la proscription de Vernet, le *Combat de la Barrière de Clichy* [1] auquel il avait assisté comme garde national.

Sur cette toile l'artiste avait représenté plusieurs personnages connus et dont la ressemblance était frappante. Charlet amorçant un fusil; Emmanuel Dupaty, depuis membre de l'Académie française, ramenant une pièce de canon; Odiot, commandant de la deuxième légion, prenant les ordres du maréchal Moncey; Castera, qui reçut la croix d'honneur à Austerlitz, Berthin, ancien militaire; Alexandre Delaborde; Amédée Joubert,

---

1. Place Clichy, ce tableau est reproduit en pierre sur l'un des côtés du piédestal de la statue du maréchal Moncey, major-général de la garde nationale lors de la défense de Paris en 1814.

l'orientaliste, et le colonel Moncey, fils du général, qui s'est fait attacher blessé à la selle de son cheval; Amable Gérardin. Dans un coin du tableau, on aperçoit le père Lathuile à la porte de son restaurant, disant aux soldats harassés de fatigue : « Buvez, mes braves, buvez gratis, ne laissez pas aux Cosaques une seule de mes bouteilles de vin. »

Puis venait le premier *Mazeppa* [1].

Mais si les curieux s'enthousiasmaient à la vue des batailles, les véritables connaisseurs s'arrêtaient de préférence devant la toile où était représenté l'*Intérieur de l'atelier d'Horace Vernet*.

Quel amusant tableau que cet atelier duquel on pouvait dire, à juste titre, qu'un beau désordre est un effet de l'art. On pourrait l'intituler, dit M.-E. About, l'*Art et les Artistes sous la Restauration*. C'est une spirituelle et charmante composition pleine de brio et d'entrain. Au milieu de l'atelier, deux peintres; Horace Vernet lui-même, la cigarette à la bouche, tenant d'une main sa palette et son appuie-main, et de l'autre un fleuret, faisant des armes avec son élève Ledieu, ex-lieutenant au 85me de ligne. Deux boxeurs, Montfort et Lehoux, se chauffent sur un poêle de faïence,

---

1. Le second *Mazeppa*, connu sous le nom de *Mazeppa aux Loups*, était destiné par Horace Vernet à la ville d'Avignon. Soit que les mesures eussent été mal prises ou qu'Horace n'eût pas tenu compte de celles qui lui avaient été fournies, on déclara qu'il faudrait couper le tableau pour le faire entrer dans la place qu'on lui destinait. — Non pas, s'il vous plaît, dit Horace au maire d'Avignon, j'aime beaucoup mieux vous en faire un autre ! Le maire insista. Une fête devait avoir lieu, le temps manquait. Plutôt que de laisser mutiler son œuvre, Horace Vernet éventra le *Mazeppa aux Loups* d'un coup de sabre. — A présent, dit-il, emportez-le, si bon vous semble !

près d'eux, le colonel Bro fume un cigare et cause avec Langlois, le peintre de panoramas. Un autre, étendu sur une table, souffle dans un cornet à piston ; c'est Eugène Lami, l'aquarelliste ; celui-ci bat du tambour, celui-là fait jouer un gros chien, cet autre, coiffé d'un bonnet de police, lit un journal ; tout à fait à gauche un jeune artiste Robert Fleury, peint sous les yeux du comte de Forbin. Au fond, un cheval blanc, établi dans une espèce de loge, pose tranquillement au milieu du tapage, pour un tableau d'histoire ; une gazelle semble effrayée par les aboiements d'un bouledogue, et un singe, grimpé sur les épaules d'un monsieur, lui épluche la tête. Les murs sont ornés de chapeaux, d'uniformes, de harnais, de casques, de tout l'attirail du soldat, d'instruments de musique et d'un buste en plâtre, coiffé par les rapins d'un shako. Une chèvre, un chat, une perruche complètent ce *capharnaüm.*

Cette fidèle reproduction de l'atelier de l'artiste, donnerait cependant une idée un peu fausse — si on la prenait au pied de la lettre — de la manière dont travaillait Vernet, car, comme l'a dit si judicieusement Sainte-Beuve [1], l'étude a des lois invariables, et, si prodigieuses que soient la mémoire, la facilité, la dextérité, la verve, rien ne saurait suppléer à l'observation et à un premier recueillement, si court qu'on le suppose. Aussi Horace Vernet n'y échappait pas. Il avait de grand matin, et avant l'invasion des visites, des heures à lui, de travail, de secret, des heures non banales et à leur manière sacrées ; et ce n'est qu'en-

---

1. *Nouveaux Lundis,* de Sainte-Beuve, Calman Lévy, 1881.

suite qu'arrivaient les amis, les camarades, les brillants colonels ; il continuait avec sa merveilleuse facilité de main à exécuter ce qu'il avait pensé auparavant. Le tour de force était bien assez extraordinaire comme cela ; mais il n'était pas et ne pouvait pas être perpétuel.

En un mot son improvisation, comme toutes les belles et bonnes improvisations, était très méditée. Il était le premier, en d'autres moments, à en convenir : « On me loue de ma facilité, disait-il, mais on ne sait pas que j'ai été douze et quinze nuits sans dormir et en ne pensant à autre chose qu'à ce que je vais faire ; quand je me mets en face de ma toile blanche, mon tableau est achevé ; je le vois. » Et Charlet disait également d'Horace, avec ce tour narquois qui était le sien : « On se figure qu'il est toujours à faire de l'escrime d'une main, de la peinture de l'autre ; on donne du cor par ici, on joue de la savate par là. Bast ! il sait très bien s'enfermer pour écrire ses lettres, et c'est quand il y a du monde qu'il met ses enveloppes. »

En 1823, Horace continua son opposition ; il envoya au salon deux portraits de l'Empereur et *la Dernière cartouche*. La Cour sut profiter de la malencontreuse expérience qu'elle avait faite l'année précédente, et n'apporta plus aucune entrave à l'action du peintre.

En raison de cette tolérance, et aussi, il faut l'avouer, à cause de l'extrême mobilité de ses idées, Horace Vernet, à dater de cette époque, transigea tant soit peu avec la férocité première de ses convictions politiques, pour concilier les souvenirs du passé avec les intérêts du présent.

Charles X appela l'auteur de *la Dernière cartouche* et lui commanda son portrait [1]. Cette toile fit nommer l'artiste chevalier de la Légion d'honneur. Monseigneur le duc d'Angoulême voulut poser aussi devant Horace. A partir de ce jour, les portes des musées s'ouvrirent à deux battants pour les peintures de Vernet. On le supplia de vouloir bien écrire sur les plafonds du Louvre, une large et sublime page d'histoire : *Le pape Jules II commandant les travaux du Vatican.*

Le gouvernement sut du reste reconnaître sa bonne volonté : on le nomma officier de la Légion d'honneur et le même jour, 15 janvier 1825, Carle était fait grand-cordon de Saint-Michel. Charles X leur remit lui-même leurs décorations, dans cette séance publique dont un charmant tableau de M. Heim a perpétué le souvenir.

En 1826, l'athénée de Vaucluse, voulant rendre hommage à l'une des gloires de la Provence, mit au concours un éloge en vers de Joseph Vernet. Carle et Horace furent invités à se rendre à Avignon pour cette solennité. On les reçut d'emblée membres de l'athénée. Nos voyageurs, désirant témoigner à la ville d'Avignon leur reconnaissance, lui offrirent chacun une toile. Celle de Carle représentait une *Course de chevaux libres,* à laquelle il avait assisté à Venise. Celle d'Horace, *Mazeppa attaché sur un cheval sauvage.* Avignon ne resta point en retour. On envoya bientôt à Carle et à son fils deux urnes magnifiques, où la ciselure avait fidèlement reproduit la composition de leurs tableaux.

---

1. C'est le grand tableau qui est aujourd'hui au musée de Versailles. Charles X est représenté passant une revue au Champ de Mars.

Ce fut cette même année qu'Horace Vernet fut nommé membre de l'Institut. Il avait eu pour concurrents MM. Heim et Blondel, et il remplaçait le Barbier, une célébrité de l'Empire tombée dans l'oubli.

Si Horace recevait de bonne heure son bâton de maréchal, du moins il l'avait bien gagné. « Pour les Vernet, disait le comte de Forbin, le fauteuil académique est un meuble de famille. »

Loin de se reposer, Horace travailla avec une nouvelle ardeur, et, pendant les deux années qui suivirent, il produisit sans relâche. Qu'il nous suffise de citer *Jules II*, la *Bataille de Bouvines*, où son pinceau rencontra, comme partout, un de ces épisodes charmants et gracieux qui à lui seul enlève le solennel, ennuyeux quelquefois, d'un grand tableau d'histoire. Je remarque, dit Sainte-Beuve, un joli incident, le page qui tient des chiens en laisse, un souvenir des *Noces de Cana*. De même dans *la Bataille de Fontenoy*, d'un ton vif, d'un tour si français, l'œil est agréablement attiré sur un anachronisme spirituel, le groupe du fils embrassant son père et tenant à la main la croix de Saint-Louis qu'il vient d'obtenir. Un bon guide, M. Eudore Soulié, me fait remarquer que la croix de Saint-Louis ne se donnait pas ainsi sur le champ de bataille, comme la croix d'honneur. N'importe! Horace Vernet, en se trompant de gaîté de cœur et en confondant les deux France, a fait son groupe d'autant plus intéressant et bien pittoresque. Dans les choses mêmes qu'il n'avait pas vues et qui sortaient de son horizon habituel, il portait encore cette facilité et cette grâce qui plaît.

Comme travaux de cette même époque nous devons citer l'*Arrestation des princes* [1] sous Anne d'Autriche ;

le Pont d'Arcole : c'est le nœud de la bataille que le peintre a rendu, quand le général saisit un drapeau

1. Ce tableau fut exposé au salon de 1831. Il fut brûlé par les républicains de 1848, qui en firent un feu de joie dans la cour du Palais-Royal.

pour franchir le pont jonché de cadavres ; *la Bataille de Montmirail*, représentant la déroute, la nuit qui enveloppe vainqueurs et vaincus, l'ennemi fuyant devant les lignes serrées de notre infanterie ; enfin les *Adieux de Fontainebleau*, ce tableau si connu qui fait que, dans la cour du *Cheval blanc* à Fontainebleau, on pensera toujours à l'Empereur avant de penser aux

Napoléon dans la cour du château de Fontainebleau fait ses adieux à la garde, et embrasse le drapeau.
Tableau d'Horace Vernet.

rois de France. Le saisissant tableau d'Horace Vernet sera toujours là présent à l'esprit, on s'imaginera toujours voir au bas de l'escalier en fer à cheval, Napoléon prenant le général Petit dans ses bras et donnant à l'aigle du drapeau un baiser, en prononçant l'allocution dont l'écho retentira d'âge en âge.

CHAPITRE CINQUIÈME.

HORACE Vernet n'avait pas quarante ans lorsqu'il fut appelé en 1828 au directorat de l'Académie des beaux-arts de France à Rome, position qu'il conserva jusqu'au 1ᵉʳ janvier 1835 ; il succéda à la Villa Médicis à Pierre Guérin ; il eut plus tard lui-même comme remplaçant, M. Ingres.

Il partit pour l'Italie avec toute sa famille, son père Carle, sa femme, sa charmante fille unique âgée de quinze ans. Alors commença pour Horace Vernet une vie enchantée : son âme enthousiaste s'enivre des merveilles de la capitale du catholicisme ; aussi ceux qui pensaient que ce talent n'aurait rien à gagner à un séjour en Italie, auraient vite changé d'avis en lisant la lettre suivante adressée par le grand peintre au général Athalin, aide-de-camp du roi Louis-Philippe.

« On me dira que le séjour de Rome ne peut m'être d'une grande utilité: moi je vous dirai que je pense le contraire. L'habitude de vivre au milieu des chefs-d'œuvre, qui tous sont empreints du caractère du temps et de l'esprit qui dominait alors, tout en nous montrant à quel degré d'élévation peut aller l'imagination humaine, loin de vous engager à les imiter, vous fait voir comment, avec de belles formes et la noblesse des expressions, il est possible de représenter les grandes actions de tous les temps, ainsi que toutes les passions.

« La colonne Trajan, le Forum, Raphaël, Michel-

Ange, tous parlent le langage de leur époque avec des caractères particuliers, mais tous disent la même chose. Les arts donnent une forme à la pensée, comme le style de l'élévation au discours.

« Je ne renonce pourtant pas à retourner en France; mais auparavant je veux tâcher, autant qu'il sera en mon pouvoir, de prendre, pour ainsi dire, l'usage de la bonne société, car, en arrivant à Rome, telle suffisance qu'on puisse avoir, on ne peut s'empêcher de se comparer à un provincial qui entre pour la première fois dans un salon. »

Il y avait à peine un an qu'Horace Vernet était installé à la Villa Médicis, lorsqu'il se vit dans une situation des plus délicates. Aussitôt que la nouvelle de la révolution de 1830 parvint à Rome, toute la légation de France partit pour Naples, où se trouvait depuis quelque temps l'ambassadeur.

Horace Vernet resta à Rome seul fonctionnaire français.

Il devint donc, par la force des choses, agent officieux de la France près du Saint-Siège et s'acquitta de ses fonctions, au milieu de circonstances très difficiles, avec tant de jugement et de fermeté qu'il obtint l'entière approbation du gouvernement français; l'expression lui en fut transmise par une lettre du ministre de l'Intérieur, M. Guizot, que nous devons citer.

« Paris, 15 septembre 1830.

« Monsieur le Directeur,

« J'ai reçu votre lettre en date du 20 août dernier par laquelle vous me faites part des mesures que vous avez prises dans l'intérêt de l'Académie de France à Rome à la nouvelle des événements qui ont déterminé notre heureuse révolution. Je ne puis que donner mon approbation la plus complète à la prudence et à la fermeté que vous avez montrées, dans un moment où la retraite du corps diplomatique français laissait les nationaux et messieurs les pensionnaires de l'Académie en particulier destitués de toute protection. Je ne doute pas que l'attitude que vous avez prise aussitôt vis-à-vis du gouvernement pontifical n'ait contribué efficacement à la tranquillité dont l'Académie et les Français résidant à Rome ont heureusement joui jusqu'à ce jour, et je vous invite à vous maintenir avec persévérance dans la même ligne de conduite et à cultiver avec soin les relations directes que l'absence de tout pouvoir diplomatique vous a obligé d'établir avec le gouvernement pontifical.

« J'ai lieu d'espérer que le gouvernement du roi, en renouvelant avec la Cour de Rome les relations momentanément interrompues, vous délivrera bientôt du poids d'une responsabilité dont vous vous êtes montré si digne, et pour l'exercice de laquelle je vous fais en mon particulier les plus sincères remercîments.

« Agréez....

« GUIZOT. »

Voici, de la même époque, une lettre d'Horace Vernet, qui nous fera mieux comprendre les difficultés qu'avait rencontrées sous la Restauration le peintre bonapartiste.

« Maintenant que le jour est venu où tous les faits

glorieux de la France dans tous les temps peuvent se peindre, et que je puis impunément me servir de toutes les couleurs de ma boîte sans courir le risque d'être nuisible à qui que ce soit (chose à laquelle, malgré tout, j'ai fait peu attention), je vais me livrer aux beaux souvenirs de ma jeunesse, persuadé que dans les arts rien ne saurait être bon, si le principe qui nous dirige n'est pas puisé dans notre goût dominant. »

C'est donc avec joie que Vernet accueillit l'avènement de Louis-Philippe au trône, toutes ses lettres en témoignent.

« Permettez-moi, Madame la comtesse, écrivait-il à une dame d'honneur de la nouvelle reine, de vous parler de ma joie de me sentir sur la tête la cocarde tricolore. Elle n'a fait à bien dire que changer de place ; je la gardais toujours cachée au fond de mon cœur.

« Les jours de fête, à la *Saint-Jemmapes*, à la *Saint-Montmirail*, j'en laissais passer un bout, mais aujourd'hui elle prend l'air à son aise ; et qu'elle est belle et brillante, que son auréole est pure ! Lorsque je regarde ma palette, je n'y trouve plus de couleurs assez vives pour la peindre ; il faut pourtant en prendre son parti et essayer de la représenter sur la toile dans certain tableau de la patrie en danger, auquel naguère je travaillais comme un homme qui fait un crime, car à Rome !...

« Enfin tout est fini, et je puis passer ouvertement de la place du Palais-Royal au jardin, retrouver Camille Desmoulins, qui a bien eu aussi son mérite.

« J'espère qu'avant la fin de l'année mes deux barbouillages seront à Paris et que le roi voudra bien ne pas changer leur destination pour la galerie où déjà leur frère a reçu l'hospitalité ; s'il en était autrement, je sens que je ne serais pas maître d'un mouvement de désespoir. Mais le roi doit être aussi bon que le duc d'Orléans ; il n'oubliera pas aussi facilement les peintres que les injures. D'ailleurs, je me charge de ne pas laisser un coin de mur en Europe qui ne soit tapissé de quelques sujets nationaux, traités à ma façon, qui sauraient bien me rappeler à son souvenir. »

Beaucoup d'ennuis cependant furent son partage au commencement de ce règne, mais bientôt, grâce à son esprit conciliant, à sa fermeté, à sa franchise toute française, les hostilités cessèrent, et les préoccupations politiques oubliées, on ne songea plus qu'aux fêtes.

Le salon de la Villa Médicis devint le rendez-vous des hôtes les plus illustres. Madame Vernet et sa fille, belles et distinguées, attiraient par leur charme, et Vernet par son mérite, son esprit fin et gaulois.

Dans les lettres de Félix Mendelssohn [1] nous retrouvons toute cette brillante société, et le détail de leur existence dans cette époque tourmentée.

> « Rome, le 17 janvier 1831.

« Il faut, chère mère, que je te raconte une grande, très grande joie que j'ai eue dernièrement. Avant-hier j'allai pour la première fois en petit comité chez Horace Vernet, et il fallut m'y faire entendre. Il m'avait dit d'avance que *Don Juan* était sa seule musique, sa

---

1. Le célèbre compositeur de musique, né à Berlin en 1809, mort à Leipsick en 1847. — *Lettres inédites de Félix Mendelsshon.* In-12. Hetzel.

vraie musique de prédilection, notamment l'air du *duel*
et celui du *commandeur* à la fin. Cette confidence
m'avait plu beaucoup, et elle m'avait donné la mesure
de son âme. Or il arriva qu'en voulant préluder au
Concerto de Weber, je me laissai entraîner, sans m'en
apercevoir, à la fantaisie. Tout à coup je songeai que je
ferais plaisir à Vernet en prenant ces deux thèmes, et je
me mis à les travailler pendant un moment avec fougue.
Il en fut ravi, comme j'ai rarement vu quelqu'un l'être
de ma musique, et notre connaissance se trouva aussitôt
plus intime. Quelques instants après, il s'approcha tout
à coup de moi et me dit à l'oreille. « Il faut que nous
fassions un échange ; moi aussi je sais improviser. »
Comme j'étais naturellement très curieux de savoir ce
qu'il entendait par là, il me répondit : « C'est mon secret ; » mais c'est un véritable enfant et il ne sut pas garder son secret un quart-d'heure. *Il revint* donc à moi,
me fit passer dans une pièce voisine, et me demanda si
j'avais du temps à perdre. « J'ai là, ajouta-t-il, une toile
toute tendue et toute prête à servir ; j'y veux peindre
votre portrait, que vous conserverez en souvenir de
cette journée. Vous la roulerez et l'enverrez à vos pa-
rents, ou bien vous l'emporterez avec vous, comme
vous voudrez : il faut à la vérité que je me recueille
avant mon improvisation, mais je la ferai. » J'y consen-
tis de très grand cœur, et je ne puis vous dire combien
je fus heureux en voyant que mon jeu lui avait fait
réellement plaisir. Cette soirée a été d'ailleurs délicieuse de tout point.

« Lorsque je montai la colline, tout était calme et
silencieux dans la grande et sombre Villa Médicis : une

seule fenêtre était éclairée, on entendait au milieu de
la nuit quelques accords isolés, dont le son se mariait
doucement au bruit de la fontaine. Dans l'antichambre,
deux jeunes élèves de l'Académie faisaient l'exercice :
un troisième remplissait les fonctions de lieutenant et
commandait avec un aplomb superbe. Dans la chambre
suivante, mon ami Montfort [1], qui a remporté le prix
de musique au Conservatoire, était au piano ; les autres
se tenaient debout autour de lui et chantaient un
chœur : cela marchait très mal. Ils en invitèrent encore
un à se joindre à eux, et celui-ci ayant déclaré ne pouvoir pas chanter, il lui fut répondu : « Qu'est-ce que
ça fait ? c'est toujours une voix de plus. » Je les aidai
pour ma part de mon mieux, et nous nous amusâmes
très bien. Plus tard on dansa, et vous auriez dû voir
Louise Vernet danser avec son père la *saltarella*. Lorsqu'elle fut obligée de s'arrêter un instant, elle prit
aussitôt le grand tambourin et se mit à frapper dessus
pour nous relever nous autres pianistes, qui ne pouvions presque plus remuer les doigts. J'aurais voulu être
peintre en ce moment, j'aurais fait, je vous assure, un
superbe tableau. Sa mère est la plus charmante femme
du monde, et son grand-père Carle Vernet (celui qui
peint si bien les chevaux), dansa ce soir-là une contre-
danse avec tant de légèreté, il fit tant d'entrechats et
varia si bien ses pas qu'on ne regrettait qu'une chose,
c'est qu'il eut soixante-douze ans. Il fatigue chaque

---

1. Frère du peintre de ce nom, que nous avons vu figurer dans
l'atelier d'Horace Vernet. Il est mort très jeune, après avoir donné
plusieurs opéras-comiques qui permettaient de lui prédire une brillante
carrière.

jour deux chevaux sous lui, puis il peint et dessine un peu, et le soir, il faut qu'il soit en société.........»

Cependant Rome et l'Italie avaient éprouvé le contre-coup de la Révolution de 1830, une lettre de Mendelsohn du 1er mars 1831, nous montre les conséquences de cette agitation pour les hôtes de la Villa Médicis.

« ...Il s'est opéré ici un grand changement ; on n'y remarque plus la même variété, le même entrain qu'autrefois ; presque toutes mes connaissances sont parties ; les rues et les promenades sont désertes, les galeries sont fermées, et il est impossible d'en obtenir l'entrée. Nous sommes presque entièrement privés de nouvelles du dehors (ainsi ce n'est que par la *Gazette d'Augsbourg*, que nous avons eu les premiers détails sur les affaires de Bologne) ; on se réunit peu ou pas ; bref, le silence règne partout, mais la nature a repris son plus doux sourire, et cet air tiède et caressant dont nous jouissons maintenant, rien ne peut nous l'enlever. Dans tout cela personne n'est plus à plaindre que les dames Vernet, car il en résulte pour elles une position fatale. Chose étrange, toute la populace de Rome concentre sa haine sur les pensionnaires français, qu'elle croit capable de faire aisément à eux seuls une révolution. On a envoyé plusieurs fois à Vernet des lettres anonymes contenant des menaces, et il a même un jour trouvé devant son atelier un Transtévérin armé, qui a pris la fuite dès qu'il l'a vu aller chercher son fusil. Ces dames sont donc en ce moment toutes seules, claquemurées dans leur villa, et la famille entière traverse une crise des plus pénibles,

« Cependant le calme et la sécurité n'ont pas cessé de régner dans la ville, et je suis bien convaincu que les choses en resteront là. Mais les peintres allemands se sont conduits en cette circonstance d'une façon plus pitoyable que je ne saurais vous le dire. Non seulement ils se sont tous coupé les moustaches, les favoris, les barbiches petites et grandes, non seulement ils disent avec une ignoble franchise qu'ils les laisseront repousser dès que le danger sera passé ; mais encore ces grands et gros gaillards rentrent chez eux à la nuit tombante et s'y enferment seuls avec leur lâcheté. Et puis ils traitent Horace Vernet de bravache ! quelle différence pourtant entre lui et ces tristes sires! Depuis que je les ai vus si couards, je ne peux plus les souffrir...... »

Le 15 mars 1831, il décrit à sa mère l'atelier et la manière de travailler d'Horace.

« ... Tu t'informes d'Horace Vernet. A la bonne heure, voilà un sujet gai à traiter. Je crois pouvoir te dire que j'ai appris quelque chose à son école et qu'elle peut devenir instructive pour tout le monde. Il compose avec une aisance et une naïveté extrêmes. Voit-il un objet qui lui plaise, il le dessine, et tandis que nous délibérons pour savoir si la chose est belle, il a depuis longtemps créé une œuvre nouvelle ; il brouille et confond toutes nos méthodes, toutes nos échelles d'esthétique. Je sais bien que cette fécondité n'est pas chose qui surprenne, le principe n'est pas moins admirable, et rien ne peut remplacer la gaieté, l'éternelle ardeur qui en résulte. Dans des allées d'arbres toujours verts, qui, en ce temps de floraison, répandent des parfums par trop doux, en plein fourré, au jardin de la villa Médicis, se trouve une petite maison qui se révèle toujours de loin par un bruit quelconque. On y crie, on s'y chamaille, on y sonne de la trompette, ou bien les chiens y aboient. C'est l'atelier. Il y règne le plus beau désordre : on y voit, pêle-mêle, des fusils, un cor de chasse, un singe, des palettes, deux ou trois lièvres tués à la chasse et quelques lapins morts ; partout sont accrochés aux murs des tableaux achevés ou à moitié faits. L'*Inauguration de la cocarde tricolore* (tableau bizarre qui ne me plaît pas du tout) ; les portraits commencés de Thorwaldsen, Eynard, Latour Maubourg [1], quelques chevaux, l'esquisse de la *Judith* avec des études qui s'y rapportent, le portrait du Saint-Père, quelques têtes de nègres, des *Pifferari* [2], des soldats du pape, votre très humble serviteur, *Caïn et Abel*, enfin l'*atelier* lui-même, sont suspendus dans l'atelier. Dernièrement Vernet avait à faire une masse de portraits de commande, et par conséquent tout son temps était pris ; mais en passant dans la ville, il aperçoit un de ces paysans de la *Campagna*, qui, armés par le gouvernement, font depuis quelques jours des patrouilles à cheval dans les rues de Rome. Son costume bizarre lui plaît, et dès le lendemain il commence un tableau représentant un de ces soldats improvisés, arrêté par le mauvais temps dans la campagne, et saisissant son fusil pour le décharger sur quelqu'un ; on aperçoit dans

---

1. Latour-Maubourg (Just-Pons-Florimond de Fay, marquis de) diplomate français, né le 9 octobre 1781, mort à Rome le 24 mai 1837. Il fut chargé en 1831 de l'ambassade de Rome, et il occupa ce poste jusqu'à sa mort.

2. Joueurs de cornemuse.

le lointain un petit corps de troupes et la plaine déserte.
Les petits détails des armes dans lesquels on sent encore le paysan, le mauvais cheval avec son harnache-
ment mal tenu, et le flegme italien de ce drôle barbu
en font un charmant petit tableau. Lorsqu'on voit
d'ailleurs avec quel entrain il travaille, comme il se
promène sur la toile, ajoutant tantôt un petit ruisseau,
tantôt deux ou trois soldats, ici un pommeau à la selle,
là une doublure verte à la capote du paysan-soldat, on
est vraiment tenté de lui porter envie. Aussi tout le
monde vient-il le voir travailler ; à ma première séance
il vint au moins vingt personnes l'une après l'autre. La
comtesse E... lui avait demandé de pouvoir assister à
l'ébauche de son portrait ; lorsqu'elle le vit tomber sur
la besogne comme un affamé sur du pain, elle resta
toute stupéfaite. Les autres membres de la famille,
comme je vous l'ai déjà dit, ne sont pas mal non plus ;
en entendant le vieux Carle parler de son père Joseph
on éprouve du respect pour ces gens-là, et je prétends,
moi, qu'ils sont nobles. Mais il se fait tard, il faut que
je porte ma lettre à la poste.

Adieu.   Félix.

A ces lettres charmantes, ajoutons en une d'Horace Vernet, adressée à son prédécesseur, le baron
Guérin [1], en date du 2 décembre 1830 ; elle nous

---

1. Le baron Guérin, Directeur de l'Académie française à Rome,
avait achevé à cette époque d'y épuiser une santé débile. Revenu trois
ans après, l'auteur de *Didon* devait mourir sous les yeux d'Horace Vernet, n'ayant pu mettre la dernière main à ses tableaux : *La mort du
maréchal Lannes* et *Saint Louis rendant la justice sous un chêne*. Le
corps du baron Guérin, — membre de l'Institut, chevalier de la Légion
d'honneur — repose aujourd'hui dans l'église de la Trinité des Monts.

initiera plus complètement aux ennuis qu'il eut à subir à cette époque.

« Il y a bien longtemps, Monsieur et ami, que je vous dois une lettre. Si j'ai tant tardé, la raison en est simple : j'ai voulu attendre que tout fût fini entre moi et l'Académie, afin d'avoir à vous remercier des lumières que vous avez bien voulu jeter sur ma position, sans vous envoyer des détails fâcheux qui ont dicté ma conduite envers l'Académie de Paris. Aujourd'hui la barre est tirée, il n'y a plus ici qu'une seule autorité à satisfaire, et je ne dois recevoir d'instruction que du ministère. Voilà ce qu'il m'importait d'établir pour savoir auquel entendre. Je sais que je me suis fait des ennemis, et que certains de mes chers confrères fulmineront contre moi. Je m'en console pour deux raisons : la première est la plus vraie, c'est que la *(ici un mot illisible)* qui a frappé hier sous la tiare cherchera demain ses victimes sous l'humble perruque, la seconde est que je n'ai agi que dans l'entière conviction que je marchais dans l'intérêt de ceux auxquels je devais compte de ma conduite.

« L'occasion n'a pas tardé à se présenter de me faire apprécier l'avantage de m'être établi le défenseur des pensionnaires, et par conséquent d'avoir obtenu leur confiance. Lors des événements de juillet, toutes les têtes s'étaient montées, chacun avait fait son drapeau tricolore, ses cocardes, etc. Il n'était bruit dans Rome que d'une promenade qui devait avoir pour but de soulever le peuple et d'égorger les cardinaux ! L'absence entière (mais heureusement momentanée), d'ambassade rendait ma position importante et difficile...

« J'ai pris chaque pensionnaire en particulier, puis en masse ; les drapeaux ont été brûlés, puis ils sont allés en mon nom vers ces messieurs d'en bas, les prier de renoncer à des dîners patriotiques qui se seraient, comme vous le pensez bien, terminés par quelque explosion de joie. J'avais promis sur ma tête au cardinal Albani que tout rentrerait dans l'ordre, moyennant une note de sa main qui m'exposât les inconvénients que pourrait occasionner pour le repos public la vue des couleurs nationales de France. Enfin, jusqu'au 1er septembre, époque à laquelle le pavillon français est entré dans les ports, nous sommes restés sans signes extérieurs, et depuis, tout a marché sagement, le premier moment d'enthousiasme étant amorti.

« Je ne vous dirai rien de la faiblesse des gens qui naturellement devaient jouer mon rôle. Maintenant ils sortent de leur retraite, avec l'appétit de gens qui ont jeûné. Ils font tout au monde pour conserver leur place à table, et, sauf M. de la Ferronnays, qui tient ferme, l'ambassade s'est recomplétée, et aujourd'hui tout marche comme si de rien n'était......

« Ma femme et ma fille arrivent de Naples, où le Vésuve leur a fait des politesses. Je ne vous dirai rien de ce que ce spectacle a produit sur elles, vous pouvez vous l'imaginer.

« Je ne puis que vous le répéter ; si vous n'êtes pas gros, votre absence laisse un grand vide...

« Mon père vous dit mille choses amicales...

« Tout à vous de cœur.

Horace VERNET [1]. »

---

1. Cette lettre porte le cachet de l'Académie de France, encore aux armes fleurdelisées. Le port, pour une lettre simple, qui est aujourd'hui

Bientôt Horace, le peintre nomade par excellence, reçut du roi la permission de quitter Rome, pour un voyage en Algérie, dont on commençait alors la conquête ; nous aurons trop souvent à parler de cette terre promise d'Afrique, qui devait être si féconde pour son talent, pour ne pas citer fidèlement ses impressions à ce premier voyage : nous les trouvons dans la lettre suivante adressée au général Athalin :

« Me voici de retour, mon cher général, après un voyage du plus grand intérêt ; maintenant que me voici sur ma chaise, certain de n'en bouger de long-temps, je vais vous raconter mes aventures, afin que, si le roi désirait savoir ce que j'ai fait et vu, vous soyez en état de lui donner les explications que Sa Majesté pourrait vous demander.

« Je me suis embarqué le 6 mai sur le brick *la Comète*, joli bâtiment de seize canons, commandé par un fort aimable homme, M. le lieutenant de vaisseau Allègre.

« Nous fîmes voile pour Bône. Le vent nous ayant manqué, et sachant qu'il y aurait quelque difficulté à nous procurer de l'eau dans cette ville, le capitaine trouva bon d'en faire à Cagliari. Nous donnâmes un pied d'ancre dans ce port, et, pendant deux jours, j'eus l'occasion d'observer le pays le plus curieux de l'Italie ; il semble s'être arrêté au XVe siècle. Les hommes, les costumes, les mœurs, tout a un caractère unique, sans compter que la végétation et l'éclat du ciel annoncent déjà un nouveau climat ; c'est, pour ainsi dire, l'antichambre de l'Afrique.

de 25 centimes, coûtait, en 1830, trois francs et quatre sous : 32 décimes !

« Dix-sept heures après nous être remis en route, nous étions dans une autre partie du monde ; c'était là que tant d'émotions m'attendaient.

« Il était cinq heures du soir lorsque je mis pied à terre ; mes yeux cherchaient avec avidité ces Arabes, ces chevaux, ces minarets après lesquels je soupirais depuis longtemps. Rien de tout cela ; au milieu des baraques en décombres, je ne voyais de tous côtés qu'enseignes de marchands de vin à droite, chandelles à sept sous la livre à gauche ; *Au Rendez-vous des Bourguignons, Grand Café de la marine ;* partout des cabarets remplis de soldats, enfin tout ce que nous voyons aux environs de Paris. J'avoue que j'ai été fort désappointé.

« Il ne me fut pas difficile de savoir la demeure d'un de mes amis, le colonel X*** ; il était sorti, je l'attendis jusqu'à la nuit, n'osant me risquer dans les rues au milieu des soldats de la légion étrangère, qui regardaient ma face blême et mon petit habit bourgeois d'un œil à me faire croire qu'ils désiraient savoir ce que j'avais dans ma poche. Bref, X*** rentra. Après la première effusion d'une reconnaissance, il me dit : « Vous arrivez à temps pour venir avec nous faire cette nuit une petite excursion. Je vous donnerai un bon cheval et un sabre, et je vous ferai voir quelque chose qui vous amusera. » Sans considérer que j'étais en guêtres, en petit habit de voyage, j'accepte, et, à trois heures du matin, nous voilà partis par la nuit la plus noire. Le lever du soleil devait être pour moi le lever de la toile au théâtre.

« A mesure que le crépuscule me permettait de distinguer les objets qui m'entouraient, j'apercevais de grands fantômes blancs passant comme des ombres ; on n'entendait même pas les chevaux qui marchaient sur l'herbe. Enfin, le jour vint me montrer que j'étais au milieu de trois cents Arabes et de cent Turcs armés de longs fusils, de pistolets, etc., et suivis de deux escadrons du 3me chasseurs.

« Non, jamais je n'ai rien éprouvé de semblable ; la montagne l'Atlas d'un côté, une belle rivière de l'autre, la plaine couverte d'éclaireurs, et au centre, une tribu marchant en groupe, portant tous ses bagages. A la vue de tant de choses si nouvelles, si pittoresques, j'ai cru que ma tête éclaterait. Je n'étais pas au bout.

« Après huit heures de marche, le pays étant devenu plus plat et les herbes moins hautes, tout à coup l'horizon se couvre d'une volée d'Arabes faisant feu de toutes leurs armes ; chacun se prépare à les recevoir, jusqu'à mon cœur de garde national qui bouillait d'une ardeur guerrière.

« O disgrâce ! toutes ces démonstrations n'étaient qu'une manière de se dire bonjour, et, loin de verser du sang, c'était du lait et du miel que nous devions consommer ; la scène change, et nous voilà dans la pastorale jusqu'au cou. Derrière les guerriers qui nous avaient si bien fait dresser les oreilles, voici une troupe de femmes, d'enfants et de vieillards qui viennent nous remercier d'avoir escorté leurs camarades ; c'était tout à fait touchant, et mon humeur belliqueuse fit bientôt place à des sentiments tout bibliques. Ce sabre, qui brillait un instant auparavant dans ma terrible main, se transforma en un bâton de pasteur, sous la forme d'une cravache. C'était à qui s'en mêlerait ; la barbe du farouche sapeur, imbibée de lait, luttait par sa blancheur avec celle des patriarches qui nous congratulaient. Néanmoins, rien n'était plus beau et plus imposant que la simplicité froide et bienveillante qui présidait à cette cérémonie ; rien ne peut mieux donner une idée de nos pères dans les plaines de Chanaan : c'était Jacob et toute la Genèse.

« Si un peintre d'histoire, comme j'en connais, pouvait voir cela, ou si j'avais le talent d'en tirer parti, quel beau tableau l'on pourrait faire ! Mais pour en revenir à ma description, il faut que je vous parle d'un certain personnage qui n'est point indifférent.

« Depuis le jour, je marchais près d'un cavalier enveloppé d'un burnous qui ne lui laissait pas seulement montrer le bout du nez ; je le prenais pour un interprète malade ; mais au moment où les Arabes vinrent nous faire siffler leurs balles au-dessus de nos têtes, rien ne m'étonna plus que de voir mon homme se débarrasser de son manteau, sauter légèrement sur un grand cheval blanc, équipé magnifiquement, les bras nus jusqu'aux épaules, couvert d'or, d'argent et d'armes brillantes, des yeux étincelants, un beau et jeune visage sillonné d'une blessure encore fraîche ; c'était Yusuf, qui en un instant se trouva en tête de la colonne, escorté de huit ou dix Turcs aux moustaches ébouriffées, aux bras nerveux et couverts de poils.

« Cette fois, je crus rêver tout debout ; je n'avais qu'une crainte, c'était celle de me réveiller ; je ne courais d'autre danger que celui de devenir fou. Dès ce moment, je n'ai plus quitté mon héros. Aussi l'ai-je dessiné par-devant, par-derrière, par-dessus, par-dessous, enfin de toutes les manières. Sur-le-champ nous nous sommes convenus ; jusqu'à mon départ je ne l'ai plus quitté, et nous voilà amis à la vie à la mort. C'est un de ces êtres doués auxquels la nature n'a rien refusé : bien fait sans être grand ; une belle tête, tantôt d'une expression douce, tantôt animée et rageuse ; brave comme la bravoure même, et adroit et gracieux dans tout ce qu'il fait. Avec tous ces avantages, comme vous le pensez, il est jalousé de bien des gens ; mais n'importe, un homme comme lui ne peut manquer d'aller loin. Ses chefs l'estiment, et le sage général d'Uzer en fait le plus grand cas. A propos de ce dernier, je n'avais pas l'honneur de le connaître, et je m'estime heureux d'avoir été à même de l'apprécier. Non seulement il s'occupe de son affaire comme militaire, mais encore il donne tous ses soins à l'administration du pays.

« Déjà la confiance que les indigènes ont de sa justice lui a soumis plus de vingt tribus dont les otages forment presque entièrement l'escadron de Yusuf. La partie des possessions françaises que le général gouverne est celle qui évidemment est la mieux disposée à se soumettre à l'influence européenne.

« Le pays est admirable sous tous les rapports ; vous vous ferez peut-être une idée de la force de la végétation, quand je vous dirai que le foin a plus de six pieds de haut et qu'un homme à cheval y est entièrement caché. Les environs d'Alger, sans avoir peut-être autant d'avantages et sans présenter les mêmes ressources, en possèdent cependant quelques autres qui ont aussi leur mérite.

« Somme toute, il est impossible de trouver une colonie qui offre plus de chances de prospérité, et sans vouloir pénétrer dans les secrets du gouvernement, je crois que, si l'on voulait ou si l'on pouvait en tirer parti, l'Afrique serait une mine d'or pour la France. Vous pensez que je dis tout cela sous l'influence d'un premier aperçu ; j'en juge, comme le docteur Gall le ferait de l'esprit d'un homme sur la forme de son crâne. En définitive, voici ce qui m'a frappé : le pays est beau et riche, les indigènes ne demandent pas mieux que de nous aimer et de trafiquer avec nous ; mais il sera impossible d'établir des relations amicales tant que l'armée sera composée, pour la plus grande partie, de l'écume des nations étrangères, des compagnies de discipline de notre armée, qui frappent, qui volent et qui sabrent journellement les habitants. Il faudrait que les chefs de l'administration civile n'eussent pas à frémir à l'idée de regarder l'épaule de leurs employés subalternes (propres termes de l'intendant civil).

« La conquête une fois faite par la force des armes, il y a les cœurs à subjuguer, et les mouches ne se prennent pas avec du vinaigre.

« Pardon si, pour un instant, je suis sorti du cercle dans lequel je roule depuis trente ans ; je rentre bien vite dans le domaine de la peinture. Je suis resté dix jours à Alger, et ne suis pas allé plus loin. J'ai trouvé trois sujets qui me conviennent à merveille : le premier est la prise de la Kasbah de Bône par le capitaine d'Armandy et Yusuf ; le second, le combat du

21 avril, où le lieutenant-colonel du 3e chasseurs tua
de sa propre main trois Arabes et où Yusuf reçut une
balle dans la tête ; l'artillerie, la cavalerie, l'infanterie,
tout fut engagé, et la disposition du terrain prête excessivement au pittoresque ; le troisième serait le combat
près d'Alger, sous les ordres du duc de Rovigo.

« J'ai réuni tous les documents nécessaires pour représenter l'une de ces trois actions ; je vais me mettre
sur-le-champ à en faire des esquisses, que je vous ferai
passer dans l'espérance que vous les mettrez sous les
yeux de Sa Majesté, afin qu'elle veuille bien choisir.
En attendant, je vais piocher à mon tableau d'Anvers.
J'aurais besoin d'un plan du siège pour placer exactement les batteries qui se trouvent dans le fond ; j'espère qu'il vous sera facile de me l'envoyer.

« Quant à ce qui me regarde particulièrement, depuis quelque temps mes affections ont été fort éprou-
vées ; après des pertes douloureuses dans ma famille
et dans celle de ma femme, il y en a une qui se prépare
et qui m'affligera profondément : c'est celle de ce bon,
de cet excellent M. Guérin. Sa mort prochaine paraît
inévitable, et si le roi ne se hâte pas de tenir la promesse qu'il vous avait faite, de lui donner la croix
d'officier, il n'est que trop certain qu'elle sera placée
sur un tombeau. Ce serait le seul des cinq peintres
qui pendant un beau temps ont illustré les arts en
France, qui aurait terminé sa carrière sans avoir obtenu cette marque de distinction ; il est vrai de dire que
ses amis seuls l'ont demandée pour lui.

« Dès demain, je reprends la palette. J'ai besoin
de *débonder* sur une toile, et de me rendre compte,

la brosse à la main, de quelques-unes de mes idées.

« Je termine ici la longue narration d'une petite course qui ne peut avoir d'intérêt que pour moi, mais cet intérêt a été si vif que j'ai agi comme si tout le monde devait le partager. Quoi qu'il en soit, je ne resterai pas moins profondément reconnaissant pour la faveur qu'a bien voulu m'accorder Sa Majesté, en me mettant à même d'exécuter un admirable voyage qui restera gravé dans ma pensée comme le plus beau que j'aie jamais entrepris.

« Adieu, mon cher général, etc. »

De retour en Italie, Horace se mit au travail avec une nouvelle ardeur : le *Combat de brigands contre les carabiniers du pape*, est de cette époque.

Dans ce tableau, qui fut généralement admiré, on voyait un carabinier à cheval, courant à fond de train sur le spectateur ; il traîne un brigand qu'il tient par sa cravate, le pistolet sur la gorge, et qui, emporté par le cheval, ne touche pas à terre. Charles Blanc, qui a décrit ce tableau, dit que c'est un chef-d'œuvre de vraisemblance, et il affirme que le plus madré des amateurs sécherait sur pied avant d'attraper ce double mouvement, qui dans la nature n'a pas eu la durée d'une seconde, et qu'il faut bien dessiner avec les yeux de l'esprit.

Il peignit ensuite la *Confession du brigand* [1] ; — le *Départ pour la chasse dans les marais Pontins ;* — *Judith et Holopherne ;* — le *Pape Pie VIII porté dans la basilique de St-Pierre ;* — une *Rencontre de Michel-Ange et de Raphaël au Vatican.*

---

1. Détruit lors du pillage du château de Neuilly en 1848.

Comme souvenir de sa première excursion en Afrique, il avait rapporté les éléments des œuvres suivantes qui parurent toutes avant son retour définitif de Rome : *Une vue de Bône ;* — *Arabes conversant sous un figuier ;* — *Chasse aux sangliers ;* — *Chasse au lion ;* — une seconde *Chasse aux sangliers* où figure Yusuf ; beaucoup de portraits et de compositions trop longues à énumérer, dont les principales sont : *Le duc d'Orléans à l'hôtel-de-ville ; le Choléra à bord de la Melpomène,* et *Rébecca à la fontaine,* dont voici l'origine : un jour que, dans une de ses promenades en Algérie, il lisait la Bible, il vit une jeune femme arabe venir chercher de l'eau à un puits. Il crut avoir sous les yeux la parfaite représentation de Rébecca à la fontaine, lorsque la fille de Bathuel portant sa cruche sur son épaule gauche, la laissait glisser sur son bras droit pour donner à boire au serviteur d'Abraham : c'est ainsi du moins qu'il s'expliquait ce mouvement et ce jeu de scène. Il songea tout d'un coup que peut-être, à travers la suite des âges et les vicissitudes des révolutions, les mêmes usages, les mêmes coutumes et costumes, transmis de génération en génération ou imposés par le climat, avaient pu se perpétuer presque invariables, et c'est rempli de cette idée, qu'il exécuta le tableau cité ci-dessus.

Enfin une grande joie devait lui être donnée à Rome : ce fut le mariage de sa charmante fille, Melle Louise Vernet, avec le peintre Paul Delaroche — le 28 janvier 1835.—Annonçant l'heureuse nouvelle à son ami le docteur Biett, il lui traçait dans sa lettre le mot *bonheur,* en caractères de deux pouces, voulant, disait-

il, qu'il comprît tout de suite, que sa missive annonçait
la joie, et il lui mandait :

« Deux cents ans de peinture dans ma famille !
C'est un croisement de race qui relèvera l'espèce.
Voilà du passé et de l'avenir, le premier pas trop mau-

Paul Delaroche.

vais, et l'autre superbe, il m'est permis de le croire. Je
puis mourir à présent la bouche en cœur ; je suis heureux, deux fois heureux, puisque, brochant sur le tout,
je puis dire : J'ai mon ami Biett qui partage ma joie. »

Ce bonheur si complet ne rendait pas, comme cela arrive trop souvent, l'heureux Horace égoïste ; son bon cœur dont nous aurons tant de traits à citer, ne fut jamais en retard ; en voici un exemple [1] : il avait comme ami, M. Lagrenée, fils et petit-fils de peintres, artiste lui-même, mais d'ordre modeste, se contentant de fournir aux tisseurs de soie et aux fabricants de tapis, des modèles d'ornements ; il était fort recherché par Lyon et Aubusson.

Dans un de ses voyages à Paris, Horace Vernet, alors directeur de l'Académie de France à Rome, se rend au débotté chez Lagrenée ; son ami venait de partir pour Lyon, héros d'une fête, que les fabricants et les ouvriers donnaient en son honneur. Horace, qui était par excellence l'homme des premiers mouvements, court chez le ministre de l'Intérieur, sollicite un brevet de chevalier de la Légion d'honneur pour Lagrenée, dont il énumère les titres, vante les services, élève aux nues le mérite ; il emporte le ruban à la pointe d'arguments décisifs, monte en poste, et arrive à Lyon pour décorer lui-même, à l'issue du banquet solennel, l'ami de son cœur !

---

1. Olivier-Merson. *Revue contemporaine.*

CHAPITRE SIXIÈME

E N 1835, Horace Vernet fut remplacé à Rome comme directeur de l'école des Beaux-Arts par Ingres [1]. Il reprit avec entrain la route de Paris, où son Mécène était roi.

Comme carte de visite, Horace envoya à Louis-Philippe le magnifique tableau qui représente ce prince à l'Hôtel-de-ville, en 1830. L'auteur de la *Bataille de Jemmapes* devait être nécessairement le peintre favori de la nouvelle Cour. On lui commanda tout d'abord pour trois ou quatre cent mille francs de tableaux, et le roi mit à sa disposition la salle du jeu de paume, à Versailles, atelier gigantesque où s'élaborèrent, dix années durant, un si grand nombre de chefs-d'œuvre.

Au salon de 1836, le grand peintre exposa trois tableaux de vastes dimensions destinés au musée de Versailles ; les *Batailles d'Iéna ; de Friedland et d'Wagram*. On raconte qu'il fit monter le même jour les trois toiles sur leurs châssis. Lorsqu'il se vit la première fois devant cette triple surface — cent mètres carrés — il pâlit légèrement. Mais il sortit, monta à cheval, fit un tour au bois de Boulogne et revint à son atelier. Sa *Bataille de Wagram* était déjà combinée : il s'installe sur une échelle, et sans le moindre croquis, sans prendre la peine de tracer une simple indication de personnages et de terrain, il attaque résolûment sur

---

1. Ingres né à Montauban en 1781, mort en 1867. Directeur de l'école des Beaux-Arts à Rome de 1834 à 1841, grand officier de la Légion d'honneur, membre du Sénat.

la toile vierge le profil de l'empereur, et tandis qu'il y est, la main de Napoléon, laquelle tient la lorgnette près de l'œil, s'ébauche et s'achève. En deux heures, voilà qui est terminé. On croira peut-être que le lendemain Vernet n'eut rien de plus pressé que d'ajouter à cette tête, qui, ne se rattachant à rien, semblait voltiger sur l'immense nappe blanche, des épaules, des bras, un corps, des jambes et de mettre le tout à cheval ? Non il s'en alla peindre à gauche un champ de blé que traversent les batteries de Lauriston, et prit ensuite par le coin de droite. C'est ainsi que gagnant de proche en proche, il sut rejoindre le profil, la main et la lorgnette du premier jour. Je crois qu'il employa quelquefois cette étrange manière de faire. Elle lui réussit : tant mieux ! mais gardons-nous d'en conseiller l'usage à personne.

Très souvent Louis-Philippe allait causer avec l'artiste dans son atelier.

— Monsieur Vernet, lui dit-il un jour, il m'est venu tout à l'heure une idée que je veux vous soumettre.

Horace s'inclina respectueusement et prêta l'oreille.

— C'est une idée qui n'est pas mauvaise. Il s'agirait de vous nommer pair de France. Qu'en dites-vous ?

— Si Votre Majesté, répondit le peintre, songeait sérieusement à m'accorder cet honneur, je demanderais à suivre l'exemple de mon aïeul. Il n'a pas voulu accepter le titre de gentilhomme que lui offrait le roi Louis XV.

— Ah !... pourquoi donc ?

— Sire, lui a-t-il dit, la bourgeoisie monte, et la noblesse descend : laissez-moi dans la bourgeoisie.

— Le grand-père avait raison, dit Louis Philippe; mais le petit-fils aurait tort. A présent le tour est fait ; la Chambre haute est bourgeoise.

— Permettez, Sire, dit Horace; aujourd'hui c'est un autre jeu de bascule. La noblesse est morte, le bourgeois redescend, et l'artiste monte : laissez-moi dans les arts.

— Diable! diable! fit le roi, c'est peut-être une grande vérité que vous dites là.

Bientôt on lui commanda *le Siège de Valenciennes*, et le roi l'avait prié de représenter un Louis XIV montant à l'assaut. Rien n'était plus facile. Mais comme Horace Vernet a la prétention de faire de l'histoire et non de la fantaisie, son premier soin fut de compulser les chroniques de l'époque, et de voir si réellement Louis XIV avait donné l'exemple d'une telle valeur. Or, il acquit la certitude que le roi, pendant qu'on livrait l'assaut, était à trois lieues de là, dans un moulin. Le lendemain Horace essaya de démontrer à Louis-Philippe qu'il était impossible d'accéder à son désir.

— Mais je vous assure, dit le roi d'un ton d'humeur, que c'est une tradition dans la famille.

— Je regrette infiniment, Sire, dit Horace, que cette tradition ne s'accorde pas avec l'histoire, et je vous demande en grâce de ne plus insister.

Louis-Philippe tourna les talons et disparut. Horace croyait être quitte avec son Louis XIV lorsque M. de Cailleux, directeur des musées, vint lui dire :

— Enfin, mon cher, ceci est de l'entêtement! Le roi vous paye, faites ce que veut le roi.

— On ne me paye pas, dit Horace, pour mentir à l'histoire. Je renonce à peindre ce tableau, Monsieur !

Le jour même, il fit ses malles pour la Russie. Il terminait ses préparatifs de voyage, quand le général Athalin parut.

— Voyons, mon ami, pas de sottise! Cailleux a tort; mais aussi vous êtes trop brusque, dit le général.

— Trop brusque, morbleu ! c'est à peine si j'ai parlé, dit Horace, et j'étouffais de colère !

— Enfin, pourquoi refuseriez-vous une petite concession ?

— Ah ! vous appelez cela une concession, vous !... Merci... Despotisme pour despotisme, j'aime encore mieux celui du czar.

L'éloquence du général ne put décider le peintre à rester. Toutes ses toiles étaient rendues, le soir même, et il courait en poste sur le chemin de Pétersbourg.

Horace Vernet fut accueilli à bras ouverts par l'empereur Nicolas.

Mais ce premier voyage fut de courte durée ; il visita Saint-Pétersbourg, Moscou, et revint dans sa famille pour assister à la fois, à la naissance de son premier petit-fils, et à la mort de son bien-aimé père.

Cette excursion en Russie, ne lui fut cependant pas inutile ; Vernet rapporta une commande du czar — *Revue de la garde Impériale par Napoléon Ier dans la cour des Tuileries*. Ce tableau était destiné à rester dans le cabinet de l'empereur qui avait dit à l'artiste : « Je veux avoir toujours sous les yeux la garde impériale, parce qu'elle nous a battus. »

La prise de Constantine venait d'avoir lieu, l'instinct du peintre guerrier s'éveilla, et comprenant qu'il devait y avoir là un horizon nouveau, il partit aussitôt pour cette terre d'Afrique qu'il aima toujours d'un amour de prédilection. Quinze jours après l'action, le peintre quittait Paris, espérant bien arriver à temps pour assister encore à quelque fusillade. Mais à Toulon il apprit que tout venait de finir, le voyage de Constantine n'était plus qu'une promenade aussi paisible que d'aller à Saint-Cloud : « *Quelle vexation !* » Il partit cependant de Toulon pour Bône. Le lecteur jugera de ses impressions, notées toutes vives dans les charmantes lettres que nous allons rapporter.

Horace Vernet n'est pas cité en littérature, ce qui est peut-être un tort : que d'esprit, que de cœur, dans ses lignes écrites sans prétention, au courant de la plume ! son caractère franc et prime-sautier s'y montre dans toute sa simplicité, ainsi que la tendresse de son âme ; rien d'apprêté dans les réflexions qu'il communique à sa femme, mais dans ses récits, que de verve et d'esprit français !

« Toulon, jeudi 2 novembre 1837.

« Trois jours à passer ici ! Encore si le choléra existait en ville, ce serait une distraction. A la moindre indisposition, j'éprouverais une petite émotion ; ça m'aiderait à passer le temps ! Tu me diras : N'as-tu pas les galériens ? Sans doute, je les ai déjà vus ; ce plaisir est vif, si vif même que je craindrais d'y prendre goût et de rester au bagne. Je ne dis pas que si *Rabadabla* [1]

---

[1]. Surnom qu'il avait donné à son petit-fils Horace Delaroche.

voulait venir m'y tenir compagnie, je ne prisse
ce parti ; mais il est encore bien jeune pour commencer son éducation, et je craindrais que ce ne fût du
temps perdu, ou une fatigue préjudiciable à sa santé.
D'ailleurs, pour prendre un parti, il faut nous con-
sulter en famille. Nous reviendrons plus tard sur ce
sujet.

« Dimanche, à dix heures du matin, je serai à bord
du *Cocodrille*, fameux bateau qui fend l'eau comme le
pigeon fend l'air. Cinquante heures, et me voilà dans
une autre partie du monde ! Ah ! mes chers Bédouins,
je vous reverrai donc. Il me faut toutes vos grâces
pour me faire oublier toutes celles que j'ai laissées à
Paris ; oui, mes chères poulettes, il y a des instants où
je me dis : Trouverai-je dans le désert le charme de la
société parisienne, et les brillantes boutiques de la rue
Vivienne et le gazouillement de *Rabadabla* ? Non,
non. Je me console en pensant que dans peu de temps
je retrouverai tout cela et que j'aurai dans la tête quantité de nouvelles choses. En t'écrivant toutes mes
bêtises, du moins j'oublie mon désappointement de
rester quatre jours à Toulon, à me ronger. Floueur de
M. de Bondy qui me fait courir comme un dératé : le
tout pour perdre mon temps dans une auberge. Je dis
perdre mon temps, ce n'est pas le mot, car à moi tout
seul je fais des discours, je deviens l'avocat de Yusuf :
je démontre qu'il n'y a que lui pour gouverner l'A-
frique, que le fils du désert, le Numide africain, le
César de couscoussou est seul apte à nous donner une
véritable prépondérance. Mais, comme dans ces moments d'éloquence je suis tout seul, je crains que mon

influence ne fasse pas grand effet. N'importe, je passe mon temps, n'ayant pas autre chose à tuer, si ce n'est un gredin de merle placé sous ma fenêtre et qui crie : « Vive le roi ! » Je lui ai déjà vidé l'eau de ma cuvette sur la tête pour tâcher de l'enrhumer ; mais le misérable n'en chante que mieux, malgré l'air piteux que lui a procuré mon ablution.

« Ne va pas croire, chère amie, que je t'écris si longuement parce que je n'ai rien de mieux à faire ; pas du tout, car ma porte est assaillie par une quantité d'officiers de marine, de receveurs généraux, etc., le tout pour obtenir de moi la faveur de manger. Je leur montre, pour toute excuse de mes refus, la grandeur de mon ventre [1], et ils sont convaincus qu'il ne pourrait contenir toute la nourriture qu'ils me destinent. Alors, on me laisse tranquille.

« Je vous embrasse tous et de bien bon cœur en attendant de vos nouvelles, car vous aurez le temps de m'écrire deux fois à Bône, et j'espère que vous n'y manquerez pas.

« Je rouvre ma lettre, chère amie, pour te dire que je pars demain matin, à bord d'un vaisseau de quatre-vingts canons. Tu juges de ma joie d'être à même de faire une belle navigation. Ma bonne étoile qui me fait partir me ramènera bientôt près de vous tous. »

« A bord du *Diadème*, 9 novembre.

« Ton bien embêté mari, chère amie, t'écrit de son magnifique palais de bois, victime involontaire des

---

1. Horace Vernet était resté le petit Français sec et maigre que décrit une lettre de Mendelssohn.

vicissitudes des voyages par eau. Ce perfide élément nous tient depuis six jours dans toutes les alternatives. Infâme Grétry ! avec tes chansons :

> Mais enfin après l'orage,
> On voit venir le beau temps !...

Nous le tenons ce beau temps, mais il nous tient aussi, car, depuis trois jours, nous ne bougeons pas. Voici notre histoire : nous mettons sous voile samedi dernier, au petit jour, vent arrière, grand frais : en trente-six heures nous arrivons en vue de Bône : un brouillard nous prend ; la mer devient affreuse ; impossible de débarquer ; un coup de vent nous emporte en quelques heures à cinquante lieues, et nous laisse là, de l'autre côté de la Sardaigne, en face de Cagliari, où nous sommes pour je ne sais combien de temps. L'homme propose, et Dieu dispose.

« Je te dirai que je suis à bord d'un beau et bon vaisseau avec 800 hommes. C'est véritablement une chose admirable que de voir manœuvrer une aussi grande machine et d'y être aussi en sûreté, au milieu de tous les éléments déchaînés, que rue Saint-Lazare. Pour rien au monde je ne voudrais avoir manqué une si belle occasion de voir ce que peut l'esprit humain. Je ne t'en dis pas plus sur mon admiration. Tu dirais avec X... que je blague. Je sais ce que je sens, et je m'y tiens. Du reste, je mange comme un ogre et je me porte à ravir : voilà ce que je veux que vous sachiez. Je parle au pluriel, car tu n'es pas seule à m'aimer. Delaroche, sa femme et quelques autres ont bien aussi de l'attachement pour moi. Je ne dis rien de

Rabadabla : le coquin m'aimera à son tour ; il n'est pas encore assez sage pour m'apprécier : ça viendra. Dans ce moment je fais un vrai cours de philosophie, car il faut en avoir pour ne pas prendre en désespoir une position stagnante comme la nôtre : c'est-à-dire que je voudrais que les éléments se déchaînassent, pourvu que nous fissions route. Du reste, il est impossible d'être mieux que nous ne le sommes ici. Le capitaine de vaisseau qui commande est un vieux marin de l'Empire, décoré à Boulogne, brave ganache qui boit du vin, ne craint pas l'eau, mais fuit la terre, crainte de s'y perdre, et je crois que s'il n'avait pas dix mille obus à porter à Bône, il resterait éternellement au centre de la Méditerranée dans la crainte de se casser le nez à terre. Le reste de l'état-major, qui se compose de dix-huit officiers, est fort aimable, voire même le chirurgien-major, qui a une tête d'oiseau, et qui ne croit pas au système de Gall par conséquent. Nous disputons comme des chiffonniers qui n'ont pas autre chose à faire, car, sur la route que nous faisons, on trouve peu de tas d'ordures dans la rue. Bref, les jours et les nuits que l'impatience allonge, passent cependant, et de minute en minute nous attendons le vent, qui semble avoir fermé sa bouche pour toujours, à en juger par le calme qui nous entoure. Coquin de vent !...

« Comme je t'écrivais ma dernière phrase j'ai entendu le commandement de l'officier de quart. J'ai cru que le vent était sensible à mes reproches : je suis monté bien vite : mais rien ! les voiles tombent perpendiculairement, et mon gros soupir en les voyant si plates n'a pu les émouvoir un instant. Je reprends donc

tristement la plume pour continuer à causer avec toi ;
car voilà, malheureusement pour votre sexe, les avantages du mariage : un mari trouve du plaisir à ennuyer
sa femme lorsqu'il n'a rien de mieux à faire, et puis
va se coucher. C'est ce qui m'arrivera dans cinq minutes, car je te quitte pour aujourd'hui : le nez de ma
bougie s'allonge, la flamme est dans la bobèche ; un
peu plus, je serais forcé de regagner mon lit à tâtons. »

« Ce 10.

« Encore un jour de passé, et nous n'avons remonté
qu'un échelon de l'échelle que nous avons descendue
si rapidement, mais tout nous fait croire que demain
nous serons à terre. Une petite brise nous conduit
droit dans notre route, et l'espoir nous revient. Aujourd'hui je me suis moins embêté que les jours pré-
cédents, grâce à un nouveau venu auquel j'ai donné
l'hospitalité : c'est un pauvre pinson que les autans
nous ont apporté. J'ai mis la main dessus : j'ai voulu
lui donner à manger : mais devine ce qu'il a préféré.
C'est de se précipiter dans mon pot à eau pour boire.
Il a manqué s'y noyer, ce qui m'a expliqué les gens
qui trouvent ce genre de mort dans un crachat. On
fait des efforts inouïs pour braver un grand danger,
puis la gourmandise vous fait succomber dans un petit.
Trève de réflexions ! je soigne mon petit oiseau, pour
lui donner la liberté quand il sera bien remis de ses
privations et de sa fatigue. Si j'avais le temps de lui
donner de l'éducation, je lui apprendrais à chanter
rabadablabadablablabla, pour enseigner à ses semblables ce délicieux refrain sur ma terre d'Afrique, et afin

qu'un jour tous les échos puissent nous le répéter ensemble. Cette idée, toute bête qu'elle est, ne laisse pas que de me procurer une bonne petite émotion. »

« Ce 11.

« Je suis dans Bône. Je n'ai vu encore personne que le gouverneur. Je suis chez Yusuf. Je me porte à merveille. Je pars demain avec deux bataillons. »

« Bône, ce 12 novembre 1837.

« Depuis hier je suis installé chez Yusuf.

« Voici comment je suis organisé pour mon voyage : six mules pour porter mon bagage, mes tentes, etc...; deux chevaux pour moi et mon domestique ; quatre chasseurs et un brigadier comme ordonnances, et huit cents hommes d'escorte. Déjà Charles, notre neveu [1], est parti avec le même nombre d'hommes pour m'attendre à moitié chemin, et le gouverneur me donne l'ordre qui doit l'attacher auprès de moi pendant la durée de ma petite expédition, jusqu'au retour à Bône. Tu vois que je suis traité en véritable personnage. Ce n'est pas que ça me touche, mais je te donne ces détails pour que tu sois sans inquiétude, car tant de précautions sont même inutiles, la correspondance se faisant journellement avec huit hommes seulement. Cependant j'accepte tout, pour être à même de m'arrêter comme bon me semblera sur la route et de m'en écarter pour visiter certaines localités intéressantes.

« Le temps est superbe en l'air, la boue est magnifique par terre. Il y a donc compensation ; alors, tout est pour le mieux. »

1. M. Charles Burton, officier du génie.

« Ce 13.

« Je ne pars que demain, n'ayant trouvé un cuisinier que ce matin et n'ayant pas le temps d'acheter mes provisions.

« Je te dirai que je suis arrivé ici le lendemain du départ des princes ; c'est contrariant, mais cependant ce qui me le fait moins regretter, c'est que je n'aurais su comment me loger ; et grâce à Yusuf, je suis comme un roi. Une seule chose me fâche, c'est que mon arrivée a tout déplacé dans sa maison, jusqu'à sa femme qui s'est transportée, elle et ses gens, chez son père, en me laissant deux *faitas* qui me bourrent des pipes et m'abreuvent de café toute la journée. Il faudrait que j'eusse *la piscina ammirabile* [1] dans l'estomac, pour avaler toutes les décoctions qui me sont offertes. Du reste, je suis accueilli à merveille par tout le monde. Je trouve jusqu'à des amis que je n'ai jamais vus : n'importe, je prends de toutes mains, sauf à payer les services désintéressés avec de la reconnaissance et les autres avec de l'argent ; ce qui remplira mon cœur d'un côté, videra ma bourse de l'autre. Je conserverai donc la part la plus précieuse : en vieillissant, j'apprécie de plus en plus les vœux et bons sentiments d'amitié, et ceux qui commencent ne sont pas moins chers. Pauvre petit *Rabadabla !* comme je l'aime !... Je me suis surpris, le beau chat de Yusuf sur l'épaule, me promenant dans ma chambre en chantant notre air favori... Si l'animal m'avait mis la patte en avant, j'étais fichu de pleurer comme une bête.

---

1. La grande citerne de Pouzzoles.

« Sois sans inquiétude sur l'état sanitaire du pays. Le choléra n'existe plus. Il n'y a que des fièvres, qui règnent seulement dans les hôpitaux : le froid a coupé court à toutes les maladies. »

« Ce 14.

« Je ne pars que demain. Le gouverneur voulait faire d'une pierre deux coups et profiter de mon escorte pour le général Négrier, qui arrive d'Alger pour aller commander Constantine. Tu vois qu'il y aura encore une sécurité de plus pour moi, quoiqu'il n'y ait rien à craindre sur la route ; car maintenant les courriers arrivent seuls en trois jours.

« Mustapha-Ben-Karim est en prison, ainsi que son neveu. Voici, à ce sujet, une petite histoire assez piquante. Le maréchal des logis de gendarmerie vient appeler un certain homme qui ne répondit pas : le neveu de Mustapha, persuadé qu'on demandait cet homme pour le mettre en liberté, s'empressa de se mettre en son lieu et place. Mais c'était pour lui donner deux cents coups de bâton. Malgré ses réclamations, il les reçut. On eut beau punir le distributeur de la justice française (car maintenant ce genre de correction fait partie de notre code), le pauvre diable avait les coups : impossible de les lui retirer, et il n'en est pas moins sur le ventre, jusqu'à ce qu'il puisse se mettre sur le dos. Voilà comme le bon Dieu punit le superbe, et les réparations qu'il fait aux honnêtes gens. Du reste ici il n'y a qu'une voix sur l'impéritie du pouvoir qui vient de tomber : il est certain que si le gouverneur n'avait pas été tué, Constantine n'aurait pas été prise. Je le tiens du général en chef lui-même, du colonel Lamoricière et de tous les officiers et soldats qui m'en ont parlé.

« On attend ici les récompenses demandées par le général Vallée. Il y en aura beaucoup, car beaucoup en ont mérité. Tout le monde regrette la mort du brave colonel Combes ; il a été héroïque.

« Je pense bien à vous tous et au plaisir que j'aurai à vous revoir. Si Delaroche était là, que de belles choses il verrait, par ma fenêtre seulement. Rien n'est plus admirable que cette foule d'Arabes, de Turcs, tous drapés si pittoresquement. Si j'étais plus jeune, ou pour mieux dire moins vieux, ma tête n'y tiendrait pas. J'ai dans ma poche l'ordre d'amener Charles Burton, partout avec moi. Ce sera une petite récréation pour ce bon garçon.

« Voici mes moyens de subsistance pour ma caravane: un pâté de 10 francs, une barrique de vin contenant 25 bouteilles, 15 poulets vivants, 6 bouteilles d'eau-de-vie, 36 livres de sucre, 10 livres de riz, 5 de café, 50 de macaroni, 1 jambon, 2 saucissons, 10 livres de lard, 2 vessies de graisse blanche, 10 merluches, du fromage, des pommes de terre, etc., etc… Tu vois que nous ne pourrons pas mourir de faim, sans y mettre de la bonne volonté. En attendant le départ, je fais des têtes de soldats, comme s'il en pleuvait ; elles doivent figurer parmi les héros, car il y en a dans toutes les classes de l'armée plus que partout ailleurs, et j'ai le bonheur de n'avoir que des faces bien caractérisées. »

« A bord du *Vautour*, ce 29 novembre 1837.

« Chère amie, je viens de recevoir toutes vos lettres. Je ne puis te dire le bonheur que j'ai éprouvé en trouvant de vos nouvelles : car, depuis mon départ, je ne savais rien qui vous regardât. Enfin je sais que jusqu'au 14 vous étiez bien. C'est à moi maintenant à vous rassurer et à rire de vos inquiétudes ; car je t'assure qu'il n'y avait rien à craindre, mon étoile est toujours brillante.

« Je ne sais si tu auras reçu des petits mots que j'ai donnés à des Arabes pendant notre marche. Je le voudrais, d'abord parce qu'ils vous auraient porté de mes nouvelles, et puis parce que si ma correspondance avait manqué, X*** dirait que je suis un *blagueur*. Au reste, je me consolerais de tout, ma conscience étant satisfaite,

« Je t'écris au crayon, par la raison que rien ne peut tenir en place dans le bâtiment, et que mon écritoire court dans la cabine, sans que je puisse mettre la main dessus. Nous sommes partis ce matin : le temps est tellement mauvais que nous sommes forcés de revenir mouiller au grand Caroubier, ou pour mieux dire au Fort Génois. Le vent de nord-est est si violent que tous les bâtiments ont câlé leurs mâts et que nous sommes sur nos trois ancres à danser comme toutes les Taglioni de l'Opéra. Il y a peut-être un peu d'orgueil à choisir ce moment pour t'écrire ; n'importe ! tu prendras ça comme tu voudras. Le fait est que je pense à vous et que je vais vous donner les détails de ma course à Constantine.

« Comme tu le sais déjà, je suis parti le 16 novembre avec mon escadron de chasseurs, pour rejoindre l'infanterie qui s'était mise en route la veille. Je l'ai rattrapée au camp de Dréan. Chemin faisant, j'ai trouvé Charles Burton avec un convoi revenant à Bône. J'avais l'ordre qui le mettait à ma disposition pendant mon séjour en Afrique. J'étais enchanté de lui procurer une bonne occasion de voir Constantine en amateur ; mais ce pauvre garçon est trop démoralisé pour prendre goût à la moindre partie de plaisir, et le désir de coucher dans un lit l'a emporté sur la curiosité. Nous nous sommes donc séparés. De Dréan, je suis allé coucher à Quelmar, de là je suis parti pour Medjez-Hamar, où je suis arrivé à dix heures du matin ; la colonne du 26ᵉ ayant pris l'avance, nous avons pu aller coucher à Sidi-Tamtam, le 19, à un endroit dont je ne me rappelle pas le nom, et le 20 à Constantine. Le dernier jour seulement, nous avons échangé quelques coups de fusil à l'avant-garde, mais de si loin et sur si peu de monde que véritablement ça n'en valait pas la peine. Le retour s'est opéré de la même manière ; seulement, au lieu de coucher à Quelma, nous nous sommes arrêtés à Medjez-Hamar. Nous n'avons pas été aussi heureux pendant notre retour, car nous avons perdu un officier et un soldat du 17ᵉ léger ; un soldat du train s'est fait mettre une balle dans le derrière. Jamais je ne me suis mieux porté. J'étais si bien organisé, que je ne me suis aperçu de la fatigue qu'à une faim dévorante dont je ne suis encore point guéri, et que je vais satisfaire s'il est possible : car je ne sais comment le cuisinier aura pu s'en tirer avec le

La poste au désert, d'après le tableau d'Horace Vernet.

temps que nous avons. On m'appelle. Adieu pour aujourd'hui. »

2 Décembre, à midi.

« Maintenant, il faut que je te parle de Constantine et de mon voyage en général. Je vais commencer le bavardage. S'il t'ennuie, ne le lis pas, et, si tu le lis, que ce soit pour toi. Ce sera bien assez que tu juges de mes bêtises, sans mettre les autres dans la confidence.

« De Bône à Medjez Hamar rien d'intéressant. Mais, après avoir passé le Raz-el-Aleba, le pays, dépouillé d'arbres, devient un vaste désert coupé de ravins profonds et entouré de vastes montagnes pelées dans le genre de Radicofani [1]. La pluie nous a rendu visite dans ces lieux épouvantables. Il nous a fallu coucher dans la boue ; mais heureusement, le mauvais temps n'a duré que deux jours. Rien n'était plus intéressant pour moi que ces bivouacs, en arrivant le soir et en partant le matin. Les lions, les hyènes et les chacals se chargeaient de la musique, et se disputaient dans l'ombre les mules et les chevaux que nous laissions derrière nous sur la route ; car, ma chère amie, tu ne peux te faire une idée de la quantité de ces pauvres animaux qu'on abandonne, faute de pouvoir les nourrir : on les assomme tant qu'ils peuvent se soutenir ; une fois tombés, c'est fini d'eux. Sur ce point comme sur tant d'autres, c'est un gaspillage dans l'armée dont on ne saurait se faire une idée sans en avoir été témoin. Mais brisons là-dessus, je ne veux te parler que

1. Montagne volcanique de Toscane, sur la route de Florence à Rome.

du pittoresque. Je te disais que le pays est d'une sévérité admirable. Il ne s'y trouve, en fait de trace humaine, que quelques pierres, restes de monuments antiques qu'on suppose des fortifications. Je ne suis pas de cet avis pour la généralité. Il y en a certains qui me paraissent des tombeaux de la même forme et de la même construction que ceux de Corneto, moins soignés cependant, mais semés çà et là, le long d'une voie romaine, sur un assez long espace, deux lieues environ avant d'arriver à Somma, où se trouve un tombeau monumental dont j'ai fait le croquis. De ce point, on aperçoit Constantine à trois lieues de distance. Je t'avoue que le cœur m'a battu en voyant le terme et le but de mon voyage. Les plus hautes montagnes du grand Atlas se développent devant le spectateur. Il était deux heures de l'après-midi, le soleil brillait, rien ne manquait pour la splendeur du tableau.

« Je t'assure que dès ce moment je n'ai plus pensé qu'au bonheur de joindre à tous les souvenirs que j'ai déjà dans la tête, une nouvelle collection de matériaux d'un caractère tout particulier. Je ne te ferai pas ici la description de Constantine, de ses ravins, etc..., toutes choses dont tu as déjà entendu parler. Il me suffira de dire que je n'ai rien vu dans aucun de mes voyages qui m'ait autant frappé. Cette ville, toute couleur de terre, ressemble plutôt à celles des Abruzzes qu'à tout ce que nous connaissons du littoral de l'Afrique.

« On va crier après moi quand je la peindrai telle qu'elle est, comme on l'a fait après ma verdure; cependant je serai vrai. L'intérieur des rues est très sombre et d'une puanteur abominable. Les cadavres qui sont encore sous les décombres, ne contribuent pas peu à augmenter ce que les ordures, les diarrhées générales de l'armée émanent de miasmes pestilentiels. Montfaucon est la boutique de Lubin en comparaison. Aussi nos pauvres soldats mouraient-ils comme des mouches. Dès le premier pas qu'on fait dans la ville, on ne peut croire qu'il soit possible d'y rester ; puis tout à coup nous entrons dans le palais du bey : tout change. Figure-toi une délicieuse décoration d'Opéra tout de marbre blanc, des peintures des couleurs les plus vives, d'un goût charmant, des eaux coulant de fontaines ombragées d'orangers, de myrtes, etc., enfin un rêve des *Mille et une nuits*. Certes, j'étais loin de m'attendre à des sensations si différentes dans un si court espace de temps, et cependant je n'étais pas au bout. Figure-toi que la suite du prince a tout dévasté et qu'il ne reste rien, mais rien dans l'intérieur. Tout a été emporté, jusqu'aux oiseaux et aux poissons rouges. On a fait des trous dans tous les murs pour chercher des cachettes ; enfin tout est sens dessus dessous. Ah ! les barbares ! Du reste, j'ai reçu dans ce palais le meilleur accueil du général Bernelle ; il m'a donné une ci-devant belle chambre dans laquelle j'ai couché par terre avec délices, car, du moins, j'étais à sec. Mes trois jours se sont passés à courir la ville et les environs, dessinant autant que possible les points intéressants et j'ai fait une fameuse récolte de tableaux à faire. Dis à Jazet [1], que je lui apporte une vigoureuse collection de sujets. Il y en a un surtout qui (je

---

1. Graveur de tableaux, le graveur ordinaire d'Horace Vernet.

ne puis attendre pour te le raconter) a manqué te valoir une petite fille à élever. Tu as entendu parler d'un rocher du haut duquel les femmes, en voulant fuir, se précipitaient ? Représente-toi, sur un monceau de plus de cent cadavres de femmes et d'enfants que les Kabyles achevaient lorsqu'ils respiraient encore, un sergent et un soldat du 17e leur disputant, les armes à la main, un pauvre petit être de quatre ans attaché au corps de sa mère morte. J'ai retrouvé cette petite fille au camp de Medjez-Hamar. Elle est très gentille, mais que deviendra-t-elle ? On la nomme Constantine, ne lui connaissant pas d'autre nom. Le régiment la garde : mais encore une fois, que deviendra-t-elle ? C'est justement parce qu'il n'y a pas de doute sur le malheureux sort qui l'attend que je voulais la prendre. Je n'aurais pas balancé à t'apporter cet embarras, si une autre idée ne m'était venue : c'est d'en parler à Madame Adelaïde. Ce serait digne d'elle de faire élever une enfant prise sur le champ de bataille où son neveu a été fait lieutenant-général. Nous parlerons de ça à mon arrivée. J'ai tous les renseignements imaginables sur ce fait [1].

« Pour en revenir au but de mon voyage, j'ai dessiné d'une part et recueilli de l'autre tout ce dont j'aurai besoin pour mon grand tableau. Jamais on n'a eu occasion de faire un ouvrage aussi intéressant et aussi pittoresque. Mais aussi fallait-il voir les lieux, car il n'y a pas de description, de dessin, de croquis qui puisse donner une idée de l'originalité de la scène. Ça

---

[1]. Cette idée bienfaisante ne fut pas abandonnée, on fit venir la petite fille en France, et Madame Adélaïde la prit sous sa protection.

ne ressemblera à rien de ce qui a été peint, et ce ne sera que vrai. Il faut avoir vu l'armée d'Afrique : ce n'est plus ni la République, ni l'Empire ; c'est l'armée d'Afrique, c'est-à-dire la réunion, un jour de bataille, de toutes les vertus militaires, mais le lendemain!... sauf quelques exceptions chez de certains hommes trop bien trempés pour ne pas résister à la contagion !.... Tiens, je ne veux pas écrire tout ce que je pense. »

« Lazaret de Toulon, le 4 décembre 1837.

« Enfin, nous voici en France, chère amie, après cinq jours de mer, et me voilà pris jusqu'à dimanche ! Je me porte comme un charme, encore mieux aujourd'hui, puisque je sais au juste le moment où je vous embrasserai tous. En attendant, c'est sur *Rabadabla* que je concentre tous mes baisers puisque c'est lui qui réunit toutes nos affections. Ma première lettre sera pour lui.

« Dis à Delaroche que je n'ai rien pu trouver à lui rapporter, les voleurs ayant passé partout.

« Lorsque cette lettre te parviendra, le télégraphe t'aura déjà annoncé mon débarquement. Pourtant je ne veux pas perdre une minute pour la faire partir, et je te quitte bien vite pour la fermer.

« Tout à vous tous,

« Horace VERNET »

DÈS son retour d'Afrique, Horace Vernet fut chargé par le roi, avec lequel il était complètement réconcilié depuis son voyage en Russie, de peindre pour le musée de Versailles, les différents épisodes de la prise de Constantine.

Ce fut l'époque de la grande tâche de ce peintre, si français. Les rois de France avaient jadis leur peintre ordinaire, qui les suivait pour immortaliser leurs exploits ; on peut dire d'Horace Vernet qu'il fut le peintre ordinaire de l'armée française, surtout de celle d'Afrique, qui, selon lui, ne ressemblait à aucune autre.

Il acheva en six ans la série de peintures qui compose la galerie de Constantine : cela tient du prodige en vérité. Quelle ardeur, quelle verve montra à cette époque Horace Vernet ! sa vie fut d'une activité, d'une vaillance merveilleuse ; aussi pouvons-nous dire avec M. Beulé : « Quel artiste peut être comparé à Horace ? Il traverse plusieurs fois la mer, pénètre non sans péril en Algérie, visite les champs de bataille, esquisse d'un trait les sites pittoresques, les types arabes, leurs costumes, leurs chevaux d'une si noble race, et par dessus tout cette armée d'Afrique si différente des armées de la République et de l'Empire. »

Aussi quelle joie pour lui, de vivre dans les camps, son rêve de jeunesse ! Le soldat français exerçait sur Horace une fascination : il le dessinait de mille manières. C'est à toutes ces émotions que nous devons le *Siège de Constantine*, son chef-d'œuvre peut-être.

Ce tableau révèle dans toute sa vigueur et dans son éclat le talent de Vernet, soit qu'il montre les Français dans les tranchées de Constantine massés en colonnes d'attaque, et qu'il peigne sur leurs traits le recueillement qui précède l'explosion du danger, une émotion dont ne rougissent point les plus braves, un retour vers la patrie pour laquelle il faut mourir ; soit qu'il les lance audacieusement sur une brèche à pic, hérissée de débris qui roulent sous leurs pieds. Les voilà qui l'escaladent d'un élan invincible ; ils se pressent, ils s'aident, ils tombent, ils se relèvent ; les mourants se cramponnent aux vivants pour monter encore, et quoiqu'ils tournent tous le dos au spectateur, leurs profils héroïques l'électrisent et l'entraînent avec eux. Vernet a saisi le moment de l'action qui paraissait insaisissable : c'est la fougue guerrière, la *furia* française dans toute sa splendeur. Chaque figure est intelligente, chaque homme est en scène pour son propre compte.

On peut croire qu'après un tel effort de travail Horace Vernet dut subir la fatigue : il n'en fut rien, et il partit pour l'Orient avec un entrain que ses lettres intéressantes nous prouveront.

Il s'embarqua à Marseille, le 21 octobre 1839, sur le *Scamandre*, ayant pour compagnons de route son neveu M. Charles Burton, et un peintre M. Goupil-Fesquet.

Les lettres que nous citons [1] d'Horace Vernet, sont adressées à sa femme.

---

1. Elles ont été publiées par le journal *L'Illustration*, en 1856.

« Marseille, 19 octobre 1839.

« Nous avons fait le plus singulier voyage du monde, à la papa, huit jours pour faire deux cents lieues. Tu vois que nous ne nous sommes pas tués de fatigue. De Paris à Châlons, quarante-huit heures ; de Châlons à Lyon, une matinée, plus coucher et repartir, le lendemain, pour passer la nuit à Avignon, De là à Arles, tout y voir, y dormir, et le vendredi, par le canal de Bouc, à Marseille. A Lyon, j'ai vu le colonel Regnault, toujours même nez, mais bon garçon. Visité avec lui la reine des Tilleuls, espèce de monstre de six pieds de haut, crêpée, frisée, poudrée, emplumée, et se promenant à cheval dans son café, au milieu de son peuple ivre de joie, de bière et dans un nuage de fumée de brûle-gueules. Jamais je n'avais vu de majesté mieux comprendre les intérêts de ses peuples, qui, pour jouir de tant de bonheur, ne donnent que la modique somme de huit sous de contribution, qu'on leur rend en partie en consommation. J'ai fait des notes à ce sujet, que je remettrai au pacha d'Égypte pour sa gouverne. Je n'ai eu que le temps juste pour voir le Requin, sentir des bouffées d'ail, des pieds puants, et maudire mes compatriotes. A Arles, c'est autre chose, ville charmante et embellie par les plus beaux visages. Nous avons parcouru les ruines, et pour compléter la journée, M. de Champagny, inspecteur-général des haras, nous a menés voir ses étalons, qui sont très beaux. Après avoir bien vu, bien mangé, bien dormi, nous nous sommes acheminés vers le canal qui conduit à Bouc.

« Une espèce de guimbarde arrive traînée par d'affreuses haridelles. Je me figure sur-le-champ que cette espèce de cage doit contenir des animaux pour la foire. En effet, on ouvre, et sept ou huit singes sortent en montrant de grandes dents jaunes, et sautant comme des pies. Le plus grand se précipite sur moi. Tout étourdi, je veux fuir. Un cri perçant attire toute la nichée, et je reconnais heureusement Mme A... Ici tableau et joie générale. Depuis ce temps, je fais partie de la bande, et me voilà à l'hôtel Beauveau, attendant Charles [1] qui arrivera sans doute ce soir, si j'en crois M. M... avec lequel nous venons de dîner à la Réserve, comme de véritables Parisiens ; et comme tu vois, je suis revenu t'écrire.

« Quant à notre voyage, tout se présente de la manière la plus gracieuse. Nous tombons sur le meilleur bateau, non seulement recommandable par sa marche, mais aussi connu par la bonne composition de l'état-major et la cordialité du capitaine qui le commande. Nous avons les meilleures places, et pour compagnons de voyage l'un des princes de Wurtemberg, que nous avons connu à Rome, ainsi que la famille de singes ci-dessus désignée. Ces derniers nous laisseront à Livourne, mais l'Altesse Royale vient à Alexandrie.

« Du reste, rien de nouveau. Garde à vous, portez armes ! En avant, marche ! rablada ! blabla, badabla, cher petit ! Tu es donc encore tombé sur la tête ? De là pommade, plus bobo ! Comme je vous aime tous ! Dans trois mois de retour ! Alors, embrassades, his-

---

1. Son neveu M. Charles Burton.

toires, contes, mensonges. Oh! non. Et le saint sépulcre, on n'en revient pas comme on y a été.

« Allons, chère amie, il faut finir; mais ce ne sera pas sans vous embrasser tous et sans vous faire des amitiés à tous vos vieux et bons amis, blanc, gris, noir, blond, vieux et jeunes mariés, débarrassés, embarrassés, garçons et autre confiture.

« Baise bien notre petit, ensuite notre grande, son mari, pas Mme V... ni son mari. Adieu, je vous aime tous.

« Horace Vernet. »

Dans la lettre suivante, nous trouverons l'impression du grand peintre sur Malte, et surtout son amour profond et réel pour le soldat français.

« Malte, 27 décembre 1839.

« Voilà dix heures que nous sommes ici, je commence donc à voir du nouveau, et ce nouveau est d'un grand intérêt. L'île, tout en ressemblant fort à l'Afrique, a le caractère de notre civilisation exagérée de toutes les manières..

« Bref, ce point au milieu de la Méditerranée est une belle maison encombrée de meubles dans laquelle on ne peut pas entrer, et cependant les Anglais y font la pluie et le beau temps, et exercent de ce point une influence effroyable. J'ai le cœur tout gros d'avoir vu leurs soldats! Rien n'est mieux tenu, et il est impossible de voir de plus beaux hommes. Mais brisons là-dessus. Si notre armée, par comparaison, a l'air d'une bande de galériens, sous nos simples habits, bat une fameuse âme. Vive la France!

L'île de Malte.

« Notre voyage est des plus heureux. Pas un coup de vent. La mer est calme, et le temps est fixe pour toute la lune. Bientôt à Alexandrie, et toujours le bonheur en avant ! Notre duc de Wurtemberg ne nous quitte pas plus que notre ombre. Il se met sous notre protection, dit-il. C'est un savant, et déjà je lui ai tué un pigeon, qu'un empailleur, qu'il traîne avec lui, a préparé pour mettre dans sa collection, qu'on dit très curieuse. Il est tellement entiché de sa science, qu'un jour nous serons peut-être à même de le bourrer de coton et autres ingrédients, le tout pour compléter la suite des raretés qu'il rassemble.

« Quant à moi, je n'ai pu mettre dans mon sac que quelques beaux coups de soleil, de beaux clairs de lune, quelques puces prises à Civita-Vecchia, où j'ai trouvé notre ami Santi plus beau que jamais et conservant de nous un bon souvenir.

« Demain, à six heures du matin, de nouveau à la mer pour Syra, en soixante heures. Là, un jour pour voir l'île et ses habitants, puis l'Afrique ! Ah !

« Je ne te dis plus rien. Je vous embrasse tous avant de me coucher. Tout à toi,

Alexandrie, le 6 novembre 1839.

« Nous sommes depuis trois jours en Égypte ; tu juges de notre joie surtout d'y être arrivés comme par enchantement. Jamais traversée n'a été plus heureuse ; la mer unie comme une glace ; à bord, une société fort aimable, rien ne nous a manqué.

« En quittant Malte, nous avons cheminé vers Syra, à travers toutes les îles de l'Archipel. Depuis la pointe du Péloponèse, le cap Matapan, jusqu'à Candie, quelle aridité ! mais aussi quels beaux noms ! Nous sommes restés à Syra deux jours et deux nuits. Pour la première fois je me trouvais au milieu des Grecs, de leurs femmes, de leurs enfants : tout était nouveau et du plus grand intérêt pour moi. J'ai été d'autant plus à même de bien voir, que j'avais fait la conquête d'une charmante Grecque, Mme M..., qui connaît beaucoup T..., et qui a bien voulu nous conduire partout. Nos deux jours ont donc passé bien rapidement. Nous nous sommes rembarqués, et le 4, au petit jour, nous nous sommes trouvés devant Alexandrie, au milieu de cette flotte qui fait trembler la diplomatie et qui ravit les curieux comme nous.

« En effet, rien n'est plus imposant que ces gros monstres marins qui ont des canons pour écailles, et que les Anglais voudraient bien mettre dans la friture. A huit heures du matin, notre bâtiment a mouillé au milieu d'eux. Le commandant m'a conduit à terre avec le prince de Wurtemberg, que le comte de Modène est venu prendre dans sa voiture. J'étais tout vexé de ne pouvoir dévorer tout à mon aise le spectacle qui se déroulait devant moi ; mais il fallait bien commencer par porter mes lettres à M. Cochelet. Je l'ai trouvé fort disposé à tout faire pour me rendre mon voyage commode et sûr. Nous nous connaissions, mais je l'avais oublié. Il voulait me loger chez lui, j'ai refusé pour être plus libre, et j'ai pris un appartement à côté de son hôtel. Notre première journée a été employée à courir les environs, à voir la colonne de Pompée, etc.; la seconde à faire des visites, porter nos lettres ; et ce matin grande présentation au pacha, de chez lequel je sors. Vite, comme tu vois, je prends la plume pour te raconter notre visite. A neuf heures du matin, les janissaires sont venus nous prendre pour aller chez le consul. Nous étions huit, car j'avais demandé à être accompagné par trois jeunes officiers d'état-major qui vont en Abyssinie. Nous étions tous en uniforme, montés sur de très beaux chevaux arabes. Les janissaires et les saïs ouvraient la marche ; puis suivait Mon Excellence à droite du consul. Derrière venait l'état-major. Sur la route, les postes prenaient les armes et le tambour battait aux champs. Arrivés au palais, qui est au bout de la ville, la garde nous a rendu les mêmes honneurs ; bref, nous sommes entrés au Divan, où dans un coin nous avons trouvé, assis sur ses talons, le fameux Méhemet, qui nous a fait asseoir à ses côtés, tandis que les généraux, les aides-de-camp et officiers de sa suite nous apportaient la pipe et le café de la main gauche [1] ......»

Nous empruntons la fin de cette intéressante réception à M. Goupil-Fesquet [2]. « Méhemet-Ali, dit-il, s'entretint longuement de la France, des sciences, des arts et de l'industrie ; il parut s'intéresser fortement aux découvertes nouvelles et témoigna le désir de voir fonctionner l'instrument de Daguerre. Horace Vernet s'empressa d'annoncer qu'il pouvait satisfaire le désir de Son Altesse, et on convint de revenir le lendemain avec tous les appareils nécessaires.

---

[1]. Présenter un objet de la main droite est le comble de la grossièreté aux yeux des musulmans.

[2]. *Voyage en Orient par Goupil-Fesquet. — France littéraire*, tomes XII et XIII.

« En effet le lendemain, 7, la cavalcade se rendit de nouveau au palais, l'épreuve réussit parfaitement à l'étonnement profond de Méhemet, qui s'écria : « C'est l'œuvre du diable ! »

« Le pacha commanda au peintre un tableau de la bataille de Nézib [1], et afin d'assurer sa route, non seulement il lui donna des firmans, mais une lettre particulière invitant les pachas à mettre des troupes à la disposition du peintre, pour parcourir tous les pays qu'il voudrait visiter, »

Peu de temps après, Horace écrivait à sa femme :

« Nous quittons Alexandrie après-demain. M. Cochelet nous conduira à moitié chemin. Au Caire, nous retrouverons le supérieur du Saint-Sépulcre, avec lequel nous ferons route jusqu'à Jérusalem. Tu vois encore dans cette circonstance de nouvelles raisons pour détruire des inquiétudes dont tu rirais la première si tu étais sur les lieux.

« Nous *daguéréotipifions* [2] comme des lions, et du Caire nous vous ferons un envoi intéressant. Ici il n'y a que peu de chose, cependant, demain matin, nous allons expérimenter devant le pacha, qui désire connaître les résultats d'une découverte qu'il connaissait déjà par la description. Notre visite de ce matin était d'un grand intérêt. Le pacha est petit, il a la barbe blanche, le visage brun, la peau tannée, l'œil vif, les

---

1. Victoire remportée par Mehemet-Ali, le 24 juin 1839, sur l'armée turque commandée par Hafiz-Pacha.

2. Bien ou mal formé, c'est le mot qu'il emploie et qu'il crée, et non pas *daguéréotipillons*, comme on l'a imprimé. — Sainte-Beuve. *Nouveaux Lundis*, t. V, Lévy, 1881.

mouvements prompts, l'air spirituel et très malin, la
parole brève, et riant très franchement lorsqu'il a lâché
un petit sarcasme, plaisir qu'il s'est donné toutes les
fois que la conversation tournait à la politique, et surtout lorsque le consul insistait pour le départ de la
flotte : « Je ne reconnais pas les Français, qui savent

Mehemet-Ali.

si bien faire la guerre, et qui ne parlent plus que de la
paix. Je ne parle pas de la France, car d'ici j'ai entendu ses applaudissements, quand elle a connu mes
succès de Nézib. »

« Demain, comme je serai seul avec lui, je compte
bien remettre la conversation sur ce sujet, et j'en tien-

drai note pour R.... Du reste tout semble arrangé, et il est positif que la France veut soutenir l'indépendance de l'Égypte.

« Le Caire, 16 novembre 1839.

« Je ne te ferai pas une description de la ville, ce serait bien inutile. Je me bornerai à te dire ce qui m'a le plus frappé. Hier, à la faveur de nos habits turcs, nous avons visité les mosquées, les palais du pacha, etc., etc. Le Caire, c'est, en plus grand, Alger ; seulement encore plus misérable. Par l'intervention du janissaire que le consul a mis à ma disposition pendant le temps que je resterai ici. j'ai pu voir la chose du monde qui m'a le plus frappé dans ma vie. Nous sortions du marché aux esclaves, où de petits négrillons sont rassemblés par paquets sur un mauvais carré de toile, comme des pommes à cinq pour un sou ; sans compter les hommes et les femmes de toutes les couleurs qu'on tient dans un trou tout autour de cet infâme lieu, où, d'infâmes voleurs trafiquent de la chair humaine. Je sortais le cœur tout gros de tristes réflexions, lorsque le janissaire nous proposa d'entrer dans la mosquée des fous. C'est là qu'un autre spectacle horrible m'attendait ! Figure-toi une cour de quarante pieds carrés, environnée de murailles prodigieuses de hauteur qui laissent à peine entrer le jour ; dans l'angle, une petite porte de trois pieds de haut, barricadée de chaînes à travers lesquelles on passe avec effort. Chaque côté des murs est garni de petites niches de quatre pieds carrés, fermées par d'énormes grilles de fer ; et là, assis sur la pierre, et n'ayant d'autre paillasse que leurs ordures et une épaisse couche de poussière, sont les malheureux privés de leur raison, le cou chargé d'une double et lourde chaîne, dont les extrémités viennent s'attacher à de gros anneaux extérieurs, et dont le frottement perpétuel sur la pierre l'a creusée de plus de deux pieds. Joins au tableau les rugissements des furieux, les accents pitoyables d'un désespéré, et les yeux fixes d'un nègre silencieux qui vous regarde comme un oiseau de nuit, et tu ne te feras encore qu'une faible idée de ce que nous avons vu. Charles [1] et Goupil en sont restés tristes toute la journée, et nous n'avons pu avoir d'autre conversation.

« Depuis douze jours je ne puis avoir d'idée sur ce pays ; mais j'en crois mes premières impressions, je pense que les gens qui y attendent des progrès comme civilisation se trompent lourdement. Ce qui se fait n'est autre chose que l'ordre organisé dans le despotisme pour le rendre plus également pesant, et de manière à ce que rien ne puisse s'en affranchir. Les lumières que le pacha va soi-disant chercher au milieu de nos institutions philanthropiques, ne sont que des armes qu'il aiguise et, pour ainsi dire, qu'un rasoir qu'il fait repasser pour tondre de plus près. A propos de tondu, nous n'avons plus un cheveu. Ça nous fait la plus drôle de boule qu'on puisse imaginer. Nous avions besoin de nous regarder, pour rire et pour nous faire oublier nos tristes scènes d'hier.

« Dans quelques instants nous serons en visite chez le révérendissime supérieur de Jérusalem, le consul

---

1. M. Charles Burton, neveu d'Horace Vernet.

en tête, et sans doute précédés des janissaires, qui
feront une large distribution de coups de bâton sur les
braves gens qui auront la curiosité de nous regarder.
Voilà les tristes honneurs qu'on rend ici aux membres
de l'Institut. On se plaît à les promener comme *le
bœuf gras*. Dans quelques jours nous serons quittes de
toutes ces fastidieuses politesses dont on accable les
pauvres gens, non pour leur faire plaisir, mais pour
faire dire de soi qu'on sait apprécier les hommes. Du
reste, nous ne trouvons que cordialité partout.

« Le Caire, ce 21.

« Nous arrivons des Pyramides ! Nous y sommes
restés trois jours. Jamais le temps n'a passé si vite.
Quoique, au commencement, ces monuments ne m'aient
point étonné : il y a derrière eux ce grand coquin de
désert qui est autrement imposant que ces masses de
pierre, qui ne frappent véritablement que par l'idée des
difficultés qu'il y a eu à les élever et par les quarante
siècles dont Bonaparte a si éloquemment parlé.

« Nous nous mettons en route demain pour Jérusalem avec nos lettres du pacha et un scheik, qui nous
conduit à une journée près du saint lieu.

« Jérusalem, 11 décembre 1839.

« Ah ! nous sommes à Jérusalem ! nous y sommes, et
déjà j'ai entre les mains des souvenirs pour vous, car
nous avons visité Bethléem. J'ai dans ma poche des
pierres du rocher sous lequel le berceau de JÉSUS-
CHRIST était placé, et de celui sur lequel la Vierge était
assise lorsque les Mages sont venus pour adorer le

divin Enfant. Je ne te parle pas des chapelets, etc., le tout bénit devant moi sur les places consacrées.

« J'ai à te parler de notre voyage qui, comme à l'ordinaire, a été des plus heureux et fort pittoresque. Voilà une petite description que je vais te faire de notre route depuis le Caire jusqu'ici.

« Vu les circonstances de la guerre, nous n'avons pu trouver pour nous mener à un certain village situé à deux jours de marche au-delà de Gaza, qu'un vieux scheik du mont Sinaï, qui ne voulait pas aller plus loin que ce bourg qui se nomme Dâri, dans la crainte de rencontrer une tribu ennemie. On nous assurait que c'était la route la plus courte, et qu'il nous serait facile de trouver de ce point des moyens de transport pour Jérusalem, qui n'est qu'à un jour et demi de marche. Nous voilà en route par le désert, le consul et plusieurs Français nous faisant la conduite jusqu'à deux lieues. Le moment des adieux avait quelque chose de grave, au milieu des tombeaux des califes, ne voyant plus devant nous que du sable, et n'ayant dans cette mer immense d'autre boussole que l'intelligence de notre vieux scheik qui, depuis l'expédition des Français à Saint-Jean-d'Acre, n'avait pas revu le pays.

« Notre caravane se composait d'un cuisinier et d'un drogman, n'ayant qu'une oreille, espèce de Figaro chirurgien, parlant toutes les langues, renégat, ami de tout le monde, vidant les restes de bouteilles et les cassant après ; d'ailleurs intrépide, bon garçon et faisant bien son métier de conducteur. Le reste de la troupe se composait de nous, de M. Linan, du consul des États-Unis avec son ami. Mais le second jour,

Les tombeaux des califes, à deux lieues du Caire.

ces Messieurs ont pris la route de Suez, et nous avons continué la nôtre par Salhiah pour suivre l'ancien itinéraire de l'armée française.

« Il faut aimer les souvenirs pour trouver quelque intérêt à longer le Delta, qui n'offre rien autre chose de beau que de temps en temps quelques bosquets de palmiers sous lesquels habitent de misérables fellahs dans des huttes de terre, où, par philanthropie, nous ne mettrions pas nos cochons. Ces misérables n'ont qu'une qualité, c'est celle de voler fort adroitement les voyageurs. Aussi avons-nous eu soin de coucher le plus loin possible de tout endroit habité. Chaque soir, nous prenions de savantes mesures et nous disposions nos armes de manière à nous en servir promptement, etc., etc.

« Pour arriver à El-Arich, nous n'avons, pendant douze jours de marche, rencontré qu'un seul groupe d'Arabes à cheval, qui sans doute nous ont trouvés trop imposants et qui se sont contentés de nous suivre pendant à peu près deux lieues. En arrivant à El-Arich, le pays prend un aspect bien caractérisé ; ce n'est plus que du sable amoncelé par buttes, sur l'une desquelles se trouve une petite forteresse environnée de quelques mauvaises maisons ombragées par une centaine de palmiers qui, semblables à des plumeaux, ont l'air de nous dire : « Venez vous épousseter ici! » En effet, on en a grand besoin ; mais, je l'avouerai, c'est la dernière chose à laquelle on pense! De l'eau, de l'eau, de l'eau fraîche! Voilà ce qu'on cherche. On en trouve d'assez bonne, qui n'a pas été battue dans des outres. En voyageurs intelligents, notre première visite a été (pour nous rendre compte de la position

militaire) chez le gouverneur, gros Turc louche, assis
dans une espèce de lieu où les paysans en France font
la lessive. Auprès de lui se trouvait un soi-disant secrétaire en cire jaune, louche aussi, tous deux très
aimables, et trouvant qu'un mouton énorme que nous
venions d'acheter 15 frs. n'était pas trop payé. Quant
à moi, malgré l'émotion d'avoir vu égorger l'animal à
nos pieds, j'ai joui, comme l'aurait fait le fameux
d'Aigrefeuille, en mangeant une tranche de gigot ; car
je commençais à *renacler* sur la poule, quoique M. X...
nous évite souvent à plaisir d'en manger tout notre
content, sur deux poules, il s'arrange volontiers des
quatre ailes et d'une cuisse.

« D'El-Arich à Gaza le pays change de figure, le
sable se couvre de petits buissons, puis on commence
à rencontrer des pierres, puis des troupeaux : enfin on
entend un peu de bruit. Le silence vient d'exercer son
immense impression sur moi.

« Charles ¹, vêtu à la turque le plus purement possible, avait trouvé bon de joindre à ce costume une
veste de velours, une cravate et un bonnet de coton ;
et brochant sur le tout (pour ne point effrayer les
gazelles) il se recouvrait quelquefois d'une chemise
sale, afin d'être aperçu de moins loin. Je t'assure qu'à
le voir il y avait de quoi mourir de rire. Aussi nous en
sommes-nous donné jusqu'à Gaza, où nous devions
rencontrer le seul accident pénible de notre voyage.
Avant de te dire *de quoi il retourne*, je veux te donner

---

1. Charles Brigandet, ancien chasseur d'Afrique, depuis vingt-deux
ans au service d'Horace Vernet. Serviteur fidèle, énergique et dévoué, il
a suivi son maître dans tous ses voyages.

une description de cette fameuse ville dont Samson enleva les portes. Si tu as de la mémoire, tu m'as connu sans barbe grise, j'en ai une superbe maintenant. Je suis donc changé ? Gaza a changé aussi, car, pour éviter de renouveler de fâcheux souvenirs, cette ville ne ferme plus ses maisons. Par mesure de santé, nous avons cru devoir planter nos tentes dans le milieu de la grande place, malgré la vue de gros nuages amoncelés sur notre tête.

« Après avoir fait un bon souper du reste de notre mouton d'El-Arich, et nous être bien endormis sur nos tartelettes de lits, tout à coup nous nous réveillons flottant et soulevés par l'eau. Un orage affreux venait d'éclater, et, dans quelques minutes, le lieu que nous avions choisi malgré le voisinage infect de quelques charognes, se transforma en une espèce de naumachie, de laquelle nous sommes sortis après avoir pris une leçon de natation de onze heures du soir à six heures du matin. Heureusement que nous étions près du cimetière, où, grâce à la peste qui enlevait, il y a trois mois, les deux tiers des habitants, nous avons trouvé de très jolis tombeaux, sur lesquels nous sommes restés perchés, jusqu'au jour. Mais *après l'orage le beau temps. (Tableau parlant.)* [1]

« Le soleil parut, et au même moment se montre un long nez, au bout duquel se trouvait un visage. Le visage était sous un parapluie jaune et noir, et surmontait un grand corps dans une petite redingote. L'ange Raphaël ne nous eût pas fait plus de plaisir

1. Le *Tableau parlant* est un opéra comique, auquel Horace fait allusion.

que cette espèce de *Sangrado* quand il nous apparut.
Nous courûmes à lui. C'était un Napolitain, agent
sanitaire, remplissant les fonctions de médecin, et venant nous demander de guérir son enfant qui avait mal
aux yeux. Vite, je lui offre mes services, je porte ma
pharmacie ; dans une minute nos bagages encombrent
sa maison, nos chameliers s'emparent de tous les coins,
nous voilà maîtres du logis de ce *Pulcinella*.

De Gaza à Dâri, rien de remarquable; mais du moment où on entre en Syrie, le pays devient montagneux,
sans cependant être plus fertile. Dâri est un village
arabe par lequel ne passent que certaines caravanes,
mais jamais de voyageurs. Rien n'est comparable à ce
repaire de brigands. Nous avons été retenus un jour et
demi parmi les gens les plus pittoresques du monde,
et pendant que ceux d'entre nous qui dormaient étaient
en sécurité, les autres faisaient la garde, le pistolet au
poing ou le sabre à la main. Après avoir payé d'avance
le prix de six chameaux que nous n'avions pu obtenir
qu'à grand'peine pour nous conduire ici, à trois heures
du matin, nous nous sommes mis en route par des
montagnes arides, descendant tour à tour perpendiculairement, ou montant comme des échelles. L'inquiétude de nos conducteurs nous paraissait singulière. Au
bout de quinze heures de marche, elle nous a été expli-
quée : en tournant un petit chemin, nous nous sommes
trouvés tout à coup dans une petite prairie au bout de
laquelle sont ce qu'on appelle les *vasques de Salomon*.
Ces vasques ne sont autre chose que trois immenses
bassins taillés dans le roc et qui fournissent l'eau à
toutes les fontaines de Jérusalem située à neuf lieues

de là. Une jolie forteresse arabe, d'un style original, s'élève au pied de la montagne. Rien n'est plus inattendu que cette délicieuse décoration ; mais ce qui complétait le tableau d'une manière mirobolante,c'était un camp de cavalerie commandé par le gouverneur même de Jérusalem, et disposé à marcher le lendemain contre Dâri et ses habitants, qu'on allait châtier pour quelques peccadiles qui consistaient,par exemple, dans l'assassinat de plusieurs officiers, dans le vol de quatre-vingts bœufs et de quarante chameaux,etc.,etc.

« Nos conducteurs voulurent passer bien vite, mais le gouverneur nous fit inviter très poliment à ne pas aller plus loin, et nous pria de vouloir bien passer la nuit auprès de lui, Juge de ma joie de me trouver au milieu d'un semblable bivouac ; les lances emplumées plantées au milieu des chevaux; des Arabes, des Turcs, couchés à droite et à gauche; les drapeaux en trophées devant la grande tente noire du commandant, enfin tout ce que pouvait comporter une scène de mélodrame. Quoique fort poliment arrêtés, nous ne savions pas trop à *quelle sauce manger le poisson*. Cependant nous avons marché franchement vers le quartier général, pour remercier de l'invitation qu'on nous avait si gracieusement envoyée. Le gouverneur nous reçut à merveille, nous dit que ne pouvant se trouver à Jérusalem pour nous y recevoir, il ne voulait pas manquer l'occasion de faire notre connaissance, etc., etc., etc.

« Par ses ordres, on apporta un mouton pour nos gens, et il exigea de nous de rester à souper avec lui; ce n'est point un repas, mais une vraie curée. Après la pipe, le café et encore le café, chacun est allé dor-

mir. Au petit jour, un grand coquin d'Albanais nous
a apporté des tartelettes au beurre qu'on appelle *fonatir;*
il a fallu recommencer le café et la pipe ; puis est venue l'inspection de nos armes. Nos fusils, nos pistolets,
nos sabres, tout a été regardé, admiré. Il a fallu
prouver que nos armes étaient bonnes, et j'ai eu le
bonheur de briser une pierre à cinquante pas d'un
coup de balle.

Vue de Bethléem.

« Cette petite circonstance n'a nullement nui à la
considération que notre tenue guerrière avait déjà in-
spirée ; et, pour terminer convenablement l'entrevue, j'ai
gracieusement offert au gouverneur ma petite longue-
vue, qui a été acceptée avec reconnaissance. Nous
avons repris nos montures, et, deux heures après, nous
étions dans Bethléem ! Voilà, chère amie, de ces détails
de voyage qui leur donnent tant de charmes, après
une émotion passée, une autre toute différente com-

mence. En arrivant sur le haut d'une montagne, on voit tout d'un coup Bethléem au bord d'un profond ravin ! Le cours de mes idées a changé avec rapidité : je n'ai plus vu que des bergers, des mages, de pauvres petits enfants égorgés, et un berceau duquel est sorti une législation qui devait changer la face du monde. Ce n'est pas impunément qu'on se trouve sur le théâtre de si grands événements. Tout ce qui doit élever l'âme ne perd pas à être vu de près, et ce petit village en ruines parle bien plus fortement au cœur que ces grandes pyramides qui n'étonnent que les yeux. Après avoir tout visité dans le couvent, nous sommes repartis pour Jérusalem, où nous sommes arrivés au soleil couchant, et malheureusement par le côté où la ville se présente de la manière la moins avantageuse. Nous nous sommes enfournés dans de vilaines petites rues. J'étais à peine arrivé au couvent, que le supérieur, pour lequel j'avais une lettre de recommandation du Révérendissime, nous a fait donner à souper, et ensuite nous nous sommes mis dans nos lits, plaisir que nous n'avions pas goûté depuis dix-huit jours. Tu crois peut-être que je vais commencer ici une description. Pas du tout, *la suite à demain*, c'est-à-dire à la semaine prochaine, car demain nous partons pour la mer Morte, le Jourdain, etc. Dans trois jours nous serons de retour ici, et j'ai besoin de reprendre ma respiration. D'ailleurs il faut aussi que je te parle de Paris où je vous ai tous laissés, et dont nous n'avons encore reçu aucune nouvelle. C'est bien long deux mois !

« Acre, ce 26 décembre 1839.

« Tu vois par le lieu d'où je date cette lettre, que nous avons quitté la route de Damas pour revenir du côté de la mer. En voici la raison : le fameux Soliman-Pacha est à Sidon. Il m'importait de le voir avant Ibrahim. Le détour est peu de chose, et je t'avouerai en même temps que le besoin d'avoir de vos nouvelles l'a emporté sur toute autre considération, et dans trois jours nous serons à Beyrouth, où sans doute nous trouverons des lettres.

Vue de Jérusalem.

« Ma dernière était de Jérusalem, où nous sommes restés neuf jours. J'avoue que je ne me croyais pas susceptible de prendre un si vif intérêt à des lieux dont on a fait tant de descriptions. C'est bien pour la partie matérielle ; mais il y a une impression individuelle qui vient toujours à l'improviste vous surprendre au moment où vous vous y attendez le moins. Il résulte de tout cela une incohérence d'idées et d'actions [1]. Je ne te citerai qu'un seul fait. Tous les soirs les moines font la procession des Saints-Lieux. Figure-toi trois Turcs, un cierge d'une main, un livre de l'autre, faisant la promenade en chantant à gorge déployée, et, je te l'assure, avec un profond sentiment de respect. Quant à moi je suis allé trois fois à Bethléem. Nous avons aussi vu le Jourdain. Dis à L... que je lui en rapporte un roseau, et pour toi, chère amie, deux bouteilles de ses eaux, sans compter des pierres et des morceaux de roc de la maison de Marie, à Nazareth. Vous aurez de quoi faire des heureuses parmi vos amies.

« Notre voyage se poursuit toujours admirablement. Cependant depuis quelques jours le temps menace, et je pense que nous serons *saucés*. Nous n'avons plus que quelques nuits à coucher à la belle étoile ; nous nous moquons du reste.

« Je pense que notre tournée sera moins longue en Syrie que je ne l'avais projeté. Alep est bien loin. Il faudrait un mois et demi pour voir Nézib, etc., etc., tandis que nous pouvons employer ce temps à voir Chypre et Constantinople, par le moyen d'un bateau à vapeur autrichien qui part tous les cinq du mois de Beyrouth. Ça ne nous fera pas pourtant revenir plus tôt, et je prévois que nous ne serons de retour à Paris que vers la fin de mars. Pardonne-moi ce retard ; mais songe aussi que c'est mon dernier voyage, et que, puis-

---

1. Il faut se rappeler qu'à cette époque, Horace Vernet n'était point encore pratiquant.

que je l'ai entamé, il faut aller jusqu'au bout, et ne laisser aucun regret en arrière. Le temps me paraît bien long, et j'espère que pour toi il ne passe pas plus vite, d'autant plus que je te connais fougueuse d'inquiétude. Mais rassure-toi, notre voyage se fait le plus simplement du monde. Nous vivons en bons camarades. Brigandet nous sert admirablement. Nous sommes tous gros et gras, et tout s'effectue sans la moindre fatigue. Que je voudrais que tu eusses une lunette assez forte pour nous suivre, ce serait pour moi une grande joie, car la seule peine que j'éprouve, c'est lorsque ta mauvaise tête me revient à l'idée : je me dis : elle se tourmente ; et cependant tout va si bien que je voudrais, je le répète, que tu nous visses !

« Nos muletiers viennent de me déranger. Nous voilà prêts à nous remettre en route pour Beyrouth. Mon cœur bat d'avance en pensant que dans cinq jours, j'aurai de vos chères nouvelles à tous. Oh ! qu'il me tarde de voir ton écriture, de lire que vous vous portez tous bien. Et *Rabadabla !* cher petit ! tu me diras qu'il embellit, qu'il devient de plus en plus charmant, et qu'il parle de grand'père. En lisant cela, les larmes me viendront aux yeux, et je serai heureux et envieux tout à la fois du bonheur que vous avez d'être avec ce délicieux petit enfant !

« Mais pas d'attendrissement, il me faut faire mon paquet !

« Adieu! je ferme ma lettre en vous embrassant tous du meilleur de mon cœur. Ton vieil époux,

« Sidon, ce 5 janvier 1840.

« En arrivant ici, chère amie, Soliman-Pacha a fait partir un courrier pour chercher les lettres qui seraient arrivées pour nous à Beyrouth. Rien ! Depuis deux mois aucun bâtiment n'est entré en ce port. Pas de nouvelles de France depuis celles qu'on a reçues du 25 octobre. J'espère que nos lettres auront été plus heureuses que les vôtres, et qu'elles seront arrivées exactement.

« Notre voyage se fait toujours comme sur des roulettes, c'est-à-dire cependant que, depuis Saint-Jean-d'Acre jusqu'ici, le beau temps nous a tourné le dos, et que le mauvais a bien repris sa revanche. Malgré tout, nous ne sommes pas moins bien portants, gais comme des pinsons et mangeant comme des loups les fameux dîners de Soliman-Pacha, chez lequel nous sommes retenus par le débordement d'une rivière qui nous empêche de passer. Le soleil est brillant ce matin, et sans doute nous pourrons demain nous remettre en route pour Damas.

« Je ne sais comment te le dire, chère Louise, mais il faut que tu saches que nous serons sans doute un mois de plus en route que nous ne l'avions pensé. Tu es déjà préparée à cette nouvelle, puisque toi-même tu m'en as touché un mot. Ainsi, pas de fâcheries là-dessus. Au lieu de vous embrasser en février, ce sera en mars. Je t'assure cependant que le temps me paraît bien long, mais aussi quelle récolte je vais rapporter en France !

« Les trois compagnons font le meilleur ménage du

monde. Charles est toujours bon garçon, actif, etc., et dormant comme un paquet; M. C.... est le plus doux et le plus égal des camarades. Tout est bon, tout lui convient. Je ne connais personne qui se laisse mieux proméner que lui. Il se mouche lui-même à présent, et il pense à avoir du papier dans sa poche. Il y a progrès ; encore un voyage, et on pourra le laisser aller se coucher tout seul.

« A Beyrouth nous simplifierons notre bagage, pour courir plus légèrement, afin d'être de retour de notre dernière tournée au moment où le bateau à vapeur autrichien passera. Nous le prendrons soit pour Alexandrie, soit pour Constantinople. C'est la même chose et ce serait une bonne fortune, que d'ajouter à tout ce que nous avons vu, cette fameuse capitale.

« Le 1er janvier nous nous sommes embrassés en pensant chacun à ceux qu'il aime. Tandis que nous étions étendus par terre, mouillés jusqu'aux os, nos esprits étaient au milieu de vous. Quant à moi, je vous voyais. Et *Rabadabla !* cher petit ! Allons courage, et dans deux mois tous ces rêves seront des réalités.

« Parle de moi à tous nos amis.

« Adieu, chère amie. Voici encore une lettre ; je ne sais si elle arrivera, car ici tout est bien mal organisé.

« Je t'embrasse avec toute la tendresse imaginable, ainsi que notre bonne fille, son fils et son mari.

« Damas, ce 16 janvier 1840.

« Enfin j'ai de vos nouvelles, mes chers amis, tous mes tourments sont oubliés. Nous venons de recevoir

le paquet ; tu juges avec quelle avidité chacun de nous
a cherché s'il ne contenait rien de fâcheux. Quel bonheur, au contraire, d'y trouver que rien n'était changé
et que vous étiez tous en bonne santé !

« Smyrne, 7 février 1840.

« Tu vois par la date de cette lettre, chère amie,
que, comme je te l'avais annoncé, nous avons changé
de route pour rentrer en France. La peste est à
Alexandrie; si nous avions dû y revenir pour prendre le
bateau français, vous nous auriez crus perdus ; tout est
donc pour le mieux, d'autant plus que nous verrons
Constantinople, et qu'au bout du compte ce ne sera
qu'un retard de quelques jours. Nous avons seulement
ici une quarantaine d'observation, qui sera levée dans
deux jours. Nous la faisons à bord du bateau autrichien, qui est certainement ce que je connais de mieux
en ce genre. Un charmant état-major, une très bonne
table, etc., etc. Tu vois que nous ne pouvons nous
plaindre.

« Voilà donc ce fameux voyage de Syrie terminé ;
ce voyage, si dangereux pour les gens qui le font au
coin de leur feu, d'après les récits des écrivains. Ce
n'est pas un voyage à Saint-Cloud, c'est vrai, mais je
t'assure qu'avec les moindres précautions, il est moins
difficile que celui de Rome à Naples.

« En quatre-vingts heures nous voilà à plus de cent
lieues de Beyrouth. C'est ici que je commence à bien
me rendre compte de tout ce que j'ai vu d'intéressant,
de curieux, de magnifique et de nouveau ; c'est pour
le coup que la Bible devient intéressante. Au diable

les littérateurs qui n'ont su l'exalter que sur des restes de pierre, et qui n'ont pas compris que les scènes qui se représentaient ici à chaque minute sous leurs yeux étaient la représentation vivante de l'Ancien et du Nouveau Testament.

« Nos derniers jours en Syrie ont été très amusants. Soliman-Pacha nous a comblés de présents, d'amitiés, etc., etc. Enfin nous nous sommes séparés en nous embrassant comme des pauvres. Il nous a accompagnés jusqu'au bord de la mer, car il était venu de Saïda pour ne nous quitter qu'au dernier moment. Après m'avoir donné un magnifique sabre et une délicieuse giberne brodée par la *pachatte*, il m'a forcé d'accepter un admirable cheval arabe tout équipé qu'il m'enverra à Marseille par la première occasion ; en outre des pipes, des coffres de Jérusalem, etc., etc.; enfin il m'a comblé. Je lui ai riposté par son portrait à l'huile, par quelques armes et par l'assurance de lui faire jouer un grand rôle dans la *Bataille de Nézib*, chose toute naturelle, puisqu'il est évident que c'est lui qui l'a gagnée. Quant à sa personne et à son caractère, figure-toi le type de nos vieux soldats de la Révolution. Il est vrai de dire aussi que, comme eux, il s'est fait rapidement une espèce d'instruction dont il se sert avec beaucoup de bon sens. Nous avons été souvent à même de le voir la mettre en œuvre, et, comme Sancho, chacun de ses jugements était frappé si juste, que quelquefois je croyais relire *Don Quichotte*.

« Maintenant que nous tenons les bords de la mer, notre correspondance deviendra régulière, et tous les dix jours tu recevras de nos nouvelles ; et nous, une fois à Malte, nous ne manquerons plus des vôtres. Je t'assure que l'inquiétude de vous savoir sans lettres de nous est le seul tourment que j'aie ressenti pendant cette longue tournée, tournée cependant qui a été plus courte que je n'avais l'intention de la faire, mais véritablement il y a eu empêchement ; et d'ailleurs il me fallait rentrer à la maison au milieu de vous, pour reprendre nos bonnes et douces habitudes qui commencent à me manquer terriblement. Ce n'est pas cependant que nous ne soyons tous trois les meilleurs amis du monde ; mais tous, tant que nous sommes, nous sentons vivement le besoin d'embrasser les êtres que nous chérissons.

« Nous voilà ici pour huit jours; le bateau de Constantinople partant avant que nous n'ayons libre pratique il faudra donc attendre celui de la fin de la semaine. Smyrne est une ville intéressante ; je n'y perdrai pas mon temps ; les Turcs valent la peine qu'on les étudie un peu.

« Tout à toi, ton vieillard de mari à barbe blanche.

« A M. Montfort [1]. A Damas.

« J'ai passé une bonne journée, car j'ai vu beaucoup de choses différentes, qui, malgré cela, en se réunissant dans ma tête, y restent au service de la peinture. Je vous le répète, mon ami, ce pays-ci n'a pas d'époque. Transportez-vous de quelques milliers d'années en arrière, c'est toujours la même physionomie que vous avez devant les yeux. Que le canon chasse de-

---

1. Peintre, élève d'Horace Vernet, et voyageur lui-même en Orient.

vant lui des populations entières, qu'il les extermine, ce n'est que le moyen qui a changé, mais non la chose. Pharaon poursuivant les Hébreux, monté sur son chariot, soulevait la même poussière que l'artillerie de Méhemet. Les Arabes n'ont pas changé.

« Ce matin on a fait manœuvrer pour nous deux batteries d'artillerie, l'une de la garde, l'autre de la ligne.

« La seule différence qui existe entre ces deux corps est que les pièces de la garde sont attelées avec des chevaux, et celles de la ligne avec des mulets. Du reste, les hommes ne sont ni plus instruits, ni mieux choisis ; l'uniforme est de toile blanche, et le tarbouch rouge ; le matériel est à la Gribauval. Elle est fort exercée, et elle manœuvre avec une promptitude extraordinaire et une intelligence qui lui tient lieu de la correction qu'on cherche dans le Nord. En voyant ces évolutions si lestes qui paraissaient raser la terre, il me semblait lire Habacuc et ses prophéties. Vous allez rire de voir Gribauval et Habacuc contemporanisés par moi. Riez tant qu'il vous plaira ; puis songez qu'il y avait là des curieux autour de moi, des femmes, des enfants regardant avec attention aussi, mais ne voyant dans ce que nous admirions, dans ces machines de guerre, qu'une nouvelle manifestation de la volonté de Dieu, qu'un fléau d'une autre forme envoyé par lui pour les éprouver de nouveau. Que ce soit à coups de trompette ou à coups de canon que les murs de Jéricho soient tombés, le résultat est le même à leurs yeux. Voilà le tour d'esprit qui leur fait attendre avec patience un nouvel ordre de choses. Cette confiance invincible en l'avenir donne aux Arabes une expression calme, qui ne disparaît quelquefois que dans la discussion d'intérêts privés. Autrement, ils écoutent et regardent toujours attentivement leur interlocuteur, ou ce qui se passe sous leurs yeux. L'étonnement n'apparaît jamais sur leur visage.

« Après la manœuvre, nous revenons dîner chez le colonel. Là, un autre tableau de mœurs. Notre domestique fut convié au repas et placé à côté de moi, et tout le temps nous n'avons été servis que par les officiers (même supérieurs) du régiment. Le vin, qui coulait à larges bords pour nous autres mécréants, était tellement goûté par nos hôtes, qu'ils ont tout à fait oublié notre *chiennerie* chrétienne.

« Horace VERNET. »

« Smyrne, à bord du *Santi Pietri*, 14 février 1840.

« Tu vois, chère amie, que le bonheur me sert admirablement. Le *Santi Pietri* est justement le vaisseau que je dois peindre dans la *Prise de Lisbonne*. Le capitaine Siun, qui le commande, sachant que j'étais à bord du vaisseau autrichien, est venu avec son canot nous enlever au moment où nous allions *prendre pratique*, et n'a pas voulu nous laisser toucher terre. Nous voilà donc dans une auberge de 84 canons, traités avec toute la cordialité imaginable, plantés au milieu d'une flotte française et anglaise formant une armée de dix-neuf bâtiments de guerre, sur lesquels j'ai retrouvé quantité d'amis et de connaissances, entre autres l'amiral Lassus, le capitaine Robert Lefèvre, le lieutenant Lesieur, etc., etc., et deux jeunes peintres. Si je devais te dire comment je suis reçu partout, tu ne pourrais le croire. Je laisse à C... d'en donner les détails. Tu sauras seulement de moi qu'un roi ne serait pas l'objet d'une plus grande attention. Les visites me pleuvent. Le gros et beau Turc, gouverneur de Smyrne, lui-même, s'est rendu auprès de moi, ce qui a coûté au gouvernement dix-neuf coups de canon qu'on a tirés pour le saluer.

« Mais trève de descriptions sur mes jouissances d'amour-propre ; ce qui vaut mieux que ces fadaises, c'est que l'amiral Lalande, homme charmant par ses manières et ravissant par son amour pour les arts, sachant que j'avais un tableau à faire de la *Prise de Lisbonne*, a fait faire à notre bord un branle-bas de combat à feu dans les conditions voulues pour le sujet que j'ai à représenter. Quand même je saurais écrire, il me serait impossible de te donner une idée de tout ce que j'ai éprouvé dans cette grande boite à quintessence de mort, lançant de toutes parts sur l'eau ses mille flammes et obscurcissant le beau ciel bleu d'Orient de tourbillons de fumée. Dans ce moment il n'y a plus de Jérusalem, de Bible, d'Évangile, de Jacob et d'Arabes avec leurs moutons qui soient venus me trotter dans la téte ! J'étais dans l'enfer, et vois comme je suis perverti, je m'y trouvais bien !

« Cependant, au moment où je t'écris, malgré mon enthousiasme guerrier, j'ai le cœur gros. Figure-toi que deux canonniers ont eu les bras emportés ! C'est un événement qui arrive, dit-on, à chaque manœuvre de ce genre. Je me dépêche de te parler de ce fatal accident avant que la raison me revienne, et que mon enthousiasme pour tout ce dont je viens d'être témoin ne fasse place à la triste et funeste pensée qu'involontairement, sans doute, je suis cause de la mutilation de ces malheureux ! Tiens, chère amie, voilà tout ce que j'avais à te dire qui s'échappe. Je ne vois plus que ces pauvres diables. Tâchons de parler d'autre chose...

« Nous partons demain pour Constantinople ; nous y resterons quelques jours seulement, et de là nous filons droit à Paris, et le plus vite possible. Que j'aurai de plaisir à vous embrasser ! Et ce *Rabadabla*, je sais pourquoi je l'aime ; c'est qu'il est l'unité de la famille, et vous m'êtes tous bien chers, je le sens aux battements de mon cœur, toutes les fois que je songe au moment où je vous reverrai.

« Si tu trouves occasion de faire dire au roi que je m'occupe de Versailles tout en courant le monde, je pense que ça ne pourrait pas mal faire, d'autant plus que rien n'est plus vrai, le *Santi Pietri* est là pour le dire.

« Nous n'avons plus de vos nouvelles ; c'est tout simple, Fabreguette nous les garde, et dans peu de temps nous les recevrons, nous les lirons : elles nous feront bien plaisir, car j'espère qu'elles seront bonnes, très bonnes, excessivement bonnes. S'il pouvait en être autrement, je ne jouirais de rien, et je jouis de tout, comptant sur ma bonne étoile, qui est si grande qu'elle nous protège tous, et cela parce que vous êtes nécessaire à mon bonheur, et que je lui impose de me rendre heureux. Et donc, je vous embrasse, et toi particulièrement! Je te charge de baiser notre petit-fils pour grand'père qui revient de Jérusalem avec des joujoux.»

« A bord du *Stamboul*, ce 16ᵉ février 1840.

« Dans quelques heures, chère amie, nous serons à Constantinople. Nous y arrivons, comme nous l'avons fait partout autre part, par une mer magnifique et par le plus beau temps du monde; je pense que cette lettre t'arrivera au même moment que celle que je t'ai écrite de Smyrne. Mais qu'importe, je veux que tu saches que nous sommes vivants, et vivant bien cent lieues plus loin. J'ai aussi à te dire que je me suis trompé en te disant que le *Santi-Pietri* était à Lisbonne, c'était le *Trident*. C'est donc de celui-là seul qu'il faut parler au roi. J'ai pris la vue du port et de la batterie au daguerréotype.

« J'ai oublié de dire à Louise, dans le petit mot que je lui écris, que le commandant du *Santi-Pietri* est un officier qu'elle a rencontré chez sa cousine, Mᵐᵉ de Circour. Si elle ne se le rappelle pas, il se souvient bien d'elle, et lorsqu'il viendra à Paris, je dois le présenter à *Sa Divinité*.

« Quel beau voyage nous sommes au moment de terminer! Pardonne-moi, chère Louise, d'être resté peut-être un peu trop longtemps en route. Lorsque tu connaîtras le motif qui nous a fait changer notre itiné-raire, tu nous loueras. Ne me juge pas sans m'entendre, c'est tout ce que je demande.

« La fameuse ville que nous allons voir ne demande pas beaucoup de temps pour être visitée. Ainsi, par le premier bateau à vapeur français, nous partirons pour Malte, et lorsque tu recevras cette lettre nous serons déjà prisonniers, et une fois la liberté rendue, à Paris, à Paris ! Tu verras en nous trois lapins, et de fameux ! Vraiment nous ferons l'envie de tout le monde, tant nous sommes beaux, le visage un peu culotté, il est vrai.

« Je laisse la plume pour aller me coucher. »

« Constantinople, ce 19.

« Nous sommes donc dans cette fameuse ville, chère amie; je suis désappointé! Un des plus beaux points de vue du monde me joue le mauvais tour de me laisser froid comme une glace. De la fenêtre de notre auberge à Péra, je vois toute cette grande *villace*. J'ai beau me battre les flancs pour m'enthousiasmer, impossible ! Je ne vois que des maisons de bois et des espèces de grosses tours entourées plus ou moins de chandelles qu'on appelle mosquées et minarets. Mais rien de ce pittoresque, rien de cette originalité de cette belle Syrie, rien de cette habileté de l'homme qui donne du charme et fait ressortir les œuvres de la civilisation. Tout est rond, tout est mou! Enfin·je me sens énervé, et il ne faudrait pas longtemps pour que mes idées prissent du ventre, comme tous ces gros vilains Turcs que je rencontre dans les rues. Oh! les gueusards infâmes!.., Pardon de l'expression, mais je suis indigné; chers Arabes, votre vermine (quoique souvent incommode) vaut encore mieux que les parfums de vos indignes ennemis.

« Mais assez d'injures. Je veux te dire que l'ambassadeur nous a reçus on ne peut mieux ; sa maison est la nôtre. A ma première lettre je te donnerai d'autres détails. Il importe pour aujourd'hui que tu saches que tout va comme à l'ordinaire, c'est-à-dire admirablement.

« Nous visitons les bazars, où je me ruine pour vous.

« Nous allons très bien : qu'il en soit de même à Paris, alors rien ne me manquera.

« Adieu, je vous embrasse tous bien tendrement. »

« Constantinople, ce 24 février 1840.

« Il fait ici un temps affreux, chère amie ; nous devions visiter le Bosphore : impossible de mettre le nez hors de chez soi. Je suis donc dans ma petite chambre bien chaudement, et pour jouir du moment de repos auquel je suis forcé, c'est avec toi que je vais causer, non pas de ce que j'ai vu, car il m'a passé tant de choses sous les yeux, que je commence à me fatiguer; mon sac est plein, et il me tarde d'arriver à Malte pour peindre, et encore plus d'arriver à Paris pour jouir du vrai bonheur au milieu de ceux que j'aime.

« Malte, ce 5 mars.

« J'ai été interrompu, chère amie, et maintenant que nous voilà rapprochés, je ne veux plus parler d'autre chose que du bonheur que j'éprouve de me trouver aussi près de vous, car il me semble qu'il n'y a plus qu'un pas d'ici à Paris. Je vais donc vous embrasser tous ! cependant il faut encore attendre, car l'infâme quarantaine nous tient dans ses griffes! N'importe, ce n'est plus qu'une affaire de temps ; un peu de patience, et tout ira bien.

« Nous avons eu une mer de diable, mais avec nos bons bateaux il n'y a jamais rien à craindre; les mouvements en étaient si rudes pourtant, qu'il m'a été impossible d'écrire pendant la route, et maintenant il faut que je ficelle, car on prend les lettres pour les *fumiger*. Tu penses que je tiens à ce que tu reçoives ce petit mot, car, si je me le rappelle, tes inquiétudes doivent cesser du jour où nous serons ici.

« Demain nous aurons vos lettres, de vos nouvelles ! Qu'il me tarde de les lire! Vous vous portez bien, n'est-ce pas? Je n'ai rien de fâcheux à y trouver? J'en suis certain, j'en ai le pressentiment, et il ne m'a jamais trompé. Il est bientôt minuit, on vient de jeter l'ancre. La *Sanità* est déjà à notre bord pour prendre les paquets. Il faut que je donne ma lettre, mais pas avant de vous avoir embrassés tous de tout mon cœur.

« Malte, 15 mars 1840.

« J'ai trouvé ici un tas de lettres de vous. Te dire le plaisir que j'ai éprouvé en recevant de vos nouvelles ce serait vous parler de ce que vous avez senti en recevant des miennes. Vos cœurs ont battu, le mien aussi ; vous avez été forcés de vous moucher et pour cause, — moi aussi ; bref nous sommes tous contents. Il ne nous manque plus que de nous embrasser, et ce sera bientôt, car, maintenant, nous voici dans la banlieue : 500 lieues ne sont plus qu'une plaisanterie.

« Dès en entrant dans notre prison, où nous sommes en quarantaine, j'ai pris la palette et je travaille ferme à un tableau biblique; grandes figures, costumes arabes [1].

---

1. *Judas et Thamar.*

« Le 26 nous reprenons la mer. Elle qui nous traitait si bien, elle nous a donné une danse, première qualité ! Heureusement le vent par derrière et mon étoile en avant nous ont porté dans Malte en quatre jours, tandis que les misérables bateaux qui venaient en sens contraire ont été forcés de relâcher dans tous les coins de la Méditerranée. Aujourd'hui, nous n'avons plus rien à craindre ; l'équinoxe est passé, et les zéphyrs seuls se chargeront de te ramener le grand' père des Amours, c'est-à-dire le bon-papa de Cupidon *Rabadabla*. Dis-lui que je lui apporte un fameux sabre de la part de Soliman-Pacha. A propos de ce héros égyptien, t'ai-je dit qu'il m'avait comblé de présents ? Bientôt, sans doute, Marseille recevra le bâtiment porteur de toutes ces merveilles qu'Abdallah — jusqu'à présent simple *saïs*, mais transformé pour la circonstance en ambassadeur près la cour de mon écurie — doit venir déposer à tes pieds. Abdallah est un grand ami de Brigandet. Ce dernier, au dire de mes compagnons, est la perle des domestiques.

« Je vous embrasse tendrement. »

« 1er avril. (Sans poisson.)

« Dans quelques minutes, chère amie, nous touchons Civita-Vecchia et la bonne terre où bientôt nous serons tous réunis. Mon cœur fait des culbutes et bondit comme un véritable Vestris. Il est six heures du matin et, depuis deux heures déjà, je suis sur le pont pour regarder de loin ce pays où nous avons passé de si bons instants. Ce soir nous arriverons à Rome, et le 9 avril nous nous embarquerons pour Marseille, et puis,

Paris ! Nous allons débarquer. Adieu pour aujourd'hui.

« Ton fameux époux. »

« Marseille, ce 13 avril 1840.

« France ! France ! Nous y voilà donc, chère France, où nous allons tous nous embrasser. En avant, les enfants de la joie ; rabladabla, brabladabla ! Nous venons de mettre pied à terre, chère amie, je n'ai encore vu que M. Luce, qui a eu la négligence de ne pas retenir nos places. Voilà quelques jours de retard, mais compte sur notre désir de nous réunir, pour prendre le moyen le plus prompt pour nous joindre bien vite. Nous nous portons comme des charmes ; pourvu que l'impatience ne nous fasse pas amaigrir. J'en serais fameusement vexé, car nous sommes très beaux. A Rome nous avons eu toutes sortes de succès. Il est dix heures du soir. La poste part cette nuit. Je ne sais s'il y a ici de vos nouvelles. Si la poste m'en délivre demain matin et qu'elles exigent une réponse, tu auras le temps de la recevoir avant mon arrivée, car nous n'avons d'autres ressources que la diligence, et Dieu sait comment elle marchera. Le vent ne serait qu'un cheval fourbu, si lui-même voulait nous enlever d'ici pour nous porter près de vous, tant j'attends avec impatience le moment de vous serrer contre mon cœur. Allons du calme, l'ami, n'allez pas, par un emportement blâmable, détruire en un instant votre réputation de voyageur ! »

Au retour de son long voyage, le repos d'Horace Vernet fut, comme toujours, le travail.

Le musée de Versailles, alors au début de sa formation, réclamait le peintre qui fut son roi.

Civita Vecchia.

Horace acheva les trois tableaux du siège de Constantine, commencés avant son départ.

A côté on voit : l'*Attaque de la citadelle d'Anvers*, l'*Occupation du col de Teniah*, le *Bombardement de St-Jean d'Ulloa*, le *Combat de l'Abrah*, la *Prise de Bougie*, l'*Occupation d'Ancône*, l'*Entrée en Belgique*, la *Flotte forçant l'entrée du Tage*, le *Combat de Sickack*, le *Combat de Samah*, le *Combat d'El-Afram*, sans compter plusieurs portraits, des dessins, des bas-reliefs, des trophées d'armes, et des figures allégoriques pour le plafond de la salle.

Ce grand peintre était non seulement doué d'une facilité de travail, dont nous avons déjà pu juger, mais il avait en plus une mémoire surprenante, n'oubliant jamais rien de ce qui avait une fois frappé ses regards. Les moindres détails, les poses, les gestes, la figure des hommes, les particularités les plus minutieuses d'un fait, les circonstances les plus fugitives d'une action, tout se gravait, se photographiait en quelque sorte dans son cerveau ; il se rappelait au bout de vingt ou trente ans, une forme, un mouvement, une attitude.

Géricault [1] disait de lui : « Sa tête est un meuble à tiroirs. Il ouvre, regarde, et trouve chaque objet à sa place. » Cette mémoire extraordinaire fut cause de plusieurs faits surprenants, en voici un :

En 1841, Horace achevait de peindre une *Revue au Carrousel par l'Empereur Napoléon Ier*. Son beau-frère, le général Rabusson, venait souvent dans son

---

1. Géricault, ami intime d'Horace Vernet, était né à Rouen en 1791, il mourut en 1824. Son chef-d'œuvre est le *Naufrage de la Méduse*, aujourd'hui au Louvre.

atelier lui rendre visite et le regarder peindre. Un jour, il lui frappe sur l'épaule, et dit en montrant la selle d'un cheval de chasseur de la garde :

— Ah ! pour cette fois, Horace, je vous y prends ! Les fontes n'étaient point disposées ainsi.

— Vous m'étonnez beaucoup, répondit le peintre : il me semble les voir encore.

— Eh bien, vous les voyez mal ; votre mémoire vous fait défaut. Je suis du métier, corbleu !

— Sans doute, général ; mais...

— Quoi ! vous n'êtes pas convaincu ? C'est trop violent. Je vais tout exprès au dépôt de la guerre examiner les dessins, et je reviens vous confondre.

Il partit. Moins d'une heure après, il était de retour.

— Eh bien ? dit Horace.

— Vous aviez raison, que le diable vous emporte ! cria le général. C'était bien la peine de passer trente-cinq années de ma vie sous les tentes ou dans les casernes pour venir à l'école chez un teneur de pinceau !

Nous avons recueilli un fait plus extraordinaire encore.

Horace, un matin, se heurte au marquis de Pastoret sur le quai du Louvre. Celui-ci jette une exclamation de surprise.

— Eh ! que devenez-vous, mon cher ? On ne vous rencontre nulle part. Il y a des années que je ne vous vois plus. Est-ce que vous arrivez des grandes Indes ? lui demande M. de Pastoret.

— Vous plaisantez, marquis, répond Horace. Il n'y a pas plus de six mois que je vous ai pressé la main.

— Par exemple ! vous vous trompez. Où donc ?

— Au jardin des Tuileries. Une dame vous donnait le bras.

— Que je sois pendu, si vous n'avez pas rêvé cette rencontre, Horace!... Une dame ?

— Oui, une dame... fort jolie, ma foi !... Tenez; mais, au fait, je vais vous la dessiner.

Il tire son carnet, prend un crayon, jette çà et là des traits rapides sur une feuille, la détache et l'offre au marquis.

— Reconnaissez-vous la dame ? lui dit-il.

— Eh ! parbleu, oui ! c'est la duchesse de V*** ! s'écria M. de Pastoret. Je l'ai reconduite effectivement, un soir, là-bas, à son hôtel du quai Voltaire et nous avons traversé les Tuileries. Comment, diable d'homme, vous dessinez, au bout de six mois, un visage, une tournure, une toilette que vous n'avez fait qu'entre-voir !

— Oh ! dit Horace, en riant, c'est tout simple.

— Tout simple ! tout simple ! En attendant, si vous viviez au XVe siècle, on vous brûlerait pour un pareil tour. J'emporte le croquis. Au revoir, mon cher sorcier.

CHAPITRE HUITIÈME.

L A parcimonie de Louis-Philippe est bien connue, il avait la manie de marchander ; cependant il payait généreusement les œuvres d'Horace Vernet ; il est permis de supposer que, malgré cette exception, ce fut un démêlé avec la liste civile qui décida le peintre à retourner en Russie.

Justement soucieux de sa dignité, et froissé de voir l'art assimilé au métier et réduit ainsi à sa partie matérielle, il prêta l'oreille aux invitations qu'il recevait de Saint-Pétersbourg : « Le czar vous attend avec impatience, lui écrivait-on, tout le monde ici vous désire, revenez-nous, on n'entend de toutes parts que cette question : Vernet nous reviendra-t-il bientôt ? »

Le 1er juin 1842, cédant à ces instances, Horace se mit en route pour la Russie. C'était pourtant, dit Sainte-Beuve[1], une situation délicate que de se trouver, lui, peintre militaire, peintre de l'armée française et appelé comme tel, au milieu d'une cour dont la politique était si peu favorable à la France. Ses relations anciennes avec la famille d'Orléans, ses obligations particulières et connues envers le prince auquel le czar se montrait personnellement si contraire, ne rendaient pas son rôle plus aisé ; de plus diplomates que lui se seraient trouvés embarrassés à sa place : il s'en tira à merveille, avec sa droiture et sa loyauté

---

1. *Nouveaux Lundis*, tome V. Calmann Lévy.

ordinaires; nous en verrons la preuve dans sa correspondance [1] avec madame Horace Vernet.

> « Copenhague, ce 5 juin 1842.

« Nous voilà à moitié chemin, ayant fait un bon voyage. Nous avons eu un très beau temps, mais mauvaise mer, pendant quarante-huit heures, ce qui a un peu dérangé la société; chacun vomissait à qui mieux mieux. Nous n'étions que deux sur pieds.

« Quant à moi, sois sans inquiétude. Je vois que je serai bien reçu par tout ce que me disent les Russes avec lesquels je fais route.

« Aussitôt mon arrivée à Pétersbourg, je t'écrirai afin que nous sachions comment arranger notre existence jusqu'au moment où nous prendrons nos quartiers d'hiver, chacun dans une ganache à Versailles. Je commence à sentir le besoin de rester en place près de toi, au milieu de nos enfants et de nos amis. Adieu, chère amie ; nous allons prendre terre, je vais courir porter cette lettre à la poste pour revenir à bord, car le beau temps engage le capitaine à repartir sur-le-champ, je vous embrasse donc tous bien vite. »

Le 11 juin 1842, il écrit : « Me voilà à Saint-Pétersbourg, bien portant, ayant fait une bonne traversée avec de fort aimables compagnons. »

---

1. Des extraits de cette correspondance ont paru dans le journal : *La Presse* nᵒˢ des 8, 9, 10 et 11 Avril 1856 et dans les *Lettres intimes* de M. Horace Vernet pendant son voyage en Russie, — 1842 — 1843 — Fragment inédit d'une *Histoire des artistes vivants*, par Théophile Silvestre. Paris 1856 — Leipzig un vol. in-8°, 60 p. — *Correspondance et biographies de Joseph, Carle et Horace Vernet*, par Amédée Durande — 1 vol. in-12, Hetzell.

Reçu à bras ouverts par l'empereur Nicolas, qui lui dit pour premier mot : « Mon cher Vernet, êtes-vous à moi ? » Logé dans les palais du prince ou chez les premiers seigneurs de l'empire, présenté par l'empereur dans les manœuvres comme étant de son état-major, l'accompagnant dans ses voyages à l'intérieur,

L'empereur Nicolas.

traité par lui non comme un peintre, mais comme un ami, Horace sut garder son bon sens, sa franchise et sa droiture ; nous lui laissons du reste la parole. [1]

---

1. Sainte-Beuve, *Nouveaux Lundis*, tome V, p. 110.

« Saint-Pétersbourg, 17 juin 1842.

« J'arrive de Péterhoff, chère amie. Tout s'arrange comme je le désirais, sauf la tournée au Caucase, où les choses ne sont sans doute pas bonnes à laisser voir. L'empereur m'a reçu admirablement bien. Il m'avait fait dire de me trouver hier à un petit port, où il me prendrait pour aller faire une tournée en mer et me ramener ensuite au château, où mon appartement est prêt. Tu penses que je n'ai pas manqué au rendez-vous.

« L'empereur, en descendant de voiture, est venu à moi, les bras ouverts, m'a embrassé deux fois, sur mes fraîches joues, puis m'a dit : « Mon cher Vernet, êtes-vous à moi ? — Je suis libre, Sire, lui ai-je répondu. — En ce cas, a repris Sa Majesté, je vous tiens pour longtemps. Nous causerons plus tard, ne pensons plus pour le moment qu'aux fêtes qui vont avoir lieu, et quittez-moi le moins possible. » Me voilà donc avec un fil à la patte pour quelque temps, mais j'ai mes alènes, et j'espère bien utiliser mes jours de repos.

« En arrivant à Péterhoff, j'ai été pris par le prince Pierre Wolkonski, qui tient les cordons de la bourse.

« Sa première question, après la politesse d'usage, a été faite pour savoir si j'apportais quelque chose pour Sa Majesté. Je lui ai répondu non, et j'ai ajouté qu'il n'était pas dans mes habitudes de colporter ma marchandise ; que mes voyages sont pour moi un repos et une distraction; que je n'étais venu en Russie, que dans le seul but de témoigner ma gratitude à l'empereur pour ses bontés précédentes en me mettant à sa disposition, et que je le priais de donner lui-même cette assurance de ma part à Sa Majesté. »

« Saint-Pétersbourg, 26 juin 1842.

« Je t'ai écrit hier et me voici encore la plume à la main. Tu ne manqueras pas de nouvelles ; une lettre arrivera par l'ambassade, l'autre par le bateau.

« J'ai été invité hier à un petit souper de famille chez Sa Majesté l'impératrice. Il n'y avait que trois personnes admises. Malgré la simplicité de la réception qui leur a été faite et la cordialité qui régnait dans la conversation, les Allemands qui s'y trouvaient ne pouvaient digérer la barre de fer qu'ils ont avalée. Il faut avouer que les Russes ont plus d'abandon et de sociabilité que toutes ces têtes carrées.

« Je me suis amusé à causer avec les jeunes princesses, qui sont charmantes. La troisième a fait de grands progrès en beauté ; mais la grande duchesse Olga exerce toujours une grande influence sur mon cœur.

« L'empereur est d'une confiance et d'un laisser-aller qui me mettent à mon aise. Je me sens le besoin de peindre. Le prince Woronsoff me demande le portrait de sa femme à cheval, comme celui de la princesse Wittgenstein. J'ai envie de le faire : prix 25,000 francs ; et d'ailleurs la princesse est jolie. Nous verrons.

« Nous partons cette nuit pour de grandes manœuvres qui doivent durer trois jours. Il n'y aura donc que deux bivouacs, et la tente est là.

« Charles Brigandet est toujours le meilleur des serviteurs. J'en ai pris un second, comme drogman. »

« Saint-Pétersbourg, le 29 juin 1842.

« Nous arrivons des manœuvres, elles ont été superbes : soixante-dix mille hommes sous les armes, et des coups de canon comme s'il en pleuvait, et de la pluie comme si le ciel fondait. Il n'y a que les Russes capables de supporter, sans grogner, de pareilles plaisanteries. Les malheureux ! Je n'en ai pas moins profité de leur triste sort pour mettre dans mon sac les effets les plus admirables de fumée, de feu et d'eau ; nous avons un froid de tous les diables; grâce à mon bon équipage de voyageur, j'ai sans contredit souffert moins que personne.

« Mon domestique Charles Brigandet a été admirable ; je le trouvais partout ; rien ne m'a manqué, rien n'a été perdu, et tout est comme si je n'étais pas sorti de chez moi. Voilà ce qui fait de ce garçon une perle pour un coureur de pays tel que moi.

« Je renonce, pour cette année, à ma grande tournée : le moment serait peu favorable surtout dans le Caucase. Les choses ne semblent pas s'y passer de façon à ce qu'on soit ici enchanté de les faire connaître. La nouvelle d'une grande bataille vient d'arriver. On ne dit pas de quel côté est restée la victoire. On donne le nom de beaucoup d'officiers tués. Ainsi, il n'est pas difficile d'apprécier le résultat.

« Je renonce donc à mon grand voyage pour *piocher*. J'en sens la démangeaison ; ce sera un plaisir. En avant la joie ! Je me porte mieux que jamais, j'ai cinquante-trois ans aujourd'hui ; mais je me sens encore si jeune que j'ai envie de demander à l'empereur d'entrer dans le corps des cadets. »

« Saint-Pétersbourg, 1er juillet 1842.

« Je me borne maintenant à observer les changements qui ont eu lieu ici depuis mon premier voyage (1835). Il y en a de singuliers, entre autres celui qui s'est opéré en faveur du roi Louis-Philippe parmi la noblesse, ce qui peut expliquer la mauvaise humeur de l'empereur Nicolas. Je ne serais pas étonné qu'il se mitonnât quelques farces à la façon de Barbarie. Ce pays-ci est partagé en deux, il n'y a pas d'intermédiaire qui puisse amortir les coups du marteau sur l'enclume. Jusqu'à présent le marteau a été fort ; mais petit à petit le manche s'use. Les esclaves s'enrichissent, la noblesse se montre abusive, et déjà bien des seigneurs n'osent plus aller dans leurs terres. Dans le fond il n'y a pas une très grande différence entre le gouvernement de la Russie et celui de Méhémet-Ali. On est ici comme en Égypte, sur une boursouflure qui crèvera. Cette formidable armée demandera un jour à combattre d'autres ennemis, et plus elle fera de conquêtes, plus elle prendra son pays en horreur.

« Je viens d'assister à de grandes manœuvres ; on ne peut se faire une idée des souffrances endurées par ces malheureux soldats. Le second jour, les bois étaient jonchés de ces misérables, couchés dans la boue sans pouvoir remuer leurs membres. Les officiers eux-mêmes, plus ou moins pris par la dyssenterie, offraient le plus navrant tableau de l'obéissance passive. Pas un murmure : mais que ne lisait-on pas sur leurs visages ? Il faut de la gloire ou du moins beaucoup d'argent pour décider des hommes à accepter, même momentanément, une pareille existence. Est-il possible de croire qu'ils résisteraient longtemps au désir de reprendre leur liberté, quand ils n'ont en vue aucune compensation aux maux dont ils sont accablés ?

« Pour me consoler du spectacle de tant de misères, j'ai voulu visiter quelques-uns des établissements fondés par le gouvernement pour l'instruction des laboureurs, des forestiers, etc. Rien n'est plus beau que le principe ; mais là, comme ailleurs, apparences vaines, vide, boursouflure, bâtiments énormes, administration nombreuse, discipline de fer et de bâtons, résultats qui au premier coup d'œil semblent passables, mais en réalité nuls pour le peuple, et d'ailleurs absorbés d'avance par les privilèges de la couronne. Les besoins de l'État sont tels que du jour où la plus petite industrie ne lui rapportera rien, la culbute sera inévitable. Ce qui fait la force de la France c'est qu'elle ouvre un libre champ à toutes les capacités.

« J'ai eu ce matin à ce sujet un long bavardage avec F... Nous ne sommes pas tout à fait du même avis, mais comme tous les Russes, il croit que tous les hommes ne se ressemblent pas et que la terre est faite pour être balayée par les uns, afin que les autres s'y promènent plus à l'aise. Un jour viendra où F... sera détrompé.

« Demain je retourne à Péterhoff me relancer dans le tourbillon. J'y trouverai sans doute le roi de Prusse. Donne-moi de tes nouvelles poste-restante, car toutes les lettres vont tomber chez un M. Vernet, peintre, qui me les fait passer exactement, mais je perds trois jours avant de les recevoir. »

Nous passons sous silence une lettre datée de Saint-Pétersbourg, juillet 1842, dans laquelle il n'est question que d'un voyage avec la cour, et de la bienveillance du czar pour le grand peintre.

Dans la suivante, nous avons une nouvelle preuve de la constante sollicitude d'Horace Vernet pour sa chère famille.

« Saint-Pétersbourg, aux îles, 10 juillet 1842.

« M. P***, qui est rappelé en France, se chargera de plusieurs petites choses pour Horace (un des petits-fils de l'artiste), des armes et des costumes.

« Le comte de Voyna, ambassadeur d'Autriche, m'a rapporté une longue conversation que l'empereur avait eue sur mon compte avec le roi de Prusse, et dans laquelle il avait fait l'éloge de mon caractère et de la fermeté de mes opinions. — « Nous ne sommes pas toujours du même avis, a-t-il dit, c'est pourquoi je l'estime ; les hommes francs sont rares. » — Ces mots me sont venus par plusieurs personnes.

« Nous venons de faire encore trois jours de campagne, mais pour cette fois le temps était admirable. A la fin de la première journée a eu lieu ce qu'on appelle un thé militaire, c'est-à-dire une réunion de tous les officiers supérieurs régalés par Sa Majesté dans un jardin rustique. J'ai été encore ici l'objet de l'attention générale. L'empereur, après m'avoir tenu la main pendant longtemps, et m'avoir parlé de tout ce qui s'était passé pendant les manœuvres, s'est retourné pour dire : « Messieurs, Vernet fait partie de mon état-major, et je mets à l'ordre qu'il sera libre de faire tout ce que bon lui semblera dans le camp. »

« Aussi irai-je y passer huit jours, et ce ne sera pas pour moi du temps perdu.

La mort du duc d'Orléans, 13 juillet 1842, tomba comme un coup de foudre au milieu de la cour de Russie, la veille d'une fête que l'on contrecommanda ; Horace Vernet sentit à l'instant ce qu'il devait à sa reconnaissance et à ses devoirs envers le chef de la famille d'Orléans. Il exprima au czar son désir de faire une courte visite en France; l'empereur eut à cette occasion des paroles de sympathie pour le roi et le père malheureux, et il autorisa Horace Vernet à les redire. C'était une grande joie pour ce peintre si français d'être le porteur de ces paroles affectueuses, au moment où les deux puissances étaient loin d'être en rapports d'amitié. Voici les détails de la soirée qu'Horace passa au palais, la veille de son départ[1].

« L'empereur, dit-il, traversant la foule est venu me prendre, il m'a emmené dans une embrasure de fenêtre et m'a dit : « Voilà encore votre malheureux roi éprouvé par un coup plus terrible que tous ceux qu'on a tirés sur lui. La mort du duc d'Orléans est une perte énorme, non seulement pour son père et pour la France, mais encore pour nous tous. Est-il possible de compter sur une régence qui peut s'établir en France au moment où rien ne sera encore préparé ? Car comment préparer une chose qui dépendra des circonstances dans lesquelles elle se présentera ?...

1. *Joseph, Carle et Horace Vernet*, par Amédée Durande ; et Sainte-Beuve, *Nouveaux Lundis*, tome V, p. 114.

Et comme je lui exprimais mon désir de faire une visite en France, l'empereur me répondit, les larmes aux yeux : « Allez, vous ferez ce qu'un galant homme doit faire ; si vous voyez le roi des Français, dites-lui bien que je partage tout son malheur ; que personne plus que moi ne peut le comprendre davantage, car je lui dois de connaître le bonheur dont vous me voyez jouir chaque jour ; dites-lui tout ce qui pourra le convaincre de l'estime que j'ai pour ses grandes vertus et pour la fermeté de son caractère.

« L'empereur me tenait la main, nous sommes restés quelques minutes sans prononcer une parole, en proie à la plus vive émotion, et lorsque j'ai pu parler, je lui ai demandé s'il m'autorisait à répéter textuellement cette conversation. Il me répondit sur-le-champ sans hésiter : « Non seulement je vous y autorise, mais je vous en charge. Si d'autres choses...... » Il n'a pas achevé. »

Horace revit donc Paris, et eut avec Louis-Philippe une longue entrevue. Six semaines après il reprenait la route de la Russie, chargé confidentiellement par le roi de paroles amicales et de propositions conciliantes pour le czar ; mais ses négociations avortèrent par la force des circonstances.

Le même accueil chaleureux l'accueillit à Saint-Pétersbourg. Vernet accompagna d'abord l'empereur dans le midi de la Russie, voyage selon son goût, c'est-à-dire rapide comme le vent ; mais reprenons son intéressante correspondance.

—:|:—

« Moscou, 15 septembre 1842.

« Me voilà donc encore une fois en route. Les mêmes chances de bonheur me suivent. Le temps est superbe.

Moscou. — Le Kremlin.

Quant aux commodités du voyage, je ne t'en parle pas. Je serais prince du sang que je ne serais pas mieux installé.

« Je suis monté en voiture six heures avant l'empereur, afin de pouvoir m'arrêter à Novogorod, où je vou-

Moscou. — La place rouge.

lais voir une église pittoresque et qui date de 900.
Les portes sont en bronze sculpté venant de Constantinople. Cette *antiquité* est curieuse par le mélange du

sacré et du profane. Au reste, elle n'a rien de remarquable. Les peintures grecques qui décorent l'intérieur sont bien conservées ; mais ce qui distingue l'édifice, c'est surtout son aspect bizarre : il semble être fait de tubes, les uns creux, les autres pleins, superposés de manière à ce que les vides portent sur les solides. Là, l'empereur m'a rejoint.

« Nous nous sommes arrêtés au-delà de Toula pour voir manœuvrer quatre régiments de cavalerie, et le soir nous étions de retour à Moscou.

« Nous avons eu un épisode intéressant, c'est un dîner d'auberge.

« Nous courions comme le vent. Tout à coup l'empereur s'arrête, entre dans un *bouchon*, et au bout de cinq minutes, nous fait dire de venir dîner.

« Figure-toi une petite chambre de bois, une table, quatre chaises, deux chandelles, un autocrate, deux généraux et un peintre mangeant la soupe aux choux, et causant familièrement.

« On a parlé de Constantinople, de la Syrie, de l'entrée des Français à Moscou, dont nous touchons justement le trentième anniversaire. Je t'assure que la conversation était attachante : si je n'y avais moi-même pris part j'aurais cru rêver.

« Aujourd'hui, après l'adoration des images, l'empereur a visité un palais qu'il fait construire au milieu du Kremlin. C'est un monument gigantesque de style byzantin, parfaitement bien compris et en rapport avec le reste des constructions qui l'entourent. Voilà du moins ici de l'architecture nationale, car il y a aussi un peu de tartare dans les détails ; ça n'en va que mieux,

par la raison que l'exécution barbare a disparu et a fait
place à tout ce que les progrès de la civilisation ont
apporté d'améliorations.

« Koursk, septembre 1842.

« Depuis Moscou, chère Louise, je passe d'admiration en admiration. Ici, ce n'est pas sous le rapport du
pittoresque, car le pays n'est qu'ondulé et dépouillé
d'arbres; mais la terre est si fertile, et les récoltes sont
d'une richesse fabuleuse. C'est ici comme dans nos plus
belles provinces de la France. Quand la population
russe sera assez nombreuse pour cultiver avec plus de
soin, je ne sais si on pourra trouver dans le monde
une contrée pareille.

« Il faut que cet aspect agricole m'ait beaucoup
frappé pour que j'en parle, car je suis peu sensible à
ce genre de beauté. D'autres spectacles me touchent
ordinairement bien autrement. J'ai bellement de quoi
satisfaire ici mon goût pour les soldats. Je suis au milieu d'une colonie militaire : quatre-vingt-deux escadrons de dragons ont défilé ce matin, et malgré mon
peu de penchant pour ce corps spécial, je me vois forcé
de lui rendre justice. Il faut dire aussi qu'il n'y a que
la Russie capable de monter une telle cavalerie. J'ai
vu plus de dix mille chevaux ce matin, il n'y en a pas
un qui ne passât chez nous pour un très beau cheval
d'officier. C'est une nouvelle organisation due au génie
de l'empereur. Je brise les éloges, car, si je voulais
tout dire, je n'en finirais pas. Tu préfères que je te
parle de moi ? Eh bien, je me porte à ravir : nous
avons un temps du mois d'août. Lorsque nous ne cou-

rons pas comme le vent, nous séjournons dans de très jolies villes, toujours presque neuves, car les incendies ne leur laissent guère le temps de vieillir ; c'est une calamité, mais tout étant bâti en bois, ils sont à peu près inévitables. Pourtant l'empereur a visité avec

Cavalerie russe. — Les chevaliers-gardes.

moi à Toula, d'admirables constructions en brique et en fer, destinées à la fameuse manufacture d'armes détruite il y a quelques années. Je ne connais pas, même en Angleterre, d'établissement aussi considérable et surtout aussi beau. Les ingénieurs sont certainement des gens de mérite, mais aussi quelles ressources l'empereur ne met-il pas à leur disposition !

« L'empereur est pour moi ce qu'il a toujours été, d'une bonté parfaite. Qu'ai-je fait pour lui ? Rien encore, et il me traite comme s'il me devait de la reconnaissance et à l'égal de tous les personnages qui l'entourent. Je ne me laisse pas aveugler. Tu me connais assez pour savoir que je vois juste. Je te répète donc ce que je soutiens depuis longtemps, c'est que l'Europe a la plus fausse idée du caractère de Sa Majesté. »

« Élisabethgrad, 30 septembre 1842.

« Que je te parle du pays que je parcours ! Depuis Moscou jusqu'ici, je n'ai vu que de grandes plaines toutes plates et coupées de distance en distance par des ravins, des rivières ou des fleuves, le Volga, le Dnieper, etc. Une foule de tumulus disent au passant : *Ici on a combattu.* Vainqueurs et vaincus dorment ensemble ; l'herbe pousse à la fois sur le corps du Tartare, du Polonais, du Suédois et du Cosaque.

« Il y a une de ces buttes qui m'a fait battre le cœur. Elle est surmontée d'une grande croix sur laquelle est écrit :

« Quant à Pierre, sachez qu'il ne tient pas à la vie, pourvu que la Russie vive, ainsi que la pureté de votre foi, votre gloire et votre postérité. »

« En lisant ces mots deux grandes ombres m'ont apparu ; Charles XII et Napoléon, Pultawa et Waterloo !

« Chère amie, mon pauvre cœur s'est serré au sou-

Uniformes de l'infanterie russe.

venir qui rapproche ces deux champs de bataille où

deux grandes gloires se sont brisées. Ici du moins,
les ennemis dorment ensemble sous le même monti-
cule d'où semble s'élever cette voix : « Après nous la
paix ! » — Mais le sol de Waterloo est couvert de monuments qui n'attestent que la défaite des Français
et le triomphe des ennemis. Aucun signe ne marque
la place où reposent les restes de nos bataillons ; mais
l'univers sait qu'ils sont tombés avec une égale valeur
d'une extrémité à l'autre de ce champ funèbre, et qu'ils
se sont ensevelis eux-mêmes d'un élan héroïque dans
l'immortelle admiration des peuples.

« Déjà nous sommes dans un pays qui porte un
nouveau caractère ; les Juifs commencent à se montrer
en grand nombre. Ma bible à la main, je les retrouve
partout, mais vils, sales, malades, riches et rampants.
Le costume turc reparaît parmi les femmes, et lorsque
nous serons sur la frontière de la Moldavie, je retrouverai toutes les habitudes de mes chers Orientaux, que
j'aime chaque jour davantage. Plus je vieillis, plus le
passé me charme et plus l'avenir me semble court.
Préparons-le pourtant le mieux possible. Je me porte
comme un charme. Je fais mon métier d'hirondelle
comme à vingt ans, et depuis mon départ de Saint-
Pétersbourg, j'ai vu deux cent quatre-vingt-quatre
escadrons.

« Saint-Pétersbourg, 22 novembre 1842.

« Me voici installé chez le maire ; j'ai un vilain escalier, un véritable casse-cou : le reste n'est pas mal.
D'ailleurs, je me trouve bien de tout, excepté des re-
tards de la poste, car malgré tout, je ne tiens pas encore

ta lettre partie par l'ambassade de Russie. Il ne leur faut pourtant pas grand temps pour lire notre correspondance : et qu'ont-ils à y apprendre ?

« Je te recommande seulement de bien former ton écriture, afin qu'il n'y ait pas de lettres équivoques. Il faut écrire lisiblement. Quant à moi, j'ai beau faire, je n'y parviens pas ; j'espère que tu remarqueras pourtant que je fais en ce sens des efforts et peut-être des progrès.

« La peinture de Ingres joue un rôle qui ne le ferait pas rire, s'il savait comment on l'arrange ici. Quoique je n'aie pas partagé l'enthousiasme que cette peinture a excité à Paris, j'ai toujours soutenu le talent de l'homme. Son école peut être fatale ; mais il n'en résulte pas moins qu'il est lui-même, malgré les inspirations qu'il pille chez les anciens.

« Pour la première fois de ma vie, chère amie, à cinquante-trois ans, me voici seul, forcé de m'occuper de tout. C'est toute une éducation nouvelle pour moi. Il faut qu'elle se fasse : mais non sans apporter, je le crains, quelques modifications à mon caractère ; pourvu que ce soit en bien encore ! Pendant les cinq mois que je viens d'employer à faire 3,400 lieues, sans avoir eu pour ainsi dire l'occasion d'échanger une parole avec un ami, j'ai eu le temps de penser à fond sur l'avenir. Je vais faire l'application d'une nouvelle existence dont la gravité ne m'effraye pas trop. J'y suis préparé par la solitude où je me suis trouvé pendant ma dernière tournée. Tout seul dans ma voiture, ou dans ma chambre quand nous logions quelque part, je ne trouvais à placer un mot qu'au dîner, le reste du temps se

passait à traverser la manœuvre au milieu du bruit, de
la poussière, et de la fumée du canon, à suivre l'inspection des écoles, des hospices, etc., etc. Il n'y a dans
tout cela que matière à observation, mais sans commu-

Artillerie russe.

nication possible d'idées. Nous verrons quel sera le
résultat de mes réflexions; je ne doute pas qu'il ne soit
bon sous certains rapports : je n'ai point encore oublié
de peindre. Comme je te l'ai déjà dit, j'ai vu des choses

admirables dont on n'a nulle idée en France. Tout ce qui peut se faire ici sans le concours de l'opinion du pays et par la volonté d'un seul homme, est parfaitement organisé. Aussi l'armée, les écoles, les hôpitaux, sont établis sur un pied de régularité extraordinaire et même luxueux. Il n'en est pas en tout de même. La justice me paraît surtout de toutes les institutions la plus déréglée. Sur les milliers de pétitions et de réclamations qui ont été remises à l'empereur pendant son voyage, plus des trois quarts lui étaient adressées à propos de dénis de justice commis par les tribunaux. Peine perdue ! L'empereur ne peut pas tout lire. On lui présentait bien tous les soirs un rapport général, mais l'opinion du rédacteur fait toute la destinée de la cause du pétitionnaire. Le plus souvent le rapporteur, accablé de fatigue, ne prend pas la peine de lire la supplique jusqu'au bout et pourtant l'affaire se trouvait jugée en dernier ressort. Trop heureux celui qui n'était pas encore la victime de la vénalité !

« Voilà où en est l'empereur qui veut absolument être l'arbitre de tout ce qui se fait, même en détail, dans son empire. Plus le pays tend à se civiliser, plus les questions difficiles se multiplient et plus l'astuce des populations se développe et tend à éluder la loi.

« Je te donne la liste des gouvernements par lesquels nous sommes passés : Foula, Orlov, Koursk, Ukraine, Catherinoslav, Tauride, Kherson ; un coin de la Bessarabie pour voir Bender et la Moldavie ; puis nous sommes rentrés en Podolie, Valnesk, grand-duché de Varsovie, Grodensk et Valnensk. Tu verras sur la carte que c'est une promenade assez longue. Je n'ai pas tenu à voir Odessa, qui n'a rien d'intéressant pour un peintre.

« Comme je crois te l'avoir dit, j'avais une très bonne calèche, six chevaux, Charles à côté de moi et un domestique parlant russe sur le siège. Mes bagages étaient dans des nécessaires fermant à clef ; une cantine qu'on garnissait chaque jour, au moment où nous nous arrêtions pour dîner, afin d'avoir à *grignoter* jusqu'au lendemain, car nous ne faisions qu'un seul repas. L'empereur est très sobre ; il ne mange que de la soupe aux choux, dans laquelle il y a du lard et de la viande, un peu de gibier ou de poisson, de petits concombres salés, et il ne boit que de l'eau. Pour moi je buvais du vin ; quant au reste, je m'en accommodais très bien. Lorsque nous séjournions, la cuisine était plus recherchée ; on se piquait de nous faire manger le sterlet, l'outarde, l'élan, etc... Lorsque nous nous arrêtions dans un lieu où étaient quelques maisons réunies, on nous logeait militairement chez les bourgeois. Alors il n'y avait rien d'assez bon : il suffisait d'être de la suite impériale pour qu'on mît tout en l'air ; pour moi, en particulier, j'étais toujours le mieux partagé (sauf le gros bonnet), par la raison que mon nom était connu partout et que le « *célèbre Horace Vernet* » était l'objet de la curiosité et le point de mire de tout ce qui est resté ici de vieux prisonniers français. La plupart sont des instituteurs ou l'ont été, de sorte qu'il n'y en avait pas un qui ne m'arrivât avec une bande de jeunes gens. Les uns me disaient : « Monsieur, je vous croyais gros ». Les autres : « Je me figurais que vous étiez grand ». Enfin j'ai passé à l'inspection de la grande et de la petite Russie ! j'écris à bâtons rompus. Voilà ce que c'est que le combat de plusieurs idées dans une tête de peintre. Chacune veut sortir la première, la foule se presse à la porte pour sortir, comme d'une salle de spectacle où l'on crie : « Au feu ! » N'importe, arrange-toi comme tu voudras. Figure-toi remettre en ordre mon atelier, alors il est probable que ce que j'écris deviendra intelligible.

« Dis à Louise que je la remercie des détails qu'elle me donne sur nos chers petits-enfants ; elle me fait vivre avec eux ; je les vois se promenant bras-dessus bras-dessous, en costume de cocher russe, et s'embrassant comme deux frères qu'ils sont. Je ne me figure pas la conversation, puisqu'il y en a un qui ne parle pas. »

« Saint-Pétersbourg, 26 décembre 1842.

« Vingt heures de nuit, quatre heures de jour malade, voilà, chère amie, à quoi on en est réduit ici ! Comment peindre ? comment vivre ? comment ne pas mourir d'ennui ? Avec ça dix-neuf degrés de froid, et l'espoir de voir bientôt doubler la dose. Il faut dire à la vérité que le froid est le plus petit des inconvénients du pays. Il n'y a que le nez qui en souffre, on a chaud partout, tant on a l'habitude de se prémunir contre la rigueur de l'hiver. Je n'ai de vraie jouissance que celle du traîneau ; mais comme je ne sors que de nuit, mon bonheur ne dure que le temps d'aller d'une maison à l'autre. Je dîne presque tous les jours en ville ; le soir je vais dans le monde, et tous les jours la même chose ! C'est au pied de la lettre, car il n'y a pas la moindre variété : qui a vu un salon, les connaît tous ; qui a mangé un dîner, connaît toutes les cuisines ; qui a entendu une conversation, n'a plus rien à attendre de nouveau pour le lendemain. La manie des fauteuils est poussée à l'extrême dans toutes les maisons. En entrant dans un salon, il faut commencer à évoluer pour arriver jusqu'aux maîtres, passant par-dessus toutes les jambes qui se croisent dans tous les sens, et une fois bloqué dans un coin, c'est le diable pour en sortir. Peu de gens se tiennent debout. Il n'y a pas de cheminée, comme chez nous, pour point de direction. C'est un *méli-mélo* de dos et de visages qui rend impossible de parler à d'autres qu'à la personne qui vous regarde. Si c'est une jolie femme, pour lui plaire, il faut dire ou entendre dire du mal des autres. Si elle est laide, c'est le monde entier qui ne vaut rien. Excepté la famille impériale dont on fait constamment l'éloge, la conversation n'est autre chose qu'un cancan perpétuel, sans rien de piquant, par la raison que tous les Russes ont la même éducation, poussée au même degré, et que leur indolence naturelle ne va jamais au-delà de la dose indispensable. Tu juges qu'on a bientôt assez d'une semblable nourriture. Pour ce qu'on appelle les *gens du monde*, c'est une si triste uniformité qu'il n'y a pas même matière à observations. La première est faite comme la dernière sans qu'il soit possible d'y ajouter une nuance. Quelquefois je me dis : « C'est que tu es vieux et que tu ne portes plus à ce qui se passe autour de toi le même intérêt, que lorsque tu prenais une part active dans les petites intrigues de la société. » Mais non, je vois beaucoup de jeunes officiers, d'hommes de tous les âges, des diplomates de tous les pays ; personne n'a d'animation ; chacun a l'air d'être gelé jusqu'au menton. »

« Saint-Pétersbourg, 5 décembre 1842.

« Tu as sans doute reçu une lettre de moi, dans laquelle je te parlais un peu comme un homme découragé. Dans le moment, je ne puis le nier, j'étais sous l'influence du désordre d'un changement d'habitude ; ma vie vagabonde et turbulente ne me permettait pas d'écouter tout ce que mon cœur me disait sur le bonheur de la vie de famille. C'est une fois rentré dans une chambre, dite la mienne, que la chanson de : *Ous qu'on peut être mieux ?* etc… est venue me faire comprendre que toutes les branches manquaient à mon vieux tronc. J'ai été quelques instants sous une fatale influence. Je ne me croyais plus bon à rien. Le soleil de sculpture et le ciel de terre glaise de Russie n'étaient pas le moindre des sujets de tristesse qui me travaillaient. Je voyais luire cependant, au fond de toutes mes lourdes et tristes pensées, le n° 56 de la rue Saint-Lazare. J'avoue que l'idée d'aller m'y ragaillardir, me tourmentait furieusement ; mais une circonstance heureuse est venue remonter mon courage. Le comte N*** m'a enlevé de mon triste appartement pour m'installer chez lui. Sa famille est comme la nôtre : père, mère, enfants, gendre et petits-enfants, tout est dans la même boîte. L'aspect de tant de gens heureux m'a rappelé tout le bonheur dont j'ai joui, et rendu l'espoir d'en jouir encore, après avoir rempli le but que je me suis imposé d'atteindre, je suis comme un enfant de la maison. Tout le monde chante, danse, s'embrasse : il n'y a qu'à ce dernier amusement que je ne sois pas appelé à prendre ma part. Du reste, le tableau de cette réunion de gens heureux me donnera la force d'attendre le moment où nous nous embrasserons tous, et je reprends courage.

« Depuis quelques jours, succèdent aux ennuyeux cercles dont je t'ai donné une idée, de très beaux bals. Les Russes ont plus d'esprit dans les jambes que dans la tête, et du moins il y a du mouvement dans les salons.

« J'avais oublié de te dire que la comtesse Salagoup, fille du comte Veil, a une petite-fille d'un an et que cette enfant m'adore. Je ne la prends pas dans mes bras que nos chers petits ne viennent me traverser la pensée. Il me semble les embrasser, et quand je sens de petites mains empoigner mes moustaches, les larmes me viennent aux yeux, non par la douleur que j'éprouve, mais par le souvenir qui me reste des caresses de ces messieurs. Tu me fais bien de la peine en me disant qu'Horace tient mal sa plume. Cependant si le fin est *plus mieux* que le gros, je ne vois pas qu'il y ait grand mal. J'attends une lettre de lui en réponse à celle que j'ai eu l'honneur de lui adresser. Dis à sa mère, qui est à cheval sur les devoirs des enfants et sur le respect qu'ils doivent à leurs grands-parents, qu'elle l'invite à ne pas oublier les convenances. Pour Philippe, le pauvre chéri ne me connaît pas encore. Il ne sait pas que loin de lui il y a quelqu'un qui l'aime tendrement. Quand irai-je donc le lui apprendre ?... Parlons d'autre chose.

« Il est dix heures, le jour vient. Je vais prendre la

palette et jouer à colin maillard avec mes brosses. Adieu. »

« Pétersbourg, 19 décembre 1842.

« Je reçois une bonne grande lettre de Louise, chère amie. Chaque jour, le bonheur de recevoir de vos nouvelles me devient plus précieux ; car, chaque jour, je sens plus vivement combien il est pénible d'être loin de toutes ses affections. Jusqu'à la peinture qui me fait faux bond ! Depuis près de deux mois, nous vivons ici à tâtons. Le soleil brille comme un paquet de chandelles dans du papier gris, et le gredin a cependant assez de chaleur pour liquéfier tous les matins deux pieds de neige.

« Le délicieux traînage a disparu. On ne fait plus que naviguer dans une espèce de *granite* à la napolitaine [1], qui ne vous permet pas d'éviter les trous et les bosses d'un effroyable pavé défoncé partout. J'ai les reins cassés des culbutes et des soubresauts que je fais toutes les fois que je mets le nez dans la rue. On dit que les grandes gelées vont venir, que le ciel alors sera clair. Que ce moment arrive donc ! En attendant, nous venons d'avoir les fêtes de la Saint-Nicolas. C'est fabuleux de luxe et de magnificence ! La messe et le baise-main sont d'une somptuosité dont rien n'approche nulle part. Tout est argent, or et diamant. Le nouveau palais d'hiver ne le cède en rien à tout ce que j'ai pu voir. Je connais toutes les cours de l'Europe. Certainement celle-ci l'emporte sous tous les rapports, c'est-à-dire pour ce qui frappe les yeux. J'ai fait pour

---

1. On appelle *granite*, à Naples, une espèce de sorbet glacé, demi fondant, qui se boit plutôt qu'il ne se mange.

la fête de l'empereur un petit *Napoléon à cheval*, qui a eu du succès. Comme à l'ordinaire j'ai été l'objet d'une attention toute particulière de la part de Sa Majesté, qui me place toujours parmi son état-major. La famille impériale me comble d'affectueuses distinctions. Enfin, ce matin, j'ai vu arriver un admirable trotteur attelé à un confortable traîneau en peau d'ours, comme souvenir de la Saint-Nicolas. J'ai dû donner cent roubles de *bonne main*, ce n'est rien ; mais l'embarras est de savoir ce que nous ferons de cet équipage. Il y a des choses plus difficiles à arranger dans le monde. Ainsi, réjouissons-nous !... Je me sens plus en joie qu'il y a deux jours, par la raison que nous avons 18 degrés de froid et que le soleil est venu montrer son nez à l'horizon, toutefois comme un homme dans la foule, qui vient regarder de bien loin ; n'importe, je l'ai vu éclairant les cheminées ; il n'est donc pas mort ; il a dû être bien malade, car il était pâle.

« Ce 30.

« Cette lettre te sera remise les premiers jours de janvier; je veux qu'elle vous porte mes vœux de bonne année. Vous aurez pensé à moi, je n'en doute pas. Il y a trois ans, j'étais éloigné de vous à la même époque. Du moins, à minuit, quoique au fond de la Syrie, j'avais quelqu'un à embrasser. Avec ce cher Charles nous pouvions prononcer les noms de ceux que notre cœur allait rejoindre par la pensée, mais ici!... rien. Personne ne saurait partager mes regrets de n'être pas là, pour jouir en famille de cette union de sentiments réciproques qui fait le bonheur du présent et la sécurité de l'avenir. Chère amie, dis-leur bien

que je les aime de toutes les forces de mon âme,
grands et petits, baise-les tous jusqu'à t'en user les
lèvres et qu'ils te rendent ces caresses pour moi.

« 14 janvier 1843.

« ... Il n'y a plus de neige, les rues sont lavées par
une petite pluie fine, qui ne discontinue pas. Saint-
Pétersbourg ne s'approvisionne l'hiver que par le traînage, et, le jour de Noël, tous les marchés sont
encombrés de viande, de poissons et de volailles
gelées. Ces provisions se conservent jusqu'au carême.
Par malheur, un dégel vient de fondre à l'improviste
sur nos têtes, et en même temps sur tous les comes-
tibles, qui ne sont plus que des charognes. C'est une
véritable désolation. Le premier jour, rien n'est si curieux que cette foire, j'y suis resté une matinée. Figure-toi des rues formées de bœufs, de moutons et de
cochons empilés les uns sur les autres, raides comme
du bois, et qu'on démolit à grands coups de hache.

« C'est un spectacle des plus bizarres, surtout quand
vient la nuit ; tous ces corps morts s'éclairent avec des
chandelles : les marchands sont assis dans le ventre
d'un bœuf ou sur le dos d'un porc.

« Chacun d'eux vous *agrippe* par votre habit, pour
vous vendre sa marchandise. Ils crient tous à la fois ;
dans ce tumulte, j'ai été pris regardant avec un air
d'intérêt une immense truie environnée de tous ses
marcassins, qui comme elle gisaient morts sur le pavé.
On a sans doute supposé que je voulais faire emplette
de cette Niobé : sur-le-champ j'ai été entouré d'une
foule de compagnons de saint Antoine, qu'on voulait

me faire acheter en me vantant leur beauté comme
s'ils eussent été de petits amours.

Saint-Pétersbourg. — Le pont Nicolas.

« Ne pouvant pas m'expliquer, je me suis retiré, en
faisant bonne contenance, jusqu'à mon traîneau, mais
là je devais succomber. Je n'y suis pas entré seul, la

malheureuse truie m'avait suivi, on l'avait mise à mes côtés sans exiger de paiement. Tu juges de mon embarras ; impossible de me faire comprendre par un gendarme qui était là. J'ai dû prendre le parti de m'en aller avec la truie pour compagne. Arrivé à la maison, tout le monde m'attendait dans le vestibule.

« C'était le fils Vielhorski qui, m'ayant découvert flânant dans le marché, avait dit à un de ses paysans de me faire cadeau de cet intéressant animal. La plaisanterie n'était pas mauvaise de me faire voyager côte à côte avec une grande bête qui dominait ma taille de plus d'un pied. J'en ai été quitte pour une tache à mon pantalon. La peau d'ours de mon traîneau sentait aussi le cochon grillé.

« La famille dans laquelle je trouve une si bonne hospitalité, est dans la joie d'un mariage qui vient de s'arranger pour une des filles. C'est un vrai plaisir pour moi de voir des gens heureux les uns par les autres, moi qui suis si isolé ! Tu ne peux te faire une idée de l'harmonie qui règne entre eux ; ils vivent comme nous en communauté. Le père est un homme fort instruit, grand seigneur et bon vivant. La mère, qui a été ravissante, est passionnée pour la retraite, depuis qu'elle a dû se vouer à l'éducation de ses filles. Elle est devenue sévère et dévote ; mais elle n'en conserve pas moins tout ce qu'il faut de chaleur d'âme pour aimer tendrement les siens et s'en faire aimer. La fille cadette est mariée depuis deux ans ; celle-là est blonde, assez jolie, faisant de la musique et de la peinture, n'allant pas au spectacle par sévérité de principes et ne lisant de la littérature moderne que les lignes écrites par son mari. Celui-ci est un grand jeune homme à grosse tête déprimée, jouant assez fort, mais bon gentilhomme, et ne riant que de ce qu'il dit. Les autres sœurs sont brunes. Elles promettent davantage de payer un jour leur tribut à la société ; mais fermes dans la voie du Seigneur, et ne supposant pas qu'une honnête femme puisse lire autre chose que l'*Imitation*. Le plus jeune de la bande, c'est un frère, grand et beau garçon, visage frais, esprit très cultivé, d'une bonté et d'une douceur angéliques, scrofuleux et par suite boiteux. C'est l'héritier de la famille, l'aîné des fils étant mort. Le reste de la maison, qui complète la table au dîner, se compose de gouverneurs et de gouvernantes. Les premiers, heureux de quitter les livres, jouent de la flûte et de la clarinette. Les gouvernantes : l'une, Anglaise, semble du temps de Clarisse, elle porte des lunettes vertes et un chapeau gris ; l'autre, Polonaise, est (comme disait feu le comte de Forbin), un torchon pastoral, poussant des soupirs à renverser les meubles ; puis une Allemande, qui mange, mais qui mange à faire trembler. Si j'étais Petit-Poucet, je quitterais la maison. Oh ! la gaillarde ! Voilà une mâchoire qu'on peut citer ! Je n'ai plus de papier ; je termine donc bien vite cette lettre, dans la crainte que l'Allemande ne s'en empare. Adieu donc.

« Saint-Pétersbourg, 24 janvier 1843.

« Les jours s'allongent, et je puis travailler six heures. Aussi la toile se couvre, et je commence à renaître. Mes membres reviennent à la souplesse ; mes idées reprennent leur vol vers le ciel, et mes yeux ne creusent plus tristement la terre, que le soleil semblait avoir abandonnée. Quel hiver ! Jamais, de mémoire d'ours, on n'en a vu un semblable dans leur belle patrie. Aussi tout est-il défoncé. On ne peut sortir d'aucune façon sans courir risque de se noyer ou de se rompre les os.

« Oh! malédiction des malédictions! Pourquoi faut-il que je sois tombé dans ce pays, justement quand il est enrhumé, grippé, dévoyé !

« J'ai assisté hier à l'enterrement du métropolitain, le *pape* des Grecs. Je n'ai rien vu de si beau que le clergé : — non seulement le costume est magnifique comme forme, mais ces longues barbes et ces immenses chevelures ondulées tombant sur les épaules font un effet merveilleux. Il serait trop long de te donner les détails : nous en causerons de vive voix à mon retour.

« Saint-Pétersbourg, 2 février 1843.

« J'arrive d'un bal chez l'empereur. J'ai eu une très longue conversation avec lui sur l'église d'Isaac. J'ai fait le professeur. Je lui ai exprimé mes opinions sur l'homogénéité nécessaire dans l'ordonnance des compositions. Il y aura tant de peintures à faire que la vie entière d'un seul homme n'y suffirait pas, s'il devait les exécuter sans auxiliaire, ou même retoucher les compositions. Il faudrait donc qu'un seul génie se chargeât des cartons, et que vingt ou trente artistes de talent se chargeassent de remplir les contours. Cette tâche serait facile à accomplir, sans qu'il y eût disparate, les sujets devant être peints sur des plaques de cuivre dorées au feu. Dans ces conditions l'effet se trouvant encore plus dans le caractère que dans le modelé, il y aurait plus de certitude d'harmonie dans l'aspect.

« J'ai voulu, pour la première fois, ne parler qu'en termes généraux. D'ailleurs, à la fin, j'étais dominé par la préoccupation de quelques mots qui avaient échappé à Sa Majesté. Plusieurs fois, lorsqu'il s'agissait du temps qu'on devait mettre à terminer le monument, l'empereur m'a dit : « Il faut que ce soit fini en cinq ans. Je sais bien que je n'y entendrai qu'une messe, et que c'est pour mon fils que je travaille : je ne dois pas vivre longtemps. »

« Cette appréhension d'une mort prochaine, manifestée au milieu d'un bal, et exprimée d'une manière simple, de la part d'un homme dans toute la force de l'âge et de la santé, avait quelque chose de si étrange, qu'il m'a fallu un effort de combinaison pour m'en expliquer la possibilité.

« Malheureusement, la solution du problème n'a pas été difficile à trouver. Avec mes idées sur la situation du pays et le souvenir d'une scène qui s'était passée dans la chambre voisine[1], la possibilité d'un grand événement devait me paraître probable. Mais alors j'ai senti tout ce qu'il fallait de force d'âme à un souverain

---

1. Allusion à la mort de Paul Ier, qui fut étranglé en 1801. Pendant le premier voyage d'Horace Vernet en Russie (1836), Nicolas lui avait dit un jour : « Voyez ces gens qui nous regardent lorsque nous nous mettons à la fenêtre, ce ne sont pas eux qui ont tué mon malheureux père, ils nous aiment ; le danger que nous courons est dans l'antichambre. » Et en prononçant ces derniers mots, l'empereur montrait la porte du salon où se tenaient ses favoris.

pour dominer les faiblesses de l'humanité. Je pensais
à notre roi, que la mort épargne dans sa personne, tandis qu'elle frappe autour de lui. Enfin, au milieu de ce
monde, j'ai été pris par une infinité d'idées que je ne
me croyais susceptible d'avoir qu'en un jour de dégel,
étant seul dans ma chambre.

« Saint-Pétersbourg, 12 février 1843.

« Pour ne pas parler de mon hiver qui m'arrache
les cheveux, je veux te dire qu'enfin nous avons du
beau temps ici depuis deux jours. Les traîneaux, chose
délicieuse, filent comme le vent sur la mer. Le soleil fait
briller dans l'air des parcelles de glace qui semblent
de la poudre de diamant, et les rues sont encombrées
de véhicules portant d'énormes pièces de glace. On
dirait que, comme les juifs enlevaient le bronze du colosse de Rhodes, les moujiks détruisent le palais d'une
fée. Il faut vraiment bien se persuader que tout ce
qu'on voit dans ce pays est de l'eau claire, pour ne pas
se laisser aller à de trop belles illusions. Heureusement, j'ai vu tant de choses dans ma vie ! Quoiqu'un
peu emporté dans le tourbillon, mon œil ne reste fixé
pour le moment que sur le point où rien ne tourne, où
tout est réel, sur le pivot de la rue Saint-Lazare à
Paris, où mon cœur est planté. La tête peut emporter
le reste ; c'est toujours là le centre, et, dans trois mois,
je le reprendrai avec sa gravité ; car, tout en te disant
des bêtises pour te faire rire, je deviens plus sérieux
que tu ne penses.

« Il faut m'habiller pour aller au bal chez le comte
Wouronzoff, où toute la famille impériale se trouvera.

Ah ! lorsque je me souviens de la soirée de Jérusalem,
où je t'écrivais sur la table du couvent, après un repas
de *bacaliau* [1] : j'étais maigre, fatigué ; mais la cause
était bien différente de celle qui me blêmit aujourd'hui.
Avec la Bible et tout ce que je voyais, je remplissais
mon sac comme la fourmi qui fait provision de nourriture pour l'avenir. Ici, c'est le contraire : c'est le vide
qui m'entoure que je remplis à mes dépens. Heureusement que la bourse ne suit pas le mouvement et que
je la rapporterai plus ronde que mes joues. Je travaille
ferme, et je suis très content de mon ouvrage Je sens
que le long repos auquel j'ai été condamné, n'est pas
un temps perdu; je repars avec mon énergie d'il y a
vingt ans et l'expérience d'une longue existence laborieuse.

« Ce 13.

« Je te dois des détails sur le mariage de la comtesse
Apolline Vielhorski, maintenant Virenetinoff.

« La cérémonie a eu lieu à la cour, à sept heures du
soir. La mariée est partie la première pour se rendre
chez l'impératrice, qui est dans l'usage, en pareille circonstance, de coiffer la jeune mariée des diamants de la
couronne. Nous sommes arrivés ensuite comme té-
moins, avec le mari et le reste de la famille. L'empereur, donnant la main à la jeune personne, s'est rendu
processionnellement à la chapelle, où le clergé a rempli
les cérémonies d'usage ; puis les chants, les prières, etc.
On a étalé par terre une bande d'étoffe couleur de

---

1. Mot espagnol qui signifie merluche. Nos marins désignent la morue
sèche sous le nom de *bacaliau*.

rose, sur laquelle les époux doivent se placer. Celui qui s'y place le premier doit mener, dit-on, le ménage; c'était à qui des deux époux ferait la politesse de la priorité à l'autre. Superstitieusement, ils ont levé le pied ensemble, et maintenant ils se disputent peut-être sur la question de savoir qui des deux l'a posé le premier. Deux garçons d'honneur leur tiennent tout le temps deux couronnes fermées sur la tête. Le prêtre leur fait boire par trois fois du vin dans la même coupe, puis leur fait faire trois fois le tour d'un pupitre sur lequel est placé l'Évangile.

« La cérémonie dure une heure. Après la bénédiction, on passe dans les appartements : là, on donne à chacun un grand verre de vin de Champagne, qu'hommes et femmes doivent boire en entier. Il faut que plus de deux bouteilles soient vidées pour que le mariage soit heureux. Après cela, l'empereur, qui joue le rôle de *père* assis (c'est le terme), part d'avance pour le logement des époux. Il y porte les images. Le cortège le suit; il attend à la porte de l'appartement l'arrivée des mariés, qui, avant d'entrer, se prosternent jusqu'à terre. Ensuite le vin de Champagne reparaît encore, et on distribue à chacun des cornets remplis de bonbons, de glaces, etc. Voilà pour le matériel de la cérémonie.

« Quant à la partie morale, une circonstance inattendue est venue me donner la mesure de l'importance religieuse que la mariée attachait au serment solennel qu'elle allait prêter devant Dieu. Un de ses bracelets s'étant détaché, elle le tenait dans sa main gauche; l'empereur, avec une galanterie toute chevaleresque,

traversa toute la chapelle pour l'en débarrasser. Elle
le lui remit sans le regarder et sans lui faire le plus
petit signe de remerciement. Ce manque de courtoisie
a été apprécié dans son véritable sens par tous les assistants, et tu es trop religieuse pour ne pas le comprendre.

    « Saint-Pétersbourg, 27 mars 1843.

  « Je vais à la parade et je cours avec l'empereur
passer des revues. Nous avons été ces jours derniers
à Cronstadt. Ce voyage, qui a duré deux jours, m'a ravi ;
s'en aller à *dix lieues* en mer en traîneau, c'est la chose
du monde la plus originale. Pendant les différents
dégels qui se sont succédé, des coups de vent ont sans
doute refoulé la mer, qui, en superposant les couches
de glace l'une sur l'autre, a produit des chaînes de
collines de plusieurs lieues de longueur et de forme les
plus singulières. Les chevaux vont ventre à terre ; le
vent nous coupe le visage, qui se couvre de larmes
glacées, tandis que le corps est en feu sous les tapis et
les peaux d'ours dont on est affublé. Tout ce qu'on
voit, les contrastes et le mouvement font qu'au bout
de dix minutes on croit rêver, et qu'en arrivant on
croit avoir perdu la tête. Figure-toi des gens qui
courent la poste entre des vaisseaux de ligne sur des
routes plantées d'arbres verts ; si je n'avais pas recom-
mencé le soir la même promenade, je croirais avoir été
fou pendant quelques heures. L'empereur a fait manœuvrer des troupes de marine qui ne le cèdent en rien
aux troupes de terre ; on a tiré le canon à boulets, etc.
Puis nous avons visité l'hôpital, où il y a deux mille
lits. Celui-là vient d'être construit avec tout le luxe

d'un palais. Tout jusqu'aux malades y est magnifique! Ils doivent avoir du plaisir à mourir si proprement. Tout est si bien fourbi, si clair, si paqueté, qu'il ne doit leur être permis de passer dans l'autre monde que lorsque le tambour a battu la retraite.

« Nous n'étions que quatre à cette petite excursion. Nous sommes revenus dîner à Péterhoff en traversant le golfe de Finlande ; et, dans la nuit, nous étions à Saint-Pétersbourg, où j'ai repris mes travaux.

« Voilà, chère amie, tout ce que j'ai à te conter pour aujourd'hui. Dans quelques jours, j'entamerai la question religieuse. Il se passe ici des choses si singulières que madame de Genlis, avec sa bizarrerie, n'a pu rien inventer d'aussi fort. En voici un seul exemple.

La tante du comte Vielhorski a fait vœu en 1812, que si les Français étaient repoussés, tout le reste de sa vie elle ne mangerait que sept fois pendant le carême, et, jusqu'à présent, elle a accompli ce vœu. Je la vois souvent, elle se porte comme un charme. Ce qui m'étonne, c'est que tous les jeudis, jour de *bâffre*, elle s'en donne une dose à faire crever un Limousin. La baleine qui avala Jonas ne *déglutait* pas mieux ; la gaillarde serait même capable d'engloutir le cétacé avec son prisonnier. Il n'en est pas de même des pauvres moujiks qui, pendant sept semaines, ne mangent rien qui ait vécu et rien de cuit ; ils n'ont pour toute nourriture que des champignons conservés dans de l'eau de sel, et encore font-ils plusieurs jeûnes par semaine : Aussi l'époque de la grande mortalité ici est-elle à Pâques.

« Tout ce que tu me dis de nos petits enfants me fait tant de plaisir ! »

« Saint-Pétersbourg, 17 avril 1843.

« Il faut aborder une grande affaire : c'est celle de mes chevaux. Dois-je les donner avant de partir ? Quant à les vendre, impossible : dois-je les amener ? Si ce dernier parti est celui que je prends, attends-toi à ne te promener qu'avec des coquins qui vont comme le vent, mais pas longtemps, et qui ne peuvent être conduits qu'à la russe par un Tartare à grosses pommettes, à barbe rare, à épaules carrées et ne mangeant que de la viande de cheval. A cette proposition, je vois monsieur ton nez se retrousser, blanchir, rougir, etc... ta bouche murmurer : « Ah ! l'imbécile, il ne fera donc jamais que des folies, » et mille autres petites gentillesses dans ce goût-là... mais comment faire ? Il ne me reste d'autre parti à prendre pour te calmer que de te faire le tableau des jouissances que tu auras de tes nouveaux amis.

« Mon Tartare ne sait pas un mot de français ; moi, pas un mot de russe. Nous serons condamnés à parler par signes ; ça te rappellera l'enfance de Philippe. Sauf la jeunesse, R... pourra te faire illusion : il est pétri d'une grâce stupide qui t'invitera à le battre. Pour le droschki, c'est une petite voiture à quatre roues, basses comme un tabouret, mais très propre à la digestion par la rudesse de ses ressorts, surtout lorsqu'il est traîné sur le pavé par un trotteur Orloff. Ah ! une fois que tu auras goûté de la vélocité de ce véhicule, tu mépriseras la citadine. Et le ramage du cocher : *Padi,*

padi, dourak, naprova, naleva, etc. [1]. Je me réserve de t'apprendre le reste de vive voix ; car en russe, je suis fort comme un Turc. Seulement, je n'ai pas encore pu apprendre à dire bonjour ; mais ça viendra, quand j'aurai dit bonsoir. »

« 30 avril 1843.

« J'avais donné à l'empereur un petit *Napoléon à cheval,* pour lequel il m'avait envoyé le traîneau. Eh bien! le jour de Pâques on m'a appelé à l'exposition des présents que Sa Majesté fait à cette époque, et j'ai trouvé là la copie de ce même tableau sur un magnifique vase de trois pieds de haut, forme Médicis, imité de Sèvres, et, sur l'autre face, dans un cartel orné des armes de Sa Majesté : « *A M. Horace Vernet, en témoignage d'estime pour son admirable talent.* » Tu juges de l'effet qu'a produit sur moi un hommage si délicat et si flatteur. Ce sont de ces présents qui ne se font qu'à des princes ou à des souverains. J'étais confus : le prince Wolkonsky s'étant retiré, je suis allé tout de suite chez lui le prier d'être mon interprète auprès de l'empereur et de lui témoigner toute ma reconnaissance. Il m'a dit de me trouver le soir au palais pour assister à la cérémonie de l'église et que ce serait là la meilleure manière de témoigner que j'appréciais la haute distinction que Sa Majesté venait de m'accorder.

Ceci était encore une faveur, car l'ambassadeur d'Autriche et moi nous étions les seuls étrangers présents. Cette cérémonie est une des plus curieuses que

---

1. Va, va, va, imbécile, doucement, arrête, à droite, à gauche.

j'aie vues. Il ne s'y trouve que les personnes atta-
chées à la cour et une députation de tous les officiers
de la garde, ce qui cependant forme un tout de deux
à trois mille personnes.

A minuit, la famille impériale entre dans la chapelle.
Après l'évangile, chaque personne se présente devant
l'empereur, qui vous dit : « Jésus-Christ est ressuscité! » On lui répond : « Oui, il est ressuscité ! » Et on
l'embrasse sur les deux joues. L'impératrice donne sa
main à baiser.

« Il y a quelque chose de singulier dans cet usage.
Mais le plus curieux, c'est qu'après la messe l'empereur embrasse le premier individu qu'il rencontre.
Ordinairement c'est la sentinelle qu'il trouve à la porte.
Il y a quelques années il embrassa un grenadier du
régiment Préobrajenskoi et lui dit : « Jésus-Christ est
ressuscité ! » Le soldat lui répondit : « Non! » —
C'était un Juif. Depuis ce jour, tous les Juifs ont été
mis dans la marine.

« A propos de destinées des hommes, les femmes,
en ce moment, mettent tout le monde administratif en
l'air. Je t'ai parlé de l'établissement des enfants trouvés, composé de 25,900 individus pour Saint-Pétersbourg. Dans la section des nourrices, qui compte 3,000
individus (700 employés compris), un cas de mortalité
s'est subitement présenté le jeudi-saint. Le comte
Vielhorski, l'administrateur, a été tout de suite averti.
Nous y sommes allés. Voici le fait. Sept nourrices ont
été prises de douleurs de larynx, une grande prostra-
tion de forces, quelques vomissements, lourdeur dans
les paupières, dilatation des pupilles, engourdissement

des extrémités, puis étouffement et la mort. Tandis que les cinq premières exécutaient cette manœuvre, onze autres étaient à l'exercice, et, à minuit, le compte des morts était de seize. L'empereur, qu'on avertit de tout, en fut instruit, et un de ses médecins arriva sur-le-champ. Il s'agissait de connaître la cause de cette mortalité. Les médecins ont commencé à perdre la tête et à se disputer. Chacun a pris une malade, l'a traitée à sa façon, et toutes sont mortes. Le lendemain on a fait de beaux discours pour prouver que c'était une maladie inconnue, pendant que deux autres nourrices mouraient couvertes de sinapismes ou l'émétique dans l'estomac. Un jeune médecin polonais soutenait que ces femmes étaient empoisonnées ! J'étais de son avis, mais impossible de se faire entendre au milieu des personnalités qui se débattaient. On a fait un procès-verbal constatant que tous les moyens ont été employés immédiatement. L'empereur, furieux, a ordonné l'ouverture des cadavres, et il a fallu en revenir à l'idée de poison. »

« Saint-Pétersbourg, 23 juin 1843.

« Le bal d'hier était magnifique. Il n'y a qu'ici où l'on puisse étaler tant de richesses ; à la lettre, on faisait litière de diamants. Les hommes et les femmes en étaient couverts.

« On marchait sur les perles et les rubis. Il faut avoir vu cela pour le croire. Rien n'est si beau que la famille impériale, ces princes et princesses, brillants de jeunesse et de joie, dépassant de la tête tous ceux qui les entourent et écrasant tout par l'éclat de leur beauté individuelle. Non, rien n'est comparable à cette famille. Sauf l'impératrice, qui est un peu maigre, le reste a un air de santé et de prospérité qui ajoute à la splendeur de leur rang. Quant à moi, pour ce qui est de l'extérieur, je suis sous le charme comme si j'étais un courtisan, et Dieu sait que ce n'est pas là mon goût.

« Me voilà bloqué jusqu'au 15 juillet. J'ai beau me raisonner, il me semble que j'ai dépensé tout mon courage ou qu'il est déjà à bord du bateau à m'attendre. Oh ! oui, c'est là que je le retrouverai et, une fois embarqué, il me semblera voir le clocher de mon village (Paris). Quel beau jour. »

St-Pétersbourg. Le Palais Michel.

Vernet, qui sut toujours conserver à la cour du czar, sa franchise toute française, ne se gênait pas pour s'indigner tout haut de l'écrasement de la Pologne. L'empereur Nicolas,qui connaissait son opinion, lui dit un jour :

« Vous voyez les choses au point de vue français. Nous sommes obligés de les voir au point de vue russe. Ainsi vous me refuseriez si je vous demandais un tableau de la *Prise de Varsovie ?*

— « Non, Sire, répondit Horace. Tous les jours il arrive aux peintres de représenter le Christ sur la croix ! »

Belle et sublime réponse qui peut justifier ce grand peintre de l'accusation portée contre lui : qu'il fut un des flatteurs de l'autocrate.

Son caractère loyal,entier il faut l'avouer,l'a empêché de jamais plier sous une autorité qu'il ne reconnaissait pas,ou une opinion qu'il ne partageait pas ; nous en aurons d'autres preuves encore dans la suite de ce récit.

Horace Vernet fut souvent l'homme du premier mouvement ; mais toute sa vie il resta fidèle aux sentiments les plus nobles et les plus élevés. Que d'anecdotes nous pourrions citer sur son séjour en Russie; toutes font honneur à son cœur et à son esprit.

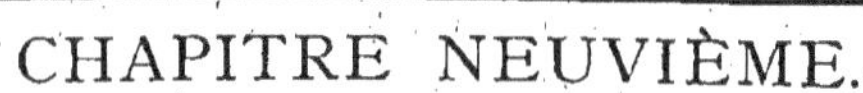

CHAPITRE NEUVIÈME.

L ES paroles bienveillantes du czar, dont Horace avait été le porteur lors de la mort du duc d'Orléans, avaient fait cesser toute froideur entre le grand peintre et Louis-Philippe. Aussi, après sa longue absence, fut-il reçu à bras ouverts ; la salle du *Jeu de Paume* de Versailles lui fut donnée pour atelier, et son pinceau reprit avec acharnement son rapide essor.

A cette époque de sa vie, se rattache son plus grand ouvrage : *La prise de la Smâlah d'Abd-el-Kader,* tableau unique [1] dans son genre, par ses dimensions, le *Champ de Mars* d'Horace Vernet, comme l'appelle Sainte-Beuve. Le peintre a réuni dans ce panorama, dans cette suite d'épisodes animés, tous ses souvenirs d'Afrique pour en former un vaste trophée offert à l'orgueil national. Sa manière s'agrandit, les proportions des figures se développent, la bataille est immédiatement sous nos yeux, moins complète, malgré sa dimension, plus émouvante peut-être, car le drame gagne ce que perd la stratégie. Tout est en perspective, à sa place, au point le plus juste et le plus attachant de l'action. La réalité est tellement saisissante qu'on sent autour de soi l'air, le soleil, la poussière, et qu'on se croit mêlé au combat. Ici un escadron arrive de front, au galop, en chargeant sur les spectateurs, comme s'il allait sortir de la toile ; là, un capitaine ajusté par un Arabe l'ajuste en même temps, et l'illu-

---

1. Plus grand que le *Paul Véronèse* il offrait une surface de 160 mètres carrés.

sion est telle qu'on se demande avec angoisse lequel des deux va tirer le premier. Plus loin, dans un désordre harmonieux, se succèdent les épisodes les plus variés de la déroute. Tous les types algériens sont habilement mis en scène, le scheik aux draperies majestueuses, le cavalier agile, le marabout aveugle, l'adolescent qui sait déjà *faire parler la poudre*, le nègre aux formes grêles, la femme du désert au teint hâlé, le Juif qui sauve ses richesses [1], le pâtre qui chasse ses chameaux, l'idiot qui joue avec une pastèque. Et quelle merveilleuse fidélité dans les accessoires, tentes, palanquins, harnais, armes, meubles, ustensiles, étoffes, sans oublier le chien qui hurle, et les gazelles qui bondissent effarées au milieu du camp! C'est la poésie à force de vérité, c'est une sorte d'ivresse pittoresque qui satisfait et ceux qui ont vu l'Afrique et ceux qui la rêvent ; c'est l'étalage des dépouilles opimes ; c'est l'allégresse de la victoire tempérée par l'humanité des vainqueurs ; en un mot, c'est le symbole charmant de l'Algérie définitivement conquise [2].

1. On a prétendu que le Juif qui emporte son coffret n'était autre que le portrait réel d'un chef de grande famille appartenant à cette religion ; et que l'artiste l'avait représenté là par vengeance. Voici à quel propos : le Juif avait commandé son portrait au peintre ; mais lors de la livraison, en vrai fils de Juda, il avait voulu marchander et rabattre sur la somme demandée. Horace, furieux, déchira la toile et ne voulut rien entendre, mais se promit de ne pas oublier. Quant au coffret que ce Juif tient dans ses mains en se sauvant, il est absolument historique, il était réellement au Louvre. Un jour, Horace le vit en passant et dit : « Il pourra me servir ; qu'on me le porte à Versailles. » Et il le mit dans son tableau. Mais pour ceux qui l'avaient déjà vu, c'est le coffret même, des plus reconnaissables, celui-là et pas un autre. Ce qui prouve une fois de plus que dans les tableaux de Vernet rien n'est inventé ; mais que *tout* est bien la reproduction fidèle de ce qu'il a vu.

2. Sainte-Beuve, *Nouveaux Lundis*, t. V.

La merveilleuse et prompte habileté de notre peintre ne fut jamais plus sensible que dans *La Smâlah*, qui fut terminée en huit mois. Le ciel, qui est si vaste, a été peint en un seul jour par le maître et par huit de ses élèves ; on étalait le bleu avec des sabres, les petits nuages blancs qui rompent un peu la monotonie de cet océan d'azur ont été ajoutés après coup. Horace Vernet avait du reste l'habitude de peindre ses ciels avec cette rapidité, afin de leur donner plus de fondu. Il avait vu Géricault procéder de la sorte pour son *Naufrage de la Méduse*, et cet exemple était de nature à l'encourager.

Ce tableau fut pour Horace, l'occasion d'une bonne œuvre.

Louis-Philippe admirait beaucoup les belles physionomies militaires qu'on remarque au premier plan de *La Smâlah*. Presque toutes, en effet, sont des portraits. Un vieux soldat, bronzé par le soleil et la poudre, attira surtout son attention.

— Je connais cet homme, dit Horace, depuis douze ans il se bat en Afrique avec courage.

— Aussi, voyez, il a la croix d'honneur, observa le roi.

— Non vraiment, Sire, je me suis trompé. Cette croix, il faut que je l'efface, murmura l'artiste d'un ton chagrin.

Il prit un pinceau. Louis-Philippe lui arrêta le bras, et dit en souriant :

— Pourquoi gâter votre toile, mon cher Horace ? les retouches s'aperçoivent toujours. Je connais un moyen plus simple de réparer votre erreur... involontaire, c'est de décorer ce brave.

— J'attendais cela, Sire, merci! dit le peintre, heureux du succès de sa ruse.

Afin d'être plus près de son atelier, le grand peintre s'était fixé à Versailles ; ce fut là qu'il reçut en 1845 les chefs bédouins venus à Paris. Seul il a pu les fêter à leur goût, dans sa résidence de Versailles, où s'étendaient de long en large, en guise de tapis, des peaux de lions, de tigres et de panthères. Partout, dans les coins, aux murailles, rangés en faisceaux ou pendus en trophées, l'œil rencontrait des yatagans, des poignards, des sabres recourbés, de longues carabines damasquinées d'or, un musée complet d'armes africaines, sans compter les selles brodées de pierreries, les pipes à bout d'ambre, et mille autres objets chers à ses hôtes. Ils retrouvaient là, comme par enchantement, tous les souvenirs, toutes les joies, toutes les habitudes de la tente, du désert, de la patrie. Un repas vraiment bédouin termina la fête. Après les *couscoussous*, on servit un agneau rôti tout entier à la mode de l'Atlas, et les convives, assis les jambes croisées sur des nattes, le dépecèrent avec leurs doigts. L'amphitryon lui-même leur présenta le narghilé ; madame Vernet et sa fille, madame Paul Delaroche, versèrent le moka.

Cette demeure de prédilection d'Horace, gracieuse villa, — que la révolution de 48 le força à vendre — était située impasse des Gendarmes, et nous ne pouvons résister à notre désir d'en présenter la description exacte à nos lecteurs :

On y entrait par une petite cour où des canards de
Barbarie et de beaux goélands prenaient leurs ébats
dans un bassin bordé d'un cercle de gazon.

Le corps du logis principal, surmonté à droite d'un
colombier en briques, et flanqué à gauche d'une tourelle, avait deux entrées, dont l'une, ouverte sur le vestibule, conduisait à la salle à manger et aux salons.
La seconde entrée menait à la chambre à coucher du
peintre et à son atelier, situé au premier étage. On y
montait par un escalier pratiqué dans la tourelle.

Meublée et boisée tout en chêne, la salle à manger
avait un caractère simple et de bon goût. Les deux
salons, tendus de rouge, communiquaient ensemble
par une large portière, et les fenêtres donnaient sur un
jardin délicieux, où la vue, sautant par-dessus les
arbres, pouvait s'étendre jusqu'à l'embarcadère de la
rive gauche. De splendides étoffes de Chine à dessins
éclatants, et relevées par des torsades d'or et de soie,
se drapaient en rideaux ou retombaient en portières.

Une quantité d'œufs d'autruche, pendus à des fils,
se balançaient aux portes et aux fenêtres.

Dans un angle du premier salon, sur une colonne
entourée de drapeaux pris aux Autrichiens, on voyait
le magnifique vase de porcelaine, présent de l'empereur de Russie. Au-dessus, par un sentiment de délica-
tesse et de noble fierté nationale, l'artiste avait cou-
ronné de lauriers le masque en plâtre du prisonnier de
Sainte-Hélène.

Près de là se trouvait un meuble de Boule fort précieux, enrichi de bronzes dorés et de mosaïques de
Florence. C'était un don du maréchal Gérard.

Beaucoup de peintures garnissaient cette première pièce.

On y remarquait une belle tête de sainte, œuvre de M. Ingres, un petit tableau de Wasili Timm [1] représentant Diane, la chienne favorite d'Horace ; un portrait du baron Guérin et un autre portrait de madame Paul Delaroche, cette fille bien-aimée que l'artiste devait pleurer toujours.

Le second salon réunissait l'élégance d'un boudoir féminin à la sévérité d'un cabinet d'amateur. Destiné aux grandes réceptions, il était garni de tableaux de Joseph, de Carle et d'Horace.

Quant à la chambre à coucher du peintre, elle affichait le luxe le plus original et le plus fantasque. Toutes les armes de l'Afrique et de l'Orient s'étaient donné là rendez-vous, avec une collection de chiboucks, de tchouboucks et de narghilés à faire pâmer de ravissement un fils du prophète. Çà et là des trophées de sabres resplendissaient comme des soleils. Aux murs s'accrochaient des burnous, des caphtans, des takiès, des robes turques et arméniennes, présents curieux de toute une génération de beys, de cheiks, et de pachas.

Un beau Christ d'ivoire, suspendu dans l'endroit le plus apparent de la pièce, prouvait, en dépit de cet arsenal infidèle et de ces défroques mahométanes, qu'on entrait dans un logis chrétien.

Le Christ était un cadeau des frères de la Doctrine chrétienne, à l'occasion du portrait de leur supérieur ; le Frère Philippe.

On montait, nous l'avons dit, par la tourelle pour

---

1. Artiste russe.

arriver à l'atelier d'Horace. Il était aussi vaste que le permettait le peu d'étendue de la maison. Du haut en bas les murailles avaient été badigeonnées d'une couche grisâtre, et la lumière pénétrait à volonté du nord ou du sud. Le long du mur, à droite, s'étalait un large divan turc avec son tapis. A gauche, une grande armoire vitrée renfermait les costumes de tous les peuples anciens et modernes. Le dessus de cette armoire était encombré de petits modèles de canons, de chariots, d'ustensiles empruntés à toutes les barbaries ou à toutes les civilisations de la terre. Des milliers de croquis, d'esquisses, de sites et de portraits pris au vol se montraient dans des cadres très simples.

Sous une sorte de reliquaire on apercevait une branche de saule cueillie à Sainte-Hélène, au tombeau de l'empereur, une mèche de cheveux coupée sur sa tête morte, une médaille du roi de Rome et la première croix portée par le grand capitaine.

Horace Vernet l'avait reçue de la propre main de Napoléon.

Près du chevalet destiné aux petites toiles, se trouvait un orgue de palissandre ; à côté de l'orgue une table couverte de lavis, de papiers et de crayons. La peau d'un lion de l'Atlas, qui avait tué seize spahis avant de succomber sous la carabine de Yusouff, servait de tapis de pied à Horace.

Horace Vernet menait de front à cette époque avec le tableau de *La Smâlah*, une série de cinquante dessins qui devaient être gravés sur bois, pour une *Histoire de Napoléon* [1].

1. *Histoire de Napoléon*, Plon., grand in-8°.

Pressé par l'éditeur de cet ouvrage qui attendait chaque jour le travail dont Horace s'était chargé, on l'entendit s'écrier un jour : « Qu'on ne croie donc pas que j'improvise tout ce que je compose ; je suis souvent plusieurs nuits sans dormir et sans penser à autre chose, qu'à ce que j'ai à faire. »

Et ce fut également à cette même époque qu'il fit le portrait du vénérable Frère Philippe. Son exposition au salon de 1845 se composait de la *Prise de la Smâlah d'Abd-el-Kader*, du *Portrait du comte Molé* et du *Portrait du Frère Philippe.*

Or, voici l'origine de ce fameux portrait de l'humble Supérieur d'un ordre qui rend tant de services au monde entier. Bien des légendes ont couru sur ce portrait, nous pouvons assurer que la vérité est ce qu'a raconté M. Poujoulat[1].

Dans l'une des séances du chapitre général de 1844, un des membres, le frère Péloquin, rappela un arrêté du chapitre de 1787, lequel obligeait les frères assistants à faire faire le portrait du Supérieur général l'année même de son élection; il ajoutait que cet arrêté n'ayant point encore reçu son exécution pour la personne du très honoré frère Philippe, il était du devoir du chapitre de lui imposer l'obligation de laisser prendre toutes les mesures pour atteindre ce but et d'y concourir lui-même. Le frère Philippe pâlit, rougit, protesta, cria au scandale. « Mon très honoré frère supérieur-général, dit alors le frère Jean l'aumônier, je crois que vos représentations vont prendre fin :

---

1. *Vie du T. H. F. Philippe*, par Poujoulat, in-8°, Mame à Tours.

je demande que tous nos chers frères capitulants qui, comme moi, sont d'avis que l'arrêté du chapitre de 1787 soit mis en vigueur, se tiennent debout. » Et l'assemblée entière se leva. Seul, le Supérieur-général resta assis. Il renouvela, mais en vain, les objections. La chose étant donc décidée, le frère Jean l'aumônier obtint que la séance de cette matinée se terminât un quart d'heure plus tôt que les autres jours, et prit des mesures pour qu'une voiture se trouvât à la porte à onze heures, pour emmener le frère Philippe chez un artiste. Puis le frère Jean l'aumônier profita de l'intervalle entre la décision et l'heure du départ pour aller trouver Horace Vernet, dont il était l'ami, et lui raconter ce qui venait de se passer. A ce récit, un rayon de joie éclaira l'austère visage du grand peintre. « Comment! dit Vernet, vous en êtes venu là ? Est-ce que vous me choisissez pour cette œuvre? — Pouvais-je mieux m'adresser ? lui répondit son visiteur, qu'en choisissant le premier talent de l'Europe. — Mon très cher frère Jean l'aumônier, reprit Vernet, jamais personne au monde ne m'a fait autant d'honneur ni causé tant de plaisir ; il y a longtemps que je désirais faire le *portrait de cet homme, dont la physionomie m'a plus frappé que toutes les figures que j'ai vues dans mes voyages.* Puisqu'il en est ainsi, vous me donnerez des prières, et moi je vous donnerai mon art et mes pinceaux. Amenez votre vénérable Supérieur quand vous voudrez ; non que j'aie besoin de le voir de nouveau : ses traits sont empreints dans mon souvenir depuis que, l'an dernier, j'ai eu l'honneur et le plaisir de l'entretenir quelques instants. » A onze

Frère Philippe, par Horace Vernet.

heures un quart, le frère Jean l'aumônier se présentait encore chez Vernet, mais cette fois avec le frère Philippe. Celui-ci montait les marches quand le grand artiste lui cria du haut de l'escalier : « Eh bien, mon vénéré frère supérieur, voilà ce que c'est que le vœu d'obéissance! la pratique en coûte quelquefois beaucoup même à l'humilité. » Le frère Philippe prit place sur un petit tabouret, y resta environ une heure, et la figure tant admirée au salon de 1845 était sortie du pinceau de Vernet. Plus tard, le frère Philippe consolait les dernières heures du grand peintre : il ne lui ferma pas les yeux, comme on l'a dit, mais sans doute il lui ouvrit le ciel.

La bataille d'Isly rappela le peintre guerrier dans sa chère Afrique, et lui promit un pendant pour sa *Smâlah*. Il s'embarqua au mois de mars 1845, voulant se pénétrer de la couleur locale.

Il se rendit directement à Oran et de là à Tlemcen, son objectif étant le champ de bataille même, tout fumant encore du sang qui venait d'y être répandu, ce qui offrait bien quelques difficultés.

Ce voyage fut, on peut le dire, le dernier pleinement heureux du peintre : son « étoile » commença à pâlir, il en eut un peu le pressentiment, mais laissons-lui encore la parole dans les fragments de lettres que nous citerons de lui.

« 6 avril, à bord du *Lavoisier*.

« Je viens de terminer ma première course dans l'intérieur. J'ai rempli, autant que possible, ma mission avec prudence et je rapporte les documents néces-

saires pour faire la bataille d'Isly avec toute la vérité
que je tiens à mettre dans la représentation de nos
faits de guerre. Je parle de prudence ; ce n'est pas qu'il
aurait pu y avoir un danger personnel à pousser mes
investigations fort avant dans le Maroc, mais la
moindre petite inconséquence pourrait amener une
collision entre nous et les agents d'Abd-el-Kader, que
nous avions en avant et en arrière ; chose qui aurait
mis à l'aise la diplomatie de M. le général de la Rüe,
qui n'est venu faire ici qu'une démonstration de comédie avec des limites impossibles à poser. Le fait est
que, de toutes ces belles démonstrations, il ne restera
qu'une tartine qu'on fera avaler à la Chambre des
députés pour l'empêcher de parler ayant la bouche
pleine, et on aurait mis sur mon compte la rupture
de la paix.

« De l'All-Magrinia, extrême avant-poste, nous
sommes revenus vers la mer, à Djemmaa-el-Ghazaouet, où j'avais donné rendez-vous à mon bateau pour
hier matin, samedi. Nous y sommes arrivés vendredi
soir, c'est-à-dire un jour plus tôt que nous l'espérions.
Bien m'en a pris, car j'ai évité un grand embarras,
celui d'une réception mirobolante. L'arc de triomphe
sous lequel je devais passer n'était encore qu'en planches, et la garnison n'était pas sous les armes. Je suis
donc entré dans le camp comme un simple particulier,
au grand désappointement du commandant supérieur.
Mais hier, au moment de mon embarquement, je n'ai
pu éviter les honneurs rendus par l'armée à son
peintre ; j'ai été forcé de passer devant la troupe au
port d'armes et de recevoir quatre coups de canon,

auxquels le *Lavoisier* a répondu. Du reste, je t'envoie l'ordre du jour ; s'il ne te flatte pas, il te fera rire.

« Armée d'Afrique. — Ordre supérieur. »

« M. Horace Vernet, notre grand peintre de batailles, arrive demain à Djemmaa-el-Ghazaouet.

« L'armée ne peut rester froide en présence de l'homme de génie qui a fait revivre, sous son pinceau magique, les fastes de notre gloire militaire. M. Horace Vernet recevra donc les honneurs de la guerre.

« Toutes les troupes de la garnison prendront les armes et se formeront en bataille sur la place, en avant du pavillon ; elles porteront les armes, et les tambours rappelleront. Les postes sortiront et prendront les armes.

« Une compagnie de garde d'honneur lui sera fournie.

« MM. les officiers de tous les corps se tiendront prêts à faire à M. Horace Vernet une visite de corps.

« Des ordres seront donnés ultérieurement pour l'heure de la prise d'armes.

« Djemmaa-el-Ghazaouet, le 4 avril 1845.

« Le lieutenant-colonel, commandant supérieur,
« de Montagnac.

« Je ne te parle pas des chances heureuses de mon voyage ; elles sont telles que tu croirais que je veux te tromper en les embellissant. Nous avons eu cependant à supporter de terribles fatigues, si j'en juge par mes compagnons qui sont échinés ; quant à moi, la lame de fleuret est toujours droite et ne se rouille pas.

« Comme il est probable que le voyage actuel est le dernier que j'entreprendrai, je tâche de pomper le plus possible et de ramasser les miettes, afin de n'avoir aucun regret par la suite, et d'avoir dans mon sac tout le butin nécessaire pour achever le bout d'existence qui nous reste dans notre solitude de Versailles. Cette solitude augmentera tous les jours; car, à nos âges, les jeunes se séparent de nous et les vieux disparaissent dans un grand trou, où chacun va se faire oublier. Tâchons cependant, chère amie, de vivre le plus long-temps possible, et songe qu'il te faut aller aux eaux, afin que, lorsque la terre nous manquera sous les pieds, nous fassions la culbute ensemble. »

Ce voyage de 1845 fut plein de péripéties et d'incidents. Le grand peintre visita Gibraltar, où il fut reçu avec les honneurs militaires; puis il se dirigea vers l'Espagne, la patrie de Murillo; mais comme toujours écoutons-le.

« Gibraltar, ce 20.

« Nous sommes ici depuis hier. Sir Robert Wilson, le sauveur de notre ami Lavalette, est gouverneur. Il m'a reçu en raison du passé. Ses chevaux sont à ma disposition pour voir le rocher, car ce n'est point autre chose; mais quelle importance n'a-t-il pas !... Hier, je ne l'ai vu que sous un sombre aspect; le temps était affreux. Aujourd'hui le soleil brille, comme pour se préparer à éclairer demain notre départ. Nous ferons route sur Cadix, d'où je t'écrirai.

« Adieu. »

« Cadix, 12 avril.

« Si la Méditerranée s'est montrée gracieuse à notre égard, l'Océan est un bien grossier personnage. Le coquin nous a fait une réception que je n'oublierai de ma vie. Figure-toi, chère amie, que nous nous étions embarqués le 9, au petit jour, par un beau temps et une bonne brise qui devait nous porter à Mogador ; mais tout à coup le vent a sauté, est venu nous prendre de bout, et nous voilà à *bourlinguer* dans le détroit par une brume épaisse, sans pouvoir reconnaître la terre à droite ni à gauche, entraînés par les courants et battus par la mer, qui semblait prendre plaisir à venir sur le pont regarder ce que nous y faisions. Enfin, embêtés de la *cachucha* que nous dansions, au risque de nous casser le nez contre les rochers marocains, nous sommes venus relâcher ici pour attendre le beau temps. Je fais contre fortune bon cœur, et je jouis du nouveau pays que je vois.

« Cadix est une ville toute blanche, d'une propreté remarquable. Les maisons ont de grands balcons, peints en rouge, jaune et vert, sur lesquels se trouvent des figures noires, laissant voir, du visage, seulement de grands yeux qui regardent les étrangers avec curiosité. Le mauvais temps empêche les andalouses de se promener aujourd'hui. En attendant, je viens d'en voir quelques-unes au spectacle, d'où je sors. On jouait un mauvais mélodrame traduit du français. Tu juges que, n'y comprenant rien, je suis resté bien froid, lorsque, au contraire, tous les Espagnols se tordaient de joie.

« A bord du *Lavoisier*, 17 avril 1845.

« Pour en revenir à Tanger, j'y ai passé deux jours et demi, — les plus intéressants peut-être de ma vie par leur originalité et la variété des épisodes. D'abord, nous avons été reçus à terre par M. Château, notre consul. Il nous a fait le meilleur accueil et nous a mis tout de suite au fait de la manière dont nous devions nous conduire avec les Marocains, qui sont excessivement soupçonneux. Je voulais voir manœuvrer les pièces de l'intérieur de la forteresse, qui devaient rendre le salut. Pour ce faire, il nous a fallu prendre toutes sortes de précautions. Enfin, grâce à des Juifs et à un bon pourboire, il y en a un qui nous a permis de passer la tête par-dessus sa terrasse pour regarder, au risque de recevoir pour sa complaisance une centaine de coups de bâton ; mais, pour de l'argent, que ne ferait un Juif ? Nous avions mis de sales paletots et de mauvaises casquettes, pour avoir bien l'air de méchants marchands de lorgnettes. Enfin, j'ai obtenu de voir ce qu'il m'importait de connaître.

« En sortant de notre bouge, je suis allé visiter une petite batterie à une demi-lieue de la ville sur le bord de la mer, d'où je prendrai mon point de vue, et nous sommes revenus sans encombre au consulat. Le commandant du bateau m'y attendait avec impatience. Une fois bien renseignés, nous avons repris nos uniformes, et nous nous sommes promenés ostensiblement partout, sans que personne ne nous fît d'avanies.

« Nous sommes partis le matin de bonne heure pour nous trouver comme par hasard sur le passage du sous-gouverneur, ce qui nous a parfaitement réussi.

« Nous avons vu venir de loin, sur le sable, des fantassins et quelques cavaliers, suivis de troupeaux, de prisonniers et d'une arrière-garde. Nous nous sommes mis à courir, et nous sommes arrivés à temps pour voir entrer en ville ce cortège singulier.

« Ben-Abou est un homme superbe. Il était monté sur une mule blanche, et environné d'une vingtaine de jeunes pages de l'empereur, le fusil haut, la tête découverte, une longue tresse de cheveux leur pendant sur l'oreille gauche, et vêtus de robes de toutes couleurs, les chevaux richement équipés. Le tout formait un groupe éclatant. Le reste de la troupe était occupé à conduire un troupeau de bœufs, qui semblaient se révolter d'être faits prisonniers, tandis que les hommes qui se trouvaient dans le même cas marchaient tristement, la tête baissée, comme attendant et se préparant aux coups qui devaient bientôt les faire rouler dans la poussière. Il y avait quelque chose de fort imposant dans ce cortège, qui marchait avec une grande rapidité, et comme s'il craignait d'être rattrapé par un ennemi.

« Aussitôt rentré en ville, Ben-Abou nous fit dire qu'il nous recevrait le lendemain à neuf heures du matin. »

Nous ne pouvons, quelque agrément que présente le récit de cette audience, nous y attarder, et suivre le peintre à Alger, d'où il revint en côtoyant l'Espagne comme il écrit de Marseille à sa femme :

« Marseille, 6 mai.

« Figure-toi, chère amie, que jamais le bonheur qui m'accompagne n'a été plus aimable que dans les derniers jours de notre navigation. Partis, le 1ᵉʳ, d'Alger, nous sommes arrivés à Palma le lendemain ; rembarqués quelques heures après, nous avons longé la côte d'Espagne, visitant depuis Malaga jusqu'à Barcelone par un temps admirable, et voyant une multitude de choses du plus haut intérêt. Une fois arrivés au Cap Rose, le *Mistral* nous a empoignés comme un furieux qu'il est. En un instant nous sommes enlevés, et nous voilà partis comme ce coquin de vent qui nous prenait si traîtreusement, sans pouvoir attraper Marseille, et trop heureux de *crocher* par Toulon, où nous sommes entrés *bourlinguant*, au milieu des rafales qui semblaient jouer au volant avec notre gros bâtiment qui leur présentait toujours son nez pointu. C'était beau de voir le génie de l'homme, aux prises avec deux terribles éléments, les dominer, et d'entendre gronder sous nos pieds les entrailles de feu du *Lavoisier*. Dans ces circonstances, comme le corps de l'homme est petit en raison de sa tête !

« Bref, me voici en route pour Paris par la vieille méthode, par la malle-poste.

« A bientôt. »

La croix de sa vie entière l'attendait au retour ; sa première grande douleur devait lui faire sentir son épine, Mᵐᵉ Paul Delaroche, sa fille unique, si chérie, s'éteignait le 18 décembre 1845. Horace Vernet conserva toute sa vie cette plaie saignante au cœur, rien ne put lui faire oublier son enfant bien-aimée. Les regrets unanimes laissés par Mᵐᵉ Paul Delaroche—tant dans le monde d'élite qu'elle fréquentait, que chez les pauvres dont elle était la tendre et infatigable bienfaitrice — purent seuls adoucir l'affreuse désolation de sa famille.

Vernet avait longtemps et vivement désiré que sa fille fût reçue à la cour de Louis-Philippe. Des pourparlers finirent par s'engager ; mais bien que la reine et le roi eussent du caractère très distingué de Mme Paul Delaroche la plus haute idée, cette considération ne put l'emporter sur l'obligation, où l'on se serait trouvé au Château, d'accorder le même honneur à d'autres femmes d'artistes qu'on ne tenait pas autant à voir. Mme Delaroche ne put donc être admise aux réunions intimes de la reine Amélie, et Vernet en éprouva une contrariété qui se manifesta plus d'une fois. Quand la mort moissonna cette femme charmante, Louis-Philippe, très sensible à la peine de ses familiers, écrivit au malheureux père que, désirant le voir, il le priait de se rendre aux Tuileries. Dès qu'il l'aperçut, il courut à lui les bras affectueusement ouverts. L'artiste s'y précipite en sanglotant. Le roi ne put retenir ses larmes ; Louis-Philippe s'écria : — Ah ! mon cher Vernet, croyez que la reine prend la part la plus sincère à votre cruel chagrin ; elle avait pour votre fille une si parfaite estime ! — C'est pour cela sans doute, répondit brusquement Horace, qu'elle n'a jamais voulu la recevoir !

La plaie toute vive ne lui faisait pas oublier la vieille rancune.

CHAPITRE DIXIÈME.

E fut dans le travail que ce père si aimant trouva un allègement à sa douleur.

Au salon de 1846, la *Bataille d'Isly* prenait place à coté de la *Smâlah*. Cette toile moins vaste, d'une parfaite unité, dont l'admirable perspective appelle l'intérêt jusque sur les collines lointaines des derniers plans animées par les fuyards aux blancs burnous, obtint un grand succès. Dans cette composition comme dans tant d'autres, Vernet a représenté plutôt le triomphe que le combat. Jamais il ne peignit ces mêlées furieuses où l'homme ressemble à la bête fauve, le courage à l'ivresse, et qui ne laissent au spectateur dégoûté de carnage, que de la pitié pour les vaincus. Il sentait que le peintre de batailles doit autant qu'un autre chercher l'idéal, qu'il doit jeter un voile sur les atrocités de la guerre et en choisir les côtés éclatants et généreux. Ce que l'histoire admire en effet, ce n'est pas le sang répandu à flots, c'est la gloire achetée par le sacrifice et purifiée par l'humanité. Prodiguer sa propre vie, épargner celle de l'ennemi qui fléchit, voilà l'honneur des armées françaises. Vernet ne s'y est jamais mépris.

Ce grand succès obtenu ne parvint pas à dissiper les idées noires du pauvre père. Son ami intime, Soliman-Pacha, le décida enfin à changer de place, espérant que la distraction triompherait de son abattement. Tous deux se rendirent en Belgique et en Hollande; mais Vernet n'y resta que quelques jours, et il revint s'enfermer à Versailles, pour y retrouver ses chers pinceaux qui avaient seuls le pouvoir d'adoucir un peu ses inconsolables regrets.

Les événements de 1848 firent endosser au *peintre-troupier*, l'uniforme de la garde nationale. Horace Vernet, pendant toute cette année, fut exclusivement militaire. Nommé colonel de la garde nationale de Versailles, il fit son devoir en parfait grognard. Ceux qui l'ont rencontré à Paris, dans les journées de juin 1848, au poste de l'Institut qu'il était chargé de garder, savent à quel point il était dans son rôle de citoyen en armes, ou plutôt de *vieille moustache*, strict et ferré sur la discipline.

Son atelier ne fut cependant pas complètement délaissé; il acheva à cette époque, pour l'empereur de Russie, la *Bataille de Varna*, et un tableau étrange sortant absolument de son genre habituel. C'est une espèce de satire allégorique de la République et des fléaux de 1848 : socialisme, choléra-morbus, etc. Cette composition était le résultat de ses tristes préoccupations d'alors.

Vernet partit pour l'Italie au mois de janvier 1850. Il allait prendre sur place les croquis et les notes qui lui étaient nécessaires pour son tableau : *Le Siège de Rome*, cette grande page de l'histoire contemporaine.

Ses lettres adressées à son gendre sont empreintes d'une affection tendre et sérieuse, c'est le langage d'un aïeul qui, profondément triste, mais chérissant ses petits-enfants, retrouve pour eux quelques légers éclairs de sa gaieté d'autrefois, témoin ce passage :

« Diane [1] qui me regarde, semble deviner que je vais dire à vos enfants que je les aime de toute mon âme, et me prier de placer un petit mot d'elle ; mais elle n'a que ses yeux et sa queue pour s'exprimer, et dans une lettre il n'y a pas moyen d'introduire ce genre d'éloquence. Embrassez bien tendrement pour moi ces chers petits, et léchez leurs mains pour ma bête. »

La *bonne étoile* du peintre s'était éclipsée, il le sentait, et en convenait lui-même. Sa toile d'Italie, exposée au salon de 1852, n'obtint qu'un demi-succès. Horace Vernet se laissa quelque peu abattre par cet échec relatif, ainsi que le prouve ce passage d'une lettre à M. Paul Delaroche :

« Grâce à l'aspect boueux et plombé du salon, mon tableau, qui remplit lui-même pas mal de ces conditions, est sans doute celui qui attire le plus les regards. En le considérant, il n'éborgne pas et on le quitte sans émotion fâcheuse. Je sens que bientôt il faudra en finir, avant que flétri par la vieillesse ou l'ennui, la triste solitude ne vienne fermer *la boutique*. J'ai promis encore quelques tableaux, je vais les faire. La montre marche toujours, mais les aiguilles ne marquent plus rien ; autrement dit, ma vieille palette est encore là, mais le cadran n'indique plus ce que je voudrais faire comprendre. »

Horace Vernet devait être le peintre du nouvel empire comme il avait été celui du premier. Pourvu que la France se battît quelque part, peu lui importait le nom du général en chef. Il commença cette nouvelle série de tableaux par un *Portrait équestre du*

---

1. Diane, chienne favorite du grand peintre.

Président de la République et par un *Portrait du maréchal Vaillant.*

L'expédition de la Kabylie lui fournit de précieux sujets militaires, et fut encore le prétexte d'un voyage en Afrique. Le 20 mai 1853, il écrivit :

« Il m'est arrivé une singulière rencontre sur le bateau de Valence à Avignon ; un jeune carme s'y trouvait. Son air inspiré attirait mon attention, lorsque tout à coup il est venu à moi en me disant : « Ne me reconnaissez-vous pas ? Je suis allé bien des fois chez vous lorsque j'étais juif : je suis le frère Hermann, ci-devant le jeune Cahen, élève de Listz, ami de Thalberg ; permettez-moi de vous embrasser. » Et nous voilà dans les bras l'un de l'autre. La conversation s'est bien vite engagée, et elle a tourné à la religion. Jamais je n'ai entendu une telle éloquence accompagnée d'une si belle inspiration. Comme il m'adressait la parole, il a parlé de l'influence de la foi sur les arts. Tout le monde l'écoutait, et, pendant cinq heures, il n'a cessé d'exhorter son auditoire à former les pensées les plus chrétiennes. Le frère Hermann disait ceci, que je crois vrai : c'est que l'harmonie et la mélodie, en toutes choses, disposent le cœur à aimer, et n'inspirent que de nobles pensées en portant l'âme vers le ciel. »

Cette rencontre fut le prélude d'une autre, plus importante et bien douce, à laquelle le grand peintre dut les dernières joies de sa vie, les consolations si fortifiantes de l'amitié chrétienne et la sérénité de sa mort. En voici tous les détails, d'après l'historien du Père Régis.[1]

---

1. C'est grâce à la bonne obligeance de M. Dumoulin, l'éditeur si sympathique et si connu, que nous pouvons donner le récit qui va sui-

L'armée d'Afrique appelait le peintre le colonel Vernet ; et lui, lorsqu'il passait au son du canon, devant la troupe au port d'armes, était plus fier et plus heureux de ces honneurs militaires que des suffrages de l'Institut. On comprend que l'idée religieuse pouvait difficilement prendre racine au milieu du tumulte et de l'agitation perpétuelle de cette vie d'artiste et de soldat.

En 1853, comme nous l'avons déjà dit, Horace avait voulu revoir l'Algérie. La nouvelle expédition lui servait de prétexte. Le motif secret de ce voyage était, disait-on tout bas, un mouvement d'humeur. Louis-Napoléon, entrant aux Tuileries après le coup d'État qui affermissait son autorité, remarqua dans la salle du trône un tableau de Vernet, où le président de la République française était représenté à cheval, escorté du général Changarnier : « Allez dire à Vernet, dit le prince, s'adressant à un aide-de-camp, de faire disparaître le général de ce tableau. » L'officier trop empressé courut chez le peintre, le trouva au lit, l'éveilla pour lui faire sa commission et reçut cette brusque réponse : « Vernet ne corrige pas l'histoire. »

Après réflexion, s'exagérant sans doute l'imprudente fierté de ses paroles, Horace Vernet partit pour Alger, où son tableau proscrit ne tarda pas à le suivre et fut placé dans le grand salon du gouverneur.

Une rencontre fortuite le mit pour la première fois en présence de l'abbé de la Trappe. Dom François Régis, passant sur la place du Gouvernement, vit venir à

---

vre. — Voir *Vie de Dom François Régis*, par l'abbé Bersange, 1 vol. in-12. Dumoulin, rue des Grands-Augustins à Paris.

lui le général Randon, gouverneur de l'Algérie, suivi
du général Yusuff et d'un étranger que le Père ne connaissait pas. Cet étranger était Horace Vernet. Présenté au religieux par le gouverneur, il dit gracieusement: « Mon Père, je suis parti de Paris avec l'intention
d'aller vous voir à Staouëli. — Et moi, ajouta Yusuff,
je cherchais l'occasion de vous connaître. Nous irons
vous visiter. »

Plusieurs semaines s'étaient écoulées depuis cette
entrevue, lorsque le Père Régis rencontra de nouveau
le peintre et le général qui sortaient de l'évêché, accompagnés par Mgr Pavy ; il leur rappela leur promesse qu'ils paraissaient avoir oubliée et reçut une
nouvelle et formelle assurance du grand désir qu'ils
avaient d'aller à Staouëli.

Quelques jours après on vint avertir le Père Régis
qu'un étranger demandait à lui parler. L'abbé se trouvait alors dans les champs. S'empressant de retourner
au monastère, il vit venir au-devant de lui un beau
chien qui, le nez au vent, précédait un chasseur équipé
de neuf avec buffleterie et magnifique havresac en
bandoulière : « Me reconnaissez-vous ? dit Horace
Vernet en se présentant. — Mais oui, Monsieur, répondit l'abbé avec une parfaite courtoisie, et je suis
fier que vous n'ayez pas oublié l'engagement que
vous avez bien voulu prendre envers moi. »

Aussitôt, s'offrant à lui servir de guide, le bon Père
lui fit parcourir le monastère et ses alentours. La
visite terminée, on continua la promenade dans la
campagne. Le grand artiste avait pris le bras du
religieux, et peu à peu, s'ouvrant à la confiance, lui

dévoilait les préoccupations douloureuses qui agitaient son cœur.

Dom François Régis l'écouta d'abord avec étonnement, admirant l'abandon plein de franchise et de vivacité de ce premier entretien. Bientôt cette confiance sans réserve le toucha, et il eut la pensée d'en user discrètement pour le bien du nouvel ami qui se jetait dans ses bras. « Monsieur, dit-il tout à coup, comme frappé par une idée lumineuse, nous sommes à la veille du dimanche des Rameaux. Vous avez déjà fait les deux tiers de ce qu'on a coutume de faire à cette époque de l'année, il ne vous reste plus qu'à vous incliner pour dire : *Benedic mihi, pater.* »

La brusquerie de ce dénouement ne devait pas déplaire à Vernet, dont l'imagination prompte et le caractère résolu s'accommodaient peu des prudentes transitions de la timidité. « Eh bien ! mon Père, répondit-il avec une simplicité d'enfant, si vous le voulez, j'y consens.

— N'allons pas si vite en besogne, reprit le Père avec son aimable familiarité... Je vous laisse pour ce soir à vos graves pensées et je retourne à mes affaires. »

Et il s'engagea dans le chemin qui conduisait à l'abbaye. Le soleil se couchait, et de la mer s'élevait une vapeur légère qui couvrait le rivage d'un voile transparent.

Le bon Père abbé s'en allait lentement, joyeux au fond de son cœur du succès inattendu que Dieu accordait à son zèle. Il regardait derrière lui de temps en temps pour voir ce que faisait Horace Vernet. Le peintre était assis sur une pierre, la tête dans ses

mains, immobile, ayant la mer à ses pieds, et dispa-
raissant à moitié dans la brume du soir.

Cette méditation solitaire dura jusqu'à la nuit. En
rentrant à la Trappe, il se présenta au Père abbé :
« Me voici, s'écria-t-il, faites de moi ce que vous voudrez. »

Dom François Régis, qui désirait retenir son illustre
néophyte, pour donner à cette conversion des bases
solides et durables, l'engagea à remettre sa confession
au lendemain. Quoique Vernet fût venu dans la
pensée de faire une simple partie de chasse, il
n'hésita pas cependant à accepter l'invitation du
Père abbé.

Le lendemain il assista à la messe, et sortit de l'église
tout ému de la solennelle attitude des religieux au
chœur, de la majestueuse lenteur de leurs chants, de
leur air pieux et recueilli. Après s'être agenouillé aux
pieds de son confesseur, il ne songea plus à rentrer à
Alger, et accepta avec ravissement la proposition de
passer toute la semaine sainte à Staouëli, pour se
préparer dans la retraite à accomplir son devoir pascal.

Pendant ces huit jours, tout entier à de pieux exercices, il oublia ses amis d'Alger qui s'inquiétaient
de sa disparition. Toute la colonie se demandait
ce qu'était devenu le joyeux et aimable causeur que la
société algérienne se disputait. Quand on apprit qu'il
vivait à la Trappe avec toute la régularité d'un religieux, ce ne fut qu'un cri de surprise et d'incré-
dulité.

Peu préoccupé de l'émotion dont il était la cause
involontaire, Horace Vernet se disposait à faire ses

pâques, édifiant les habitants du monastère par son ardente piété.

La veille du grand jour, ne pouvant presque pas croire au bonheur qu'il éprouvait : « Je veux, dit-il au Père Régis, offrir à Dieu tous les colifichets que j'ai reçus et sanctifier ainsi cette vaine gloire de l'homme. »

Sur son ordre, on apporta d'Alger l'écrin qui renfermait les plaques et les croix des divers ordres dont il avait été décoré. Il les étala sur sa poitrine qui en fut couverte, prétendant en faire hommage au Dieu de l'Eucharistie.

Lorsqu'il se leva pour aller communier, des larmes de délicieuse émotion tombaient de ses yeux. Le même soir, on lui permit sur ses instances de s'asseoir à la table commune à côté du Père abbé, et de prendre part au maigre repas de la communauté.

Il partit ensuite, et en quittant la maison saintement hospitalière où son cœur avait retrouvé la paix, il dit avec émotion aux religieux qui l'accompagnaient : « Ce jour est le plus beau de ma vie. »

L'amitié qui naquit dans cette semaine de ferveur religieuse ne connut pas de déclin dans le cœur d'Horace Vernet. Le Père Régis devint son confident, son guide préféré, l'objet d'un culte de tendresse. Pendant son séjour à Alger, le peintre revint plusieurs fois visiter l'abbé de la Trappe et il ne supportait qu'avec peine la pensée de s'éloigner de lui.

Cependant le général Randon préparait une expédition pour aller en Kabylie, dans les Babors, châtier quelques tribus insoumises qui se refusaient à payer l'impôt. Comme il pressait Horace Vernet d'accompagner l'armée : « J'y consens, répondit le peintre; mais je voudrais emmener mon Père Régis. »

Aussitôt un chasseur à cheval partit pour Staouëli. Il était chargé d'une lettre du gouverneur, qui invitait le Père abbé à se joindre au corps expéditionnaire, lui donnant l'assurance qu'il serait entouré au camp de tout le respect dû à son caractère et à sa dignité. Le général insistait sur l'heureuse influence qu'aurait, pour la religion, ce rapprochement inusité d'un moine et de soldats; il lui faisait entrevoir que, peut-être, la campagne ne se terminerait pas sans effusion de sang, et que son ministère serait utile aux blessés et aux mourants.

Vernet mit toute son éloquence au service de ces hautes raisons, dont il connaissait la force sur le cœur de son ami. Malgré ces efforts réunis pour triompher de sa résistance, Dom François Régis hésita quelque temps. Pour mettre un terme à son indécision, l'abbé de Staouëli consulta ses religieux, tous furent d'avis qu'il devait accepter, pour la plus grande gloire de Dieu, l'invitation qui lui avait été adressée. Mgr Pavy acheva enfin de vaincre les scrupules du bon abbé, en lui disant :« Allez, mon Père, il est convenable que la religion accompagne en Kabylie le drapeau de la France. »

Demander l'avis des supérieurs majeurs n'était pas possible, car il fallait promptement adopter un parti. Déjà le gros de l'armée avait pris les devants. Dom François Régis, s'étant décidé à rejoindre Horace Vernet, se mit en route avec lui par mer et débarqua à Bougie.

Ce petit port était commandé par le colonel Dieu, qui accueillit les voyageurs avec distinction et les retint quelques jours auprès de lui, en attendant les ordres du quartier-général.

Averti enfin qu'on pouvait sans grand péril traverser le pays ennemi, il se mit lui-même à la tête de l'escorte qui devait assurer la sécurité du voyage. On suivit une route à peine frayée, à travers des collines accidentées, et on arriva sans encombre en vue du camp français. Deux généraux se détachèrent pour venir au-devant du convoi. C'étaient les généraux Bosquet et Rivet. « Soyez le bienvenu au milieu de nous, » dit le premier ; et, présentant au Père Régis un long bâton ferré, qui devait lui être fort utile en ce pays montagneux : « Voici, dit-il en souriant, votre bâton pastoral. »

Dans le quartier de l'état-major fut dressée aussitôt une tente vaste et commode, que Vernet avait apportée de Paris. Le Père abbé, invité à partager la demeure de son ami, devint son compagnon de tente pendant plusieurs semaines. Il écrivait à ce sujet :

« On n'apprend jamais mieux à se connaître que dans un voyage de longue durée fait à deux ; tantôt sur mer, où l'on occupe deux couches dans la même cabine; tantôt sur terre, soit que l'on partage une même tente, soit que l'on fasse une même course à pied ou à cheval. Quand surtout les chemins sont difficiles, le temps mauvais ; alors les caractères se dessinent et se montrent tels qu'ils sont. Eh bien! dans toutes ces circonstances, M. Vernet se montra parfait, toujours égal, content de tout, prêt à marcher, à faire halte ;

disposé à retarder ou à avancer ses repas, quand on
lui en témoignait le désir ; gai et enjoué, s'amusant de
tout. Une nuit d'orage, les piquets qui ténaient les
chevaux attachés étaient tombés par suite des grandes
eaux qui avaient détrempé les terres, un cheval en
profita pour s'échapper et aller quereller ses voisins.
Dans sa course précipitée, il se heurtait contre les
cordes qui tenaient les tentes dressées : « Venez voir,
s'écria Vernet, nos chevaux pincent de la guitare. »

Cependant, avant d'engager les hostilités, le général
Randon envoya un ultimatum aux tribus hésitantes :
« Nous ne sommes pas venus pour vous détruire,
disait en substance la proclamation ; mais, si dans trois
jours vous n'avez pas fait votre soumission, nous serons obligés, pour punir votre obstination, de ravager
vos champs et de brûler vos moissons. Rentrez donc
dans notre amitié. Vous nous apporterez vingt mille
piastres pour nous dédommager des frais de la guerre,
et vous nous livrerez cinquante otages pour nous assurer de votre fidélité. »

Deux jours s'écoulèrent sans que les Kabyles fissent
aucun mouvement. Le troisième, les quarante-cinq
cheiks du pays se présentèrent au camp pour demander la paix. Ils portaient le tribut demandé et étaient
suivis de cinquante jeunes otages appartenant aux fa-
milles les plus influentes de la contrée.

Le gouverneur les reçut avec dignité. Toutes les
troupes étant réunies et sous les armes, il fit ranger les
cheiks d'un côté, les otages de l'autre ; et un officier,
qui parlait l'arabe, servit d'interprète pour faire prêter
aux vaincus le serment de fidélité.

Après avoir prononcé ce serment, les Arabes se mirent en devoir de compter les piastres qu'ils portaient dans les capuces de leurs burnous. Alors le gouverneur élevant la voix : « Vos otages, s'écria-t-il, nous les garderons, non pour leur faire du mal, mais pour vous les rendre si vous êtes fidèles. Quant à votre argent, reprenez-le ; nous en avons plus que vous. »

Non content de cette générosité ; il nomma ces cheiks caïds pour la France, et les revêtit du burnous rouge, insigne de leur nouvelle fonction. Il ajouta à cette marque de confiance, des présents et de bonnes paroles. Ces pauvres gens étaient ravis.

Cette scène imposante et pittoresque se passait le 14 juin, jour anniversaire du débarquement des Français à Sidi-Ferruch. C'était un dimanche. Le gouverneur se tournant vers François Régis, qui se tenait debout à ses côtés, lui dit : « A vous l'honneur de terminer cette belle cérémonie ! »

Aussitôt ordre est donné d'élever un autel. Horace Vernet veut présider lui-même au choix et à la disposition du lieu. Par ses soins, les sapeurs du génie abattent un chêne dans la forêt et en construisent une grande croix rustique. Devant cette croix plantée sur un point culminant, des tambours, rangés les uns sur les autres, forment le point d'appui sur lequel repose la table sacrée. Quelques fleurs, cueillies sur les bords du torrent, servent de parure à l'autel improvisé, et, pour suppléer aux flambeaux liturgiques dont la brise de mer agite et menace la flamme, le bateau à vapeur qui stationne dans la rade fournit deux superbes falots.

Bientôt l'abbé de Staouëli commença la sainte messe, revêtu des insignes de la dignité abbatiale. L'armée était rangée en demi-cercle derrière lui ; les généraux et l'état-major se tenaient au centre ; sur les côtés, les Arabes contemplaient avec admiration ce spectacle nouveau. Tout près murmurait la Méditerranée, et les hautes montagnes, étagées les unes sur les autres, formaient autour de ce tableau un cadre majestueux.

Au moment de l'élévation, les braves soldats d'Afrique fléchirent le genou devant le Dieu des armées, et quand, au son du clairon, au roulement des tambours qui battaient aux champs, se mêla la voix solennelle du canon, quand le prêtre éleva la sainte hostie, à demi voilée par un nuage de fumée guerrière, seul encens digne d'un tel sacrifice, le peintre des batailles se sentit profondément ému ; soudain une pieuse inspiration sollicita son âme d'artiste, il promit de mettre sur la toile et d'immortaliser par son pinceau la belle scène qui étonnait ses regards par sa grandeur et répondait, par une secrète harmonie, aux sentiments nouveaux qui remplissaient son cœur.

Après cette expédition, Horace Vernet fut rappelé en France, où l'empereur devait lui faire, — il le savait, — un accueil remarquablement gracieux. « Mon indépendance, écrivait-il, ne court plus aucun risque ; grâce, je pense, à l'esprit sage et droit du maréchal Vaillant, qui a su lire dans le fond de mon cœur. »

Avant son départ, il vint à la Trappe de Staouëli et y laissa comme souvenir sa belle pharmacie de campagne. Ce meuble fut conservé avec une sorte de respect religieux par le Père Régis.

S'intéressant à la sainte maison qui l'avait accueilli et où il avait retrouvé la foi, le grand peintre encouragea les espérances de l'abbé et sa noble ambition d'élever une église à côté du monastère africain. Il promit de faire dresser le plan, de demander le concours du maréchal Vaillant et de revenir orner de fresques le bel édifice quand il serait terminé.

Comme ses amis l'interrogeaient sur les projets de tableau qu'il emportait de son expédition dans les montagnes de Kabylie : « Je veux faire, répondit-il, un tableau religieux, je dois bien quelque chose au Dieu qui m'a rappelé à lui ; je veux peindre la messe et la consécration de la messe. »

Un des généraux présents ayant laissé échapper une parole de dédain, le peintre imagina une vengeance d'artiste, qui fut vivement ressentie par celui qui en fut l'objet : il supprima le malencontreux critique du tableau où il eût dû paraître au premier rang. « Il a dit, écrivait plus tard Horace Vernet, que cette scène aurait l'air d'une capucinade : il est donc tout simple que, puisqu'il n'est pas à la hauteur du sujet, il n'y figure pas. [1] »

Les deux amis se revirent quelques semaines après, quand Dom François Régis fit son voyage annuel en France pour assister au chapitre général. Une circonstance extraordinaire marqua son passage à Paris.

Le général Randon, quoique engagé dans le protestantisme, qu'il abjura plus tard entre les mains du Père Olivaint, n'avait pu se défendre d'aimer et d'es-

---

1. Lettre de Vernet à Dom François Régis, 25 mai 1854.

timer le Père Régis. Sous l'empire de ce sentiment, il proposa l'abbé de la Trappe à l'empereur pour la décoration de la Légion d'honneur. Les considérants qui accompagnaient cette proposition étaient très honorables pour Staouëli. Nous les retrouvons abrégés dans le *Moniteur universel (Journal officiel)* du 16 août 1853 :

« De Martrin Donos, en religion François Régis, prêtre, directeur de la Trappe de Staouëli, a puissamment contribué, depuis 1843, au développement de la colonie algérienne par la fondation d'un établissement agricole, considéré à juste titre comme un modèle. »

Ce témoignage public, disait l'*Univers* du 27 août, rendu aux efforts intelligents et persévérants du Rév. Père abbé, rejaillit nécessairement sur ses dévoués collaborateurs, et surtout sur le Révérendissime abbé général Dom Joseph-Marie Hercelin, qui a tant contribué à la fondation que tout le monde admire, et que les voyageurs et les pauvres bénissent. »

Le maréchal Saint-Arnaud apprit au Père sa nomination par une lettre affectueuse. L'humble trappiste accepta cette dignité, parce que la marque de distinction dont il était l'objet lui fut présentée comme un utile hommage à sa Congrégation et à tous les ordres religieux.

La joie d'Horace Vernet fut extrême. Lorsque le maréchal Vaillant remit la croix au nouveau chevalier dans le pavillon de Flore, le peintre assistait son ami comme parrain. Le maréchal les réunit ensuite à sa maison de campagne de Nogent, dont il leur fit les honneurs avec la plus grande affabilité.

Les regrets que causa à Horace Vernet le départ du Père Régis, le désir de le rejoindre, pour reprendre auprès de lui cette vie qui lui avait paru aussi douce que salutaire, percent déjà dans la première lettre qu'il lui écrit le 23 septembre 1853.

« Vous voilà donc rentré, très cher et très Révérend Père, dans vos bonnes et douces habitudes de la vie monastique ; je vous en félicite, quoique cependant votre charité vous tienne en rapport avec notre tourbillon. Je n'ai point encore vu l'empereur ; je ne puis donc vous dire quand, et comment je reviendrai en Afrique ; mais, ce qui est certain, c'est que je voudrais que ce fût demain. Car j'ai par-dessus la tête du ciel gris, du froid et de cette boue de Paris, qu'on rencontre aussi bien dans les salons que dans les rues. Allah kerim ! Que la volonté de Dieu soit faite !

« Adieu pour aujourd'hui, mon Révérend Père ; je me recommande à la prière des bons Pères de la Trappe et à votre compassion pour ma pauvre créature, et veuillez croire toujours à la reconnaissance comme au profond respect de votre tout dévoué

« Horace VERNET. »

« P. S. Le maréchal Vaillant me charge de vous dire qu'il est désolé de n'avoir pu vous voir à votre passage à Paris, qu'il a remis à l'impératrice la lettre incluse dans celle que vous lui avez adressée. »

Les fêtes impériales auxquelles l'artiste prit part, un voyage avec la cour à Fontainebleau, ne lui firent pas oublier les joies sérieuses et les pures émotions de son séjour en Afrique.

Il écrit encore le 6 décembre 1853.

« Les plaisirs de Capoue ne sont pas mon partage à Paris. Le tourbillon dans lequel j'ai été entraîné pendant quelques jours n'a servi qu'à me faire apprécier les douceurs du calme dont je jouis. Pourtant je me suis engagé à faire deux tableaux, dont le plus important sera celui de la messe en Kabylie ; sujet, vous le savez, pour lequel je me suis senti dès le premier moment un vif attrait, et qui consacra un fait intéressant dans l'histoire de l'Algérie. Pour le reste, j'ai cargué toutes mes voiles jusqu'à ce qu'un bon vent me ramène en Afrique, et suis comme saint Augustin sur la plage, attendant un bateau qui me rapproche de vous. J'ai eu plusieurs occasions de parler de Staouëli à l'impératrice, à travers toutes les joies qui distinguaient ce voyage de Fontainebleau auquel j'ai pris part, et je dois dire que je n'en ai pas moins été écouté avec un vif intérêt. »

Cette affection que le grand peintre avait vouée au Père Régis et qui le portait à s'occuper de tous ses intérêts, à rechercher les occasions de lui rendre à Paris, les plus humbles services, s'adressait au prêtre, plus encore peut-être qu'aux aimables qualités de l'homme.

Le 1er janvier 1854, il écrit : « Je ne veux pas laisser passer le premier jour de l'an 1854 sans vous adresser quelques mots de reconnaissance pour tout le bien que vous m'avez fait dans l'année précédente. Soyez persuadé, très cher et très Révérend Père, que je mets en pratique les bonnes instructions que vous avez bien voulu me donner et qu'en tout, je me montrerai digne de votre tendre affection. Que le ciel continue à répandre ses grâces sur vous pour le bonheur des autres, et daignez ne pas m'oublier dans vos prières. »

C'est le cœur du prêtre si prodigue de bons conseils et de vraies consolations qu'il regrette dans ses épreuves. Il lui découvre les douleurs les plus intimes de son âme ; mais qu'une confidence ainsi faite est loin d'apporter à son cœur meurtri le soulagement qu'il trouvait dans un entretien! Il s'écrie alors :

« Que ne suis-je resté en Afrique ! j'y étais heureux dans ma solitude, et, près de vous, à la Trappe, je trouvais les consolations d'un ami. Qu'il me tarde d'aller vous en demander de nouvelles ! »

Horace Vernet espérait, en effet, revenir bientôt à Alger ; mais les jours se succédaient, et chacun d'eux apportait une nouvelle cause de retard. Ces délais le fatiguaient et le tenaient dans une incertitude pénible.

« Ne croyez pas, mon très Révérend Père, que vous soyez pour rien dans mon incertitude. Car vous savez combien j'ai été heureux près de vous, et combien je le serais encore de recevoir votre sainte bénédiction le jour de Pâques! En attendant, je trompe l'absence en me mettant ici en rapport avec le Père Edmond, de la Trappe de Notre-Dame de Grâce, qui professe pour l'abbé de Staouëli la plus profonde vénération. Docile aux sentiments chrétiens que vous avez réveillés en moi, mon très cher et très Révérend Père, j'ai fait des efforts pour rester digne de vous.

« J'ai trouvé dans le Père Edmond, au tribunal de la pénitence, les mêmes principes chrétiens dont vous m'avez si généreusement entretenu, et qui ont sans doute attiré sur nous les bienfaits de la grâce qui ne cesse de se manifester miraculeusement dans toutes les circonstances. » (Paris, 20 mars 1854.)

Mais la guerre contre la Russie s'annonçait comme imminente. Les pensées d'Horace prennent un instant une nouvelle direction.

« Il m'a été proposé de partir pour l'Orient avec le maréchal de Saint-Arnaud. J'ai accepté, sauf restriction. Car il serait bien inutile d'entreprendre un si long voyage, s'il ne devait aboutir qu'à des combats de plume peu pittoresques pour un peintre de batailles. » (Paris, 12 avril 1854.)

La guerre étant déclarée, le grand peintre hésite encore : « Il est plus que probable que j'irai rejoindre l'armée dans le courant du mois prochain. Cependant je n'ai point dit encore mon dernier mot. Il m'en coûte de quitter mon atelier, où je travaillais avec ardeur au tableau de la messe en Kabylie. Non, non, ajoute-t-il, très cher et très Révérend Père, je ne donne pas congé à l'Afrique, je lui ai de trop grandes obligations. C'est là que j'ai retrouvé la paix du cœur. Je l'ai consolidée en France, il est vrai ; mais ce *tohu-bohu* des affaires politiques, cette enragée de société qui me poursuit sous toutes les formes, ne vont plus à la nouvelle direction de mon esprit, dont l'ardeur s'éteint tous les jours ; il ne m'en reste plus que pour faire de la peinture ; mais encore faut-il que les sujets soient en rapport avec mes besoins. » (27 avril 1854.)

Ce souvenir d'Afrique est plus puissant pour l'attirer que les grandes scènes de batailles qui autrefois faisaient tressaillir son génie guerrier : « Je doute, dit-il, que ma présence à l'armée réveille d'anciennes émotions et ramène pour moi un été de la Saint-Martin. Ce sera donc auprès de vous, et sous ce beau ciel de Mustapha, que j'irai chercher de beaux jours. » (27 avril 1854.)

Aussi le peintre ne se presse pas de quitter son atelier. « Tout est en suspens, écrit-il. Il n'en est pas de même de mon atelier, j'y travaille avec une ardeur de jeune homme à mon tableau de la messe. J'ai supprimé tout ce qui était officiel, le sujet n'étant pas la représentation d'une émotion qui se commande, mais de celles qui s'éprouvent. J'espère bien avoir terminé avant de partir pour l'Orient. Le moment que j'ai choisi est celui de l'élévation, lorsque le canon remplaçait la sonnette, et la fumée de la poudre l'encens. » (25 mai 1854.)

Contrairement aux prévisions d'Horace Vernet, la plume ne l'emporta pas sur l'épée ; il partit : « Je pars aujourd'hui pour l'Orient, écrit-il le 8 juin et je quitte, momentanément, j'espère, mon atelier, où je laisse inachevé notre tableau de Kabylie. Les choses essentielles sont déjà terminées ; c'est-à-dire que le paysage, le camp, l'autel et votre personne pourraient rester. Il ne manque que les accessoires du premier plan. Je ne pense pas que mon absence soit de longue durée. Je veux seulement voir la tournure de cette armée, et, après avoir assisté à quelques combats, je compte être en France vers le mois d'août. Pendant ce temps, très cher et très Révérend Père, notre correspondance chômera peut-être un peu. Pour ma part, j'en ai le cœur tout gros ; elle me rendait si heureux. »

Le peintre voyageur se mit donc de nouveau en route pour l'Orient, où il passa les mois de juin, juillet et août 1854, à Varna, avec l'armée française ; mais il n'avait plus cet entrain qui jadis lui faisait supporter gaiement les fatigues de la vie militaire. Les lenteurs du siège de Sébastopol usèrent sa patience, et il revint en France. Voilà ce qu'il écrivait le lendemain de la bataille d'Inkermann :

« Ces pauvres Anglais se sont fait esquinter ; il nous faut toujours venir à leur secours, sans cela il n'en resterait peut-être pas un. La guerre ne consiste pas à se faire tuer courageusement ; l'intelligence doit dominer pour gagner des batailles. Lorsque les officiers et les soldats ne se connaissent pas, les uns et les autres peuvent faire leur devoir individuellement, mais les résultats sont des pertes énormes sans autres succès que de rester sur la place. Dans l'armée française, les officiers sont l'esprit des soldats qu'ils commandent, avec lesquels ils vivent sans cesse, avec lesquels ils partagent les mêmes privations et les mêmes souffrances. »

CHAPITRE ONZIÈME.

L'EXPOSITION universelle de 1855 ménageait à Horace un triomphe qui est rarement accordé aux vivants.

Non seulement l'admiration publique fut conquise par l'ensemble des œuvres de Vernet, mais un jury de peintres choisis dans tous les pays de l'Europe, c'est-à-dire une assemblée de rivaux, lui décerna la grande médaille d'honneur : c'était comme un jugement anticipé de la postérité. Dès lors le monde n'avait plus rien à lui promettre, la mort plus rien à lui ravir.

Aussi écrivait-il, à son ami le Père Régis :

« On me traite bien à l'exposition, on me donne une salle. J'y ai exposé trente sujets. Mais de ces trente, il y en a un que je considère avec plus de complaisance ; c'est ma *Messe !* C'est que, ce tableau, je l'ai fait avec le cœur. »

Dans cette œuvre privilégiée du maître, le Père Régis est très ressemblant. On y trouve aussi reproduits avec une grande fidélité les insignes dont il était revêtu, sa crosse, sa mitre brodée par Mme la baronne de Villefranche et offerte à l'abbé de Staouëli par le baron, comme témoignage d'amitié. Le religieux prosterné derrière le célébrant, n'est autre que le Père Thomas d'Aquin, frère de Dom François Régis.

La correspondance d'Horace Vernet, les années suivantes, devient de plus en plus intime. Il n'a plus de secret pour celui qu'il appelle son père et son ami. Ce caractère d'intimité ne nous permet pas de puiser sans réserve dans ces pages où se découvre si bien l'âme ardente et généreuse du peintre de Wagram.

Privé sans doute du Père Edmond, Horace Vernet confia de nouveau à son très cher Père le soin de diriger sa conscience ; il saisissait pour l'entretenir l'occasion de son passage à Paris, lui écrivant avec une charmante naïveté, lorsqu'il tardait trop à venir, de se hâter, qu'il ne savait ouvrir son cœur qu'à son ami d'Afrique.

Le peintre envoya à Rome, où résidait alors Dom François Régis, une belle et grande photographie où le bon Père fut heureux de reconnaître les traits de son illustre ami. C'était bien lui: sec, nerveux, son œil vif était baissé, sa moustache retombait sur sa lèvre à la façon des zouaves d'Afrique ; on l'eût pris pour un personnage de ses tableaux, c'était un soldat au repos et revêtu d'habits civils. Le portrait était accompagné des lignes suivantes :

« Voici le portrait en question ; si vous le trouvez parlant, il vous dira que l'original vous porte dans son cœur et est toujours le plus dévoué et le plus tendre de vos amis. »

Si la Providence avait ménagé à Horace Vernet une si douce et si sincère affection, c'est qu'elle devait lui être de plus en plus secourable dans ses dernières années où les peines les plus cruelles, les plus intimes, devaient fondre sur lui. Comme on a pu s'en convaincre, Horace, sous son aspect brusque et froid, cachait une âme de feu, aimante et sensible, aussi ressentit-il plus que bien d'autres les pertes successives qu'il éprouva.

Le 4 novembre 1856, ce fut M. Paul Delaroche [1], qui s'éteignit dans la petite maison de la rue de la Tour-des-Dames. Malgré quelques différences d'idées et d'opinions, surtout concernant l'éducation de ses petits-fils, Horace Vernet aimait fortement le mari de sa bien-aimée fille, aussi, comme parent et comme artiste, il éprouva une double peine de la mort de son gendre, qui laissait deux enfants.

Disons de suite, que des deux fils de M. Paul Delaroche, aucun ne fut peintre; ils embrassèrent chacun une carrière libérale; l'aîné, Horace, mourut sans postérité, le cher Rabadablabla, nommé Philippe, fut ministre plénipotentiaire mais, comme son aîné, mourut jeune. Il laissa une veuve et trois fils auxquels la Chancellerie a accordé l'autorisation de porter le nom si illustre de Delaroche-Vernet. Eux seuls ont ce droit. Nous ne doutons pas que les descendants de cette famille célèbre n'illustrent, à leur tour, le nom si glorieusement porté par les Vernet et les Delaroche ; car le souvenir du père et du grand-père est conservé chez eux avec respect et amour ; lettres, tableaux sont gardés avec un soin pieux ; c'est là qu'il nous a été donné de voir la fameuse hirondelle peinte par Horace Vernet, au Café de Foy. Le propriétaire du Café, qui était un ami de la famille, fit détacher le morceau de

----

1. Paul Delaroche était élève du baron Gros. Il était né à Paris le 17 juillet 1797. Son père était un estimateur des objets d'art au mont-de-piété, et il était neveu de M. Joly, conservateur du cabinet des estampes au Louvre. M. Paul Delaroche ne se consola jamais de la perte de sa femme, ce fut même à ce profond chagrin qu'on attribua la maladie de langueur à laquelle il succomba à 59 ans.

plâtre sur lequel était l'oiseau d'Horace, et cette célèbre hirondelle est aujourd'hui la propriété de MM. Delaroche-Vernet, petit-fils du célèbre peintre.

Horace Vernet, veuf de sa première femme qui ne put survivre à la mort de sa fille, se remaria en 1858 avec Mme de Boisricheux [1], veuve elle-même d'un peintre. Cette femme intelligente et dévouée fut la compagne des jours plus sombres et des heures sérieuses; elle soigna le vieillard avec toute la sollicitude d'un cœur dévoué; car la maladie le cloua longtemps sur un lit de douleurs.

Comme son ami Géricault [2], ce fut un bien vulgaire accident qui causa sa mort.

Le grand peintre passait une partie de l'année, au bord de la Méditerranée, près d'Hyères, dans un site digne de fixer un artiste ; il y avait fait élever un château, dont la porte était surmontée d'un écusson où se trouvaient gravées les quatre dates suivantes :

1689, l'année où naissait à Avignon, le peintre Antoine Vernet. — **1714,** l'année qui donna le jour à Joseph Vernet, le fils et l'élève d'Antoine, le décorateur de la galerie Borghèse et du palais Rondanini; le peintre de marines qui a immortalisé les ports de France. — **1758,** date de la naissance de Carle

---

1. Melle Suller, fille d'un général anglais.

2. Géricault était fils d'un avocat de Rouen, il naquit dans cette ville dans le courant de 1790. Ses maîtres furent Carle Vernet et Guérin. Un jour qu'il chevauchait avec Horace Vernet sur les hauteurs de Montmartre, son cheval, qui était ombrageux, le désarçonna, le fit tomber violemment sur un tas de pierres et la boucle de son pantalon lui fit aux reins une large et profonde blessure à laquelle il succomba après une longue et douloureuse agonie.

Vernet, le brillant cavalier, le dessinateur spirituel qui saisissait au vif les chevaux, les chasses, les élégants, nos costumes et nos ridicules. — **1789,** enfin, date de la naissance d'Horace.

Simple et beau blason, plus éloquent que bien des armes parlantes ! Noblesse qui avait le droit de se compter par générations, puisqu'elle grandissait au lieu de s'affaiblir et que le talent se transmettait pour elle avant la gloire.

Ce fut dans cette demeure, qu'un jour — 2 octobre 1861 — Horace voulut assister aux débuts d'une nouvelle machine à battre. A peine arrivé sur le terrain, avant qu'il fût descendu de son âne, la machine est mise en mouvement. Au bruit, l'âne prend peur et se lance de côté; les sangles de la selle se rompent, et Vernet tombe à terre. Le choc fut rude. Cependant on était loin d'abord de prévoir la grave conséquence de cette chute. La poitrine de l'artiste avait porté sur un caillou. Une tumeur se manifesta, puis un abcès, et le mal empira avec la plus inquiétante rapidité. On ramena vite le malade à Paris dans son appartement de l'Institut, où il avait rassemblé tous ses chers souvenirs.

Horace Vernet habitait le pavillon qui fait face à la Bibliothèque Mazarine. Son appartement était un petit musée, éclairé par la belle lumière des quais de la Seine. Un choix de croquis et de dessins de l'artiste, à la mine de plomb, à la plume, au lavis, décorait l'antichambre. C'était une série d'études rapides, faites d'après des types de tous pays, une collection d'armes, d'ustensiles, de costumes et d'équipements.

Les tableaux de famille, les cadeaux de grands personnages et les souvenirs d'amis ornaient le salon ; on
y remarquait surtout les portraits de : Joseph Vernet,
par Vanloo; de Virginie Parker sa femme; de Carle
Vernet, enfant, peint par Lepicié; de Carle, homme
mûr, par Robert Lefèbre ; de Melle Louise Vernet, par
son père ; des deux petits-fils de l'artiste, par M. Paul
Delaroche. Des chevaux, des paysages, notamment
une marine de Joseph Vernet, étaient mêlés aux portraits. Le vase, imitation de Sèvres, donné à Horace
en 1843 par l'empereur de Russie, s'élevait sur un
piédestal dans un coin.

Dans la chambre à coucher de l'artiste, autre portrait, doux et limpide, de Carle Vernet écolier, peint
encore par Lepicié ; Moreau jeune, aïeul maternel
d'Horace, peint par Gounod, père du musicien; un buste
en marbre de Mme Paul Delaroche ; les précieux dessins de Moreau jeune, représentant les fêtes données
à la cour de Louis XVI, par la ville de Paris. Un
petit portrait d'Horace Vernet, travaillant, en lunettes, à son chevalet, œuvre du peintre russe Wasili
Timn.

Au chevet du lit de l'artiste, se trouvait placé le
Christ d'ivoire, — présent des Frères de la Doctrine
chrétienne.

Les armes, les pipes, au nombre desquelles on
voyait le narguilhé de Kléber, donné par Soliman-
Pacha, brillaient sur les murs d'un cabinet tendu de
papier sombre.

Les oripeaux et les reliques de voyage étaient relé-
gués dans l'atelier.

C'est dans ce milieu simple, artistique, chrétien, que l'impétueux Horace devait subir un martyre de sept mois. Les efforts de la science, les soins et l'affection de sa famille furent inutiles, et retardèrent seulement l'heure de la catastrophe.

Mme Vernet veillait son cher malade avec un dévoûment admirable, lui prodiguant toutes les consolations, surtout celles de l'âme. Nous en avons la preuve dans sa correspondance avec le Père Dom François Régis, cet ami si cher, qui avait encore été pour Horace, en avril 1860, la cause d'un nouveau voyage. Ayant appris que le bon Père était nommé directeur de la caravane qui allait visiter les Lieux Saints, le peintre vint exprès d'Hyères à Marseille pour saluer au passage son Père très aimé et il assista à son embarquement sur l'*Indus ;* ces deux âmes, qui s'étaient si bien comprises, ne devaient plus se retrouver qu'une fois, ici-bas.

« C'est, je crois, au mois de septembre 1862, dit Mme Vernet, que le Père Régis, passant à Paris, vint à l'Institut et embrassa une dernière fois son ami, sur son lit de douleur. Le malade l'attendait pour se confesser; mais soit que le Père se défiât de sa propre émotion, de ses larmes qu'il eut tant de peine à cacher dans l'embrasure de la fenêtre, soit qu'il comprît qu'il serait meilleur pour son ami de recevoir des secours plus fréquents dans sa longue agonie, il ne fit que causer avec lui, et le consola avec la vive tendresse de son cœur. »

Après cette visite, Vernet accepta le curé de Saint-Germain-des-Prés qu'il aimait et appréciait beaucoup ;

ce digne prêtre lui donna les soins les plus affectueux et l'assista aux derniers moments.

Instruit de ces détails consolants, et du courage nouveau que le malade avait puisé dans la religion, le Père Régis, alors à Rome, répondait aux bulletins détaillés, que lui adressait Mme Vernet, sur cette chère santé : « J'admire ce que vous me dites du courage et de la patience de notre ami. Je n'attendais pas moins de son âme si bien trempée. Il en faudra bien d'autres pour l'abattre, à présent surtout que sa foi s'est réconfortée par la réception du Dieu de charité, qui est aussi le Dieu qui donne la force et le courage. »

« En effet, dit encore Mme Vernet, Horace vit venir avec une surprenante énergie cette mort, qu'il avait tant de fois affrontée avec l'armée, sur les champs de bataille, suivant son expression. Parfois ce souvenir lui faisait regretter de mourir sur son lit, mais la résignation était entière et chrétienne. »

Le Père Régis, retenu à Rome par les devoirs de sa charge, assistait de loin aux crises douloureuses qui préparaient le fatal dénouement. Lorsqu'il reçut le télégramme qui lui apprenait la mort d'Horace Vernet, il venait de confier à la poste une page émue qui commençait par ces mots :

« Je ne vous quitte pas ; je suis constamment avec vous, assistant peut-être en ce moment à de solennelles épreuves !... Mon Dieu ! aidez-nous et soyez toujours miséricordieux ! »

Une lettre encadrée de noir répondit à ces touchantes paroles. Nous la citerons tout entière.

« Institut, 22 janvier 1863.

« Mon très Révérend Père,

« Il semble que la force de votre foi et de votre tendresse vous ait fait deviner que, samedi matin, 18, au moment où vous écriviez, l'âme de votre ami sortait en paix de ce monde... J'ai reçu, hier, votre lettre qui m'a fait verser d'abondantes larmes. Oui, il a souffert, et nous aussi ! La dernière nuit, des paroles incessantes que nous ne comprenions pas, des gestes, des étouffements ne se sont calmés que lorsque nous avons découvert sous ces sons inarticulés qu'il voulait M. le curé. Peut-être l'avait-il demandé toute la nuit. Il n'y a pas de torture pareille à celle de ne pas comprendre les paroles d'un mourant. Enfin, à sept heures, M. le curé de Saint-Germain-des-Prés récitait les prières avec nous, lui donnait sa dernière bénédiction. Horace se calmait et paraissait remercier M. le curé, qui partait en lui disant que c'était jour de dévotion spéciale à la sainte Vierge, qu'il allait offrir pour lui le saint sacrifice. Effectivement, les yeux s'élevaient au ciel : toute la famille se réunissait, et, pendant que la messe s'achevait, à neuf heures vingt minutes, cette belle âme s'envolait en déposant sur son visage un rayonnement d'un calme et d'une sérénité indéfinissables.

« Dans l'après-midi, M. le curé vint prier près de mon cher Horace ; puis il revint à moi, demandant si je l'avais vu depuis le matin. Sur ma réponse négative, il me prit par la main, me disant : « Venez le voir ; cela vous fera du bien, sa vue parle du ciel ! »

La main du grand peintre, modelée après sa mort, fut envoyée à Dom François Régis qui, plein de reconnaissance, remercia par la lettre suivante la veuve désolée de son ami :

« 11 septembre 1863.

« Madame,

« En traversant Paris, j'ai reçu la précieuse relique que vous m'avez annoncée. Je vous remercie de votre attention délicate, que j'apprécie. Ce travail me semble parfaitement réussi. Cependant, comme elle est froide et pâle, cette main qui a été si féconde en chefs-d'œuvre ! J'ai jeté de loin un coup-d'œil sur l'Institut. Tout était encore fermé et en deuil ; à l'intérieur, le silence et le sombre ! Je me suis éloigné en pensant à notre ami et en faisant pour lui une prière. »

La mort seule avait pu interrompre les relations touchantes de Dom François Régis avec Horace Vernet devenu chrétien.

Comme son père, peu de jours avant sa fin, Horace Vernet avait reçu de l'empereur la plaque de grand officier de l'ordre de la Légion d'Honneur. Napoléon III lui adressa à cette occasion une lettre autographe, dans laquelle le souverain témoignait de son estime et de ses cordiales sympathies pour le peintre des fastes militaires de la France. Hélas ! ces insignes furent déposés sur un lit de mort, qui valait un champ de bataille, par l'énergie et la résignation dans de longues et cruelles souffrances.

Le grand peintre avait demandé qu'on ne lui rendît aucun des honneurs funèbres auxquels il avait droit [1], mais il n'empêcha pas la manifestation spontanée qui eut lieu. Ses amis et ses admirateurs ont formé autour de son cercueil un immense cortège, et ils ont tenu à accompagner jusqu'au champ du repos [2] le dernier représentant d'un nom justement illustre, l'artiste le plus populaire du XIXe siècle, le grand peintre national de la France ! Selon sa volonté expresse, aucun discours ne fut prononcé sur sa tombe. Le service se fit à Saint-Germain-des-Prés. Le deuil était conduit par M. Delaroche, son petit-fils, et M. Émile Lecomte, son neveu. L'empereur s'était fait représenter par M. le marquis de Grécourt, l'un de ses chambellans.

Horace Vernet fut le type du peintre de batailles. Original et sympathique, il avait cet entrain qui passionne la foule, et cette dignité qui justifie l'admiration. Son œuvre est immense [3] et pourtant Horace ne vécut jamais confiné dans son atelier, comme ces bénédictins de l'art qui entassent silencieusement tableau sur tableau, faisant succéder une toile à une autre.

---

1. Horace Vernet avait été nommé chevalier de la Légion d'honneur en 1814, officier de la Légion d'honneur en 1825, commandeur en 1842, grand officier en 1863, le 24 juin 1826 il fut appelé à siéger à l'Institut auprès de son père Carle, comme celui-ci avait siégé à l'Académie de peinture auprès de son père Joseph. En 1842, Louis-Philippe lui donna la croix de Commandeur, distinction qui n'avait jamais été accordée à aucun peintre avant lui. Horace Vernet portait à sa brochette toutes les décorations du globe. Il ne lui manquait plus que celle de l'Étoile polaire. Oscar, roi de Suède, la lui envoya en 1844, en même temps qu'à MM. Victor Hugo, François Arago et Lamartine. En Europe il n'y a pas une seule Académie des beaux-arts, dont Horace Vernet ne fût membre.

2. Le cimetière de Montmartre.

3. Voir à l'appendice.

Secourable à toutes les infortunes, il donnait avec un désintéressement proverbial; pas une misère, pas une catastrophe ne le trouva indifférent. Lors des grandes inondations de la Loire, qui semèrent tant de ruines, on organisa une vaste loterie d'objets d'arts : artistes, peintres, graveurs, sculpteurs, tous y prenaient part. Horace Vernet s'inscrit pour un tableau, et fait savoir à la Commission qu'il le tiendra tel jour à la disposition du billet gagnant. Plus tard, il s'informe si l'on sait en quelles mains le hasard a fait tomber sa toile ; on lui répond que c'est une respectable dame de Blois, toute confite en dévotion qui ira prendre le tableau le jour convenu. En effet, l'artiste reçut la visite annoncée : la bonne dame, qui n'avait pas la moindre teinture des choses d'art, contempla longuement la toile du *Zouave épluchant des rats*, mais elle eut mieux aimé, avouait-elle, gagner autre chose que ce tableau. L'artiste prit la parole : « Si en échange de mon *Zouave*, on vous offrait cinq cents francs comptant, je gage que vous n'hésiteriez pas une minute. — Cinq cents francs, dit la bonne dame, c'est une belle somme, on pourrait soulager bien des infortunes ! — Allons, c'est convenu ; vous le donneriez ?... J'ai donc bien fait de le vendre hier à Goupil ; tenez, Madame, voici une lettre pour lui ; c'est quatorze mille francs, qu'il aura à vous compter, et si avec cinq cents francs vous deviez faire quelque bien, que n'accomplirez-vous pas avec vingt-huit fois davantage ? »

Le produit du *Zouave épluchant des rats*, a servi à fonder un orphelinat.

Au déclin de sa vie, étant déjà très malade, le grand

artiste reçut une lettre de Blois, où la directrice de l'orphelinat lui annonçait que tous les enfants de l'établissement venaient de commencer une neuvaine, pour demander à Dieu l'apaisement des souffrances de leur illustre bienfaiteur.

Voici un autre trait : en traversant la rue Dauphine en tilbury, Horace, qui n'aimait que les allures pressées, accrocha un lourd camion chargé de pierres, et cassa le brancard de sa voiture. Un peintre d'attributs juché près de là tout en haut d'une échelle et peignant de fort beaux saucissons à l'étalage d'un charcutier, reconnut l'artiste, descendit précipitamment, rattacha le brancard avec des cordes, afin qu'Horace pût continuer sa route.

Le maître du tilbury glissa une pièce d'or dans la main du peintre d'attributs.

— Ah ! monsieur Vernet !...... *un confrère !*....... dit celui-ci d'un air de reproche.

— Pardon !...... mais alors comment puis-je reconnaître votre obligeance ?

— Donnez-moi là un coup de pinceau, je serai trop payé, dit le peintre, montrant l'étalage.

— Volontiers, dit Horace, et le membre de l'Institut grimpa sur l'échelle, s'empara de la palette et du pinceau du Raphaël des charcutiers et peignit en un clin d'œil le plus appétissant de tous les jambons.

— Ah ! monsieur Vernet ! monsieur Vernet ! s'écria le brave homme pleurant de joie et baisant les mains d'Horace, je ne me servirai plus ni de ce pinceau ni de cette échelle ; c'est un trésor que je veux léguer à mes enfants !

Un jour, en sa qualité de chef d'escadron de la garde nationale, il visitait la prison, l'hôtel dit *des haricots*[1]. Gavarni et François le paysagiste s'y trouvaient détenus pour le quart d'heure. On les avertit qu'un officier de l'état-major va venir et que cet officier est Horace Vernet. De son côté, Horace est averti sans doute de la qualité des prisonniers qu'il va trouver. Il arrive, il entre dans la chambre, un peu roide et comme sur ses gardes pour l'accueil qu'il recevra. Il était chef d'escadron avant tout. Et puis il ne savait pas bien comment ces hommes des écoles nouvelles étaient disposés à son égard. A peine fut-il entré que Gavarni courut à la porte, la referma, et lui dit de son air malin : « Ah ! maintenant que nous vous tenons, vous allez en entendre de belles ! » Et il lui dit les choses les plus gracieuses sur son talent et sur ce qu'il avait toujours pensé de lui. Ce fut une très jolie scène, comme il sied entre esprits fins et bons enfants.

Très généreux, c'est surtout quand il s'agissait du soldat que, demi-soldat lui-même, on le voyait prêt à aider de sa bourse ou de son crédit, tous ceux qui lui semblaient dignes d'intérêt. Il fut un jour victime de sa trop grande complaisance : c'était à Versailles : un conscrit, nouvellement incorporé, vint trouver, un matin, le célèbre peintre; c'était le *Jean-Jean* le plus conditionné que l'on puisse voir. Il demanda à Horace de vouloir bien lui faire son *image;* « seulement, dit-il, je ne puis donner que trente sous. » L'artiste accepte et se met aussitôt à

---

1. Sainte-Pélagie.

l'œuvre. La séance finie, le *pioupiou* ravi emporte son portrait, le montre au quartier, et dit à ses camarades.

— « J'ai payé ça un franc cinquante, mais j'ai fait une bêtise, je suis sûr que si j'avais un peu marchandé, j'aurais pu l'avoir pour vingt sous. »

Horace se repentit bientôt de s'être laissé séduire par la naïveté de son modèle ; pendant quelques jours, ce fut chez lui une véritable procession de troupiers, qui voulaient faire faire leurs portraits ; s'il n'y avait mis ordre, toute la garnison de Versailles aurait passé par son atelier.

Affable et modeste, son extérieur très simple fut cause quelquefois d'amusantes méprises.

Le peintre, un jour, au bord du lac de Genève, prenait quelques croquis, de simples indications. Il était en costume de rapin. Des jeunes filles à côté dessinaient. Une d'elles, qui le reconnaît pour étranger, s'approche, regarde et lui dit : « Mais il me semble que ce n'est pas tout à fait cela. » Elle avait le droit de se croire très forte sur son lac Léman qu'elle voyait tous les jours. Il la remercie et la prie de faire elle-même ce qui manque. Le lendemain, montant sur le bateau à vapeur, il retrouve la même famille, et la jeune fille qui accourt à lui : « Ah ! Monsieur, vous êtes de Paris, vous devez connaître Horace Vernet, on dit qu'il est sur le bateau. » — « Vous avez bien envie de le connaître ?... — Oh oui. — Eh bien, mademoiselle, regardez-moi. »

On devine sans peine la confusion de la pauvre fille en entendant ces mots.

Nous pourrions citer mille traits encore de cet homme de génie, qui fut un excellent homme et qui comptera toujours des amis parmi les vrais Français !

FIN.

APPENDICE.

Note n° 1.

LE premier enfant d'Antoine Vernet fut une fille, nommée Louise, née le 7 octobre 1712. Puis vint, en 1714, Claude-Joseph, et deux ans plus tard, le 15 septembre 1716, Jean-Antoine. Trois ans après arrive Marie-Louise, le 23 février 1719, et, le 13 janvier 1720, Élisabeth-Marie. Le 28 décembre 1721 naquirent deux jumeaux, dont l'un, nommé Jean-Baptiste, mourut âgé de quinze jours. En 1723 et 1725, deux nouvelles filles reçurent au baptême, la première, les prénoms d'Agathe-Faustine, la seconde, ceux d'Anne-Marie. Le 7 juin 1726, Joseph Vernet tenait sur les fonts baptismaux son frère Antoine-Ignace. Le 25 mars 1728, il lui naissait un autre frère, François-Gabriel, et, le 29 mars 1730, un autre encore, Antoine-François. Enfin, le 11 décembre 1732, vint au monde le treizième enfant d'Antoine Vernet, le dernier dont nous connaissions l'acte de naissance, Philippe Bénézet. Il est à remarquer que le père, qui a donné pour parrains et marraines à ses trois derniers enfants leurs propres frères et sœurs, s'adressa cette fois au peintre Philippe Sauvan.

Note n° 2.

Nomenclature des tableaux et dessins de Joseph Vernet, répandus aujourd'hui dans différents endroits.

AU MUSÉE DU LOUVRE : Vingt-sept tableaux. — Les quinze *Ports de France*, que les experts estimèrent, sous la Restauration, 37,500 francs.

Les plus remarquables sont : *La Vue de l'entrée du port de Marseille* (estimée, en 1870, 24.000 fr.) ; — *La Vue de l'intérieur du port de la même ville* (d'une égale valeur) ; — *La Vue de Toulon* (estimée, à la même époque, 18,000 fr.); — *La Vue du vieux port de Toulon* (20,000 fr.) ; — *Le Port de Bordeaux* (20,000 fr.) ; — *Le Port de Cette* (15,000 fr.) ; — *Le Port de la Rochelle* (24,000 fr.) ; — *La Vue de la ville et du port de Dieppe* (20,000 fr) !

Le Louvre possède en outre : *Une Marine*, effet de soleil couchant par un temps brumeux (estimée 8,000 fr.) ; — *Une Marine* (15,000 fr.) ; — *Une Marine*, effet de lune (8,000 fr.) ; — *Une Tempête* (12,000 fr.) ; — *Un temps calme*, effet du soleil couchant (8,000 fr.); — *Une Marine*, effet du matin (8,000 fr.); Et six autres tableaux (estimés 1,500, 2,000, 4,000, et 6,000 fr.) ;

Il se trouve de plus, en France,

A NANTES, cinq tableaux de J. Vernet : *Une Marine*, vue entre deux rochers, dans le goût de Salvator Rosa ; — *Un coup de vent* ; — *Vue d'un port de la Méditerranée*, soleil couchant ; — *Même vue*, soleil levant ; *Une Petite Marine*.

A LILLE : *Marine*, au soleil couchant.

A MONTPELLIER : *Un Paysage*, daté de 1774; — *Une Tempête* ; — *Deux Marines*.

A GRENOBLE : *Marine*, effet de brouillard, datée de 1764.

A LYON : *Vue prise sur les bords de la Méditerranée*.

LA GALERIE DE VIENNE ne possède qu'un seul tableau de J. Vernet : *Une Vue de Rome*, prise du bord du Tibre, vers le fort Saint-Ange et l'église Saint-Pierre.

A LA PINACOTHÈQUE DE MUNICH se trouvent dix tableaux du maître, et entre autres : *Une Matinée ; — Ruines du Palais impérial à Rome ; — Effet du soleil couchant ; — Une Ville maritime en flammes*, effet de nuit ; — *Le Lever du soleil*, temps calme ; — *Une tempête*, épais brouillard.

A LA GALERIE NATIONALE DE LONDRES : *Port de mer*, orné d'un grand nombre de figures.

AU DALWICH COLLÈGE : *Une Marine*, avec des vaisseaux.

A L'ERMITAGE DE SAINT-PÉTERSBOURG, six tableaux : *Un Paysage ; — Un Naufrage ; — Une Marine*, effet du matin ; — *Une Belle Nuit sur mer ; — Un Port*, vu à travers une voûte de rochers ; — *Une Montagne au bord de la mer*.

AU MUSÉE ROYAL DE BERLIN : *Une Marine*.

AU MUSÉE ROYAL DE MADRID : *Vue d'un grand rocher*, percé en manière d'arcades, au travers desquelles on voit la mer, et sur le devant, une chaloupe montée par des hommes ; —*Un Paysage ; — Un pays montueux*, traversé par une rivière ; — *Un Paysage*, effet de soleil couchant ; — *Des Enfants dans la campagne courant après un cerf-volant*.

A LA GALERIE DE FLORENCE, deux tableaux : *Une Cascade*, au bas de laquelle sont des pêcheurs ; — *Une Tempête*.

AU MUSÉE DE GENÈVE : *Orage*, effet de soleil couchant ; — *Orage*, par un clair de lune, sur les bords de la Méditerranée.

Nous citerons encore plusieurs toiles remarquables qui se trouvent actuellement dans des galeries particulières.

CHEZ M. DELESSERT, BANQUIER A PARIS : *L'Arc-en-ciel*, venant du cabinet Tolosan ; — *L'Entrée d'un port ; — Un*

Paysage avec aqueduc, daté de 1759 ; — *Une Cascade ;* — *Un Paysage.* Ces deux dernières toiles proviennent du cabinet Sylvestre.

DANS LE PALAIS BORGHÈSE, A ROME : Huit *Paysages* ou *Marines.*

A VIENNE, CHEZ LE PRINCE DE LICHTENSTEIN : Quelques belles compositions portant la signature du maître.

CHEZ LE COMTE DE CZERNIN, DE LA MÊME VILLE : *Une Grande Marine.*

Joseph Vernet, comme tous les grands artistes, ne s'est pas borné à peindre ; il a gravé à l'eau forte quelques paysages de sa composition, tous avec le même esprit, la même facilité qu'il mettait dans ses tableaux.

On connaît de lui :

Un Paysage avec un bout de village et un petit pont qui traverse un ruisseau ; — *Un Berger*, assis à côté de sa bergère, jouant de la musette ; — *La Vue d'un marché dans une ville ;* — *La Vue d'un canal* occupé par des pêcheurs et bordé par des rochers escarpés ; — *Une plage* animée par des personnages. Toutes ces productions sont signées : *Joseph Vernet Fecit.*

Nomenclature des tableaux de Carle Vernet.

Carle Vernet n'a peint qu'un très petit nombre de toiles, mais le catalogue de ses lithographies et de ses dessins est si considérable qu'il serait aussi long à dresser que celui de ses bons mots.

Nous parlerons d'abord des ouvrages de Carle Vernet exposés aux salons de 1791 à 1831, car, dans cette dernière année, quoique âgé de soixante-quinze ans, il envoya son tableau à l'exposition.

Au salon de 1791, Carle Vernet exposa : le Triomphe de Paul-Émile après la défaite de Persée.

Salon de 1793. — Une Chasse au moment de l'attaque.

Salon de 1795. — Les Courses de chars ordonnées par Achille pour les funérailles de Patrocle.

Salon de 1797. — Les Incroyables et les Merveilleuses.

Salon de 1798. — *Divers dessins représentant* la Bataille de Millésimo; — la Bataille de Mondovi; — le Passage du Pô devant Plaisance; — la Bataille de Lodi; — la Bataille de Saint-Georges sous Mantoue; — un Hussard français.

Salon de 1799. — La Mort d'Hippolyte. — Un Conducteur de chars venant de remporter le prix de la course.

Salon de 1804. — La Bataille de Marengo. — Deux Marchés de Mameluks. — Combat d'un Hussard et d'un Mameluk. — Un Train d'artillerie légère. — Chasseur au tir. — Le Colonel des Guides de l'Empereur.

Salon de 1808. — L'Empereur donnant des ordres aux maréchaux de l'empire, le matin de la bataille d'Austerlitz. *Ce tableau a concouru en 1810, pour le prix décennal.* — Portrait à cheval de l'Empereur. — Calèche partant pour la chasse. — Course de chevaux. — Chasse au renard. — Cheval de chasse au sortir de l'écurie. — Exercices de Franconi.

Salon de 1810. — Le Bombardement de Madrid. *Ce tableau fut commandé par le sénat.* — Bataille de Rivoli. — Un Mameluk prêt à monter à cheval. — Un Cheval au retour de la chasse. — L'Empereur descendant de voiture pour monter à cheval et partir à la chasse. — L'Arrivée au rendez-vous de chasse. — Portraits de chevaux.

Salon de 1812. — Une Calèche sortant d'un parc pour aller à la promenade.— Une Chasse de l'Empereur.— Une Sortie de cavalerie française contre les Mameluks. — Chevaux dans un haras. — Passage de troupes dans une gorge de montagnes par un temps de neige.

Salon de 1814. — Portrait de Mgr le duc de Berri en uniforme du 6e lanciers. — Sortie de cavalerie contre les Mameluks. — Une Chasse française au moment du hallali. — Un Cheval sauvage effrayé par les lions. — Un Départ de chasse.

Salon de 1817. — *Plusieurs dessins, sujets militaires.*

Salon de 1819. — Chasse au daim par Mgr le duc de Berri. — Vienne assiégée par les Turcs et délivrée par Jean Sobieski. — Bivouac de Cosaques. — Vue d'un jardin de Sèvres. — Un Mameluk à cheval.— Rencontre d'officiers anglais. — Retour des champs, route de marché. — Une marchande de poissons.

Salon de 1824. Prise de Pampelune. Milton, cheval anglais. Gazal, cheval arabe. Fungal, cheval prussien.

Salon de 1827. — Chasse au daim pour la Saint-Hubert.

Enfin, au salon de 1831, Carle Vernet exposa : Un Retour de chasse. — Vue d'un four à plâtre à Montmartre. *Ces tableaux appartiennent à M. Schiller.*

Il n'y a pas un seul tableau de Carle Vernet au Louvre, il y en a plusieurs au musée de Versailles : La Bataille de Rivoli. — La Bataille de Marengo. — Le Matin de la bataille d'Austerlitz. — Le Bombardement de Madrid. — La Prise de Pampelune.

Les lithographies exécutées par Carle Vernet et conservées au Cabinet des Estampes à Paris, forment neuf volumes. On y trouve : des batailles, des rencontres, des luttes d'homme à homme, des militaires de toutes les armes, de tous les grades, de toutes les nations, des Cosaques réguliers et irréguliers, des Mameluks, des Anglais, des Écossais, des Allemands, des Hongrois, des Russes, des Prussiens, des Kalmucks, des Baskirs etc., des chevaux de tous les pays, de toutes les races, arabes, persans, indiens, espagnols, romains, normands, limousins, mecklembourgeois ; des chevaux de course, de ville, de main, de chasse, de trait, de charrue ; des grooms, des palefreniers, des traqueurs, des piqueurs à pied et à cheval, armés du fouet, du couteau de chasse ou de la trompe.

Il y a des volumes entiers remplis de chiens de tout poil, de toute race, de toute espèce : des levriers, des épagneuls, des braques, des griffons, des chiens courants, des chiens bassets, des boule-dogues, des chiens de berger ; ceux-ci sont à l'attache, ceux-là à l'écurie, d'autres partent pour la chasse, d'autres suivent le cerf ou le renard. Travestis en gens du monde, on en voit ici faisant leurs visites du jour de l'an, accompagnés de leur nègre (1790), et là (1812), remplissant les mêmes devoirs de civilité, accompagnés d'un chasseur galonné sur toutes les coutures.—*Dans une suite de cinquante-six planches, Carle Vernet illustra au crayon* La Fontaine ; *dix-huit planches sont consacrées aux* Accidents de la chasse ; *cent autres aux* Cris de Paris.

Dans un autre volume, les caricatures dont Les Amis nos Ennemis *font presque tous les frais. Ici des* Officiers anglais qui se donnent une poignée de main, *là* le Gastronome sans argent, la Route de Poissy *et le légendaire* Coucou de Saint-Cloud.

Carle Vernet a signé ses tableaux, ses dessins et ses lithographies en bas et sur la droite.

Note n° 4.

Nomenclature des tableaux d'Horace Vernet.

Salon de 1812. — La Prise du camp retranché de Glotz en Silésie. — Intérieur d'une écurie cosaque. — Intérieur d'une écurie polonaise. — Portrait en pied d'un jeune militaire. — Intérieur d'un vieux château servant d'écurie à des Polonais rejoignant l'armée.

Salon de 1814. — Portrait en pied d'un garde d'honneur — Intérieur d'une écurie polonaise.

Salon de 1817. — Bataille de Toloza. — Une Halte. — Surprise d'avant-postes. — Mort de Poniatowski. — Portrait du colonel M***. — Portrait du colonel C***. — Une Bataille.

Salon de 1819. — Massacre des Mameluks. — Ismayl et Maryam. — Guérilla embusqué. — Combat d'avant-postes. — Portrait du duc d'Orléans passant une revue de hussards. — L'Hospice du mont Saint-Gothard. — Grenadier français sur le champ de bataille. — Intérieur d'une étable à vaches. — Marines. — Prêtresse druide. — La Folle de Bedlam. — Mort de Poniatowski. — Revue du 2e régiment de grenadiers à cheval de la garde royale. — Molière consultant sa servante. — *Plusieurs autres sujets.*

Salon de 1822. — Joseph Vernet attaché au mât d'une felouque.

Cette même année, le jury du Louvre ayant refusé deux tableaux d'Horace, l'artiste expose au public, dans sa maison, rue de la Tour-des-Dames, les tableaux qui suivent :

La Bataille de Jemmapes. — Défense de la Barrière de Clichy. — La jeune Druidesse. — La Folle de Bedlam. — Marine grecque, *appartenant à S. A. R. le duc d'Orléans.* — Autre Marine *appartenant au duc d'Orléans.* — Le Général

Morillo. — M. Dupin, avocat. — Portrait de M. Chauvelin député. — MM. Madier de Montjau, père et fils. — Le général Drouot. — Vue du Vésuve. — La Mort de Poniatowski. — L'Hospice du Saint-Gothard. — Une femme tenant un sablier. — Une Madeleine pénitente, *appartenant à M. de Jussau, lieutenant des gardes du corps.* — Portrait en buste de Mme Smith. — Le Soldat de Waterloo. — Le Soldat laboureur. — Le deuxième Régiment de Grenadiers royaux, *commandé par le général Talhouët.* — Le Camoëns sauvant ses manuscrits du naufrage. — Scènes de Molière *pour l'édition nouvelle de M. Descer.* — La route de Kabrunn. — Une Marine. — Portrait d'Anisson-Duperron. — Défense d'Huningue, *appartenant à M. Marigny.* — Portrait en pied de S. A. R. le duc d'Orléans. — Une Embuscade de guérillas. — Portrait de Ferdinand-Philippe-Louis d'Orléans, duc de Chartres, né à Palerme, le 3 septembre 1810. — Vue de Boulogne-sur-Mer. — Scène de fanatisme espagnol. — Intérieur d'étable à vaches, *fait d'après nature en 1818, dans le parc d'une maison à Sèvres, laquelle appartenait autrefois à Mme de Coislin.* — Le Massacre des Mamelucks, *exécuté sous les yeux et par les ordres de Méhémet-Ali, pacha d'Égypte.* — Un Capucin en méditation devant un poignard. — Le Duc d'Orléans passant la revue du 1er régiment des hussards (Berchigny) en janvier 1815. — Un Moulin sur les côtes de Gênes. — Soleil couchant sur la mer. — Le Bateau des Pilotes. — Une Plage, effet du soleil couché. — Portrait de Gabriel Delessert, en pied, et en costume de chasseur. — Portrait équestre de M. Machado, consul-général d'Espagne. — L'Atelier de M. Horace Vernet. — Portrait en pied d'un général.

Salon de 1824. — Portrait équestre de S. A. R. Mgr le duc d'Angoulême. — Portrait en pied du maréchal Gouvion-Saint-Cyr. — Portrait de Mme la comtesse de C***. — Portrait de Mme S. M. — *Plusieurs autres sujets.*

Salon de 1827. — Dernière chasse de Louis XVI à Fontainebleau, — *Plusieurs autres sujets.*

Salon de 1831. — Bataille de Valmy. — Bataille de Jemmapes. — Arrestation des princes de Condé et de Conti et du duc de Longueville en 1650. — Le Pape Léon XII porté dans la basilique de Saint-Pierre. — Judith et Holopherne. — Portrait de Vittoria d'Albano. — Paysanne d'Aricia. — La Confession d'un brigand. — Combat entre les brigands et les dragons du pape. — Départ pour la chasse dans les Marais-Pontins. — Portrait de M. J.

Salon de 1833. — Raphaël au Vatican. — Le duc d'Orléans se rendant à l'hôtel-de-ville en 1830. — Portrait en pied du Roi. — Portrait du maréchal Molitor. — Portrait d'une dame avec son enfant. — Portrait de Mme Fould. — Portrait du marquis de Latour-Maubourg. — Les Trois Amis.

Salle de 1834. — Arrivée de S. A. R. le duc d'Orléans au Palais-Royal, 30 juillet 1830. — Arabes dans leur camp écoutant une histoire.

Salon de 1835. — Prise de Bone. — Rébecca à la fontaine.

Salon de 1836. — Bataille de Fontenoy. — Bataille d'Iéna — Bataille de Friedland. — Bataille de Wagram. — Chasse dans le désert de Sahara, le 28 mai 1833.

Salon de 1839. — Siège de Constantine, le 10 octobre 1837 — Hauteurs de Coudiat. — Siège de Constantine, 13 octobre : colonnes Combes et Lamoricière. — Attaque de Constantine par la porte du marché. — Agar renvoyée par Abraham. — Chasse aux lions.

Salon de 1834. Juda et Thamar.

Salon de 1844. — Portrait de M. le duc Pasquier, président de la Chambre des Pairs. — Un traîneau russe. — Voyage dans le désert.

Salon de 1845. — Prise de la Smâlah d'Abd-el-Kader. — Portrait du comte Molé. — Portrait du Frère Philippe.

Salon de 1846. — Bataille d'Isly. — Portrait d'enfant.

Salon de 1847. — Judith. — Portrait du Roi.

Salon de 1848. — Le Bon Samaritain.

Salon de 1849. — Portrait du général Cavaignac.

Salon de 1850-51. — Portrait du prince Louis-Napoléon Bonaparte, président de la République.

Salon de 1852. — Siège et prise de Rome.

Exposition universelle de 1855. — Batailles de Jemmapes, — Valmy, — Hanau, — Montmirail. — Épisode de la campagne de France 1814. — La Barrière de Clichy. — Attaque de la porte de Constantine. — La Smâlah. — Bataille d'Isly. — Campagne de Kabylie 1853. — Le Choléra à bord de la *Melpomène*. — Judith et Holopherne. — Mazeppa. — Mazeppa aux loups. — Chasse aux moufflons par des Marocains. — Retour de la chasse aux lions. — Chasse au sanglier en Afrique. — Portrait du Frère Philippe. — Portrait du maréchal Vaillant. — Rendez-vous de chasse. — Intérieur d'atelier.

Salon de 1859. — Bataille de l'Alma, appartenant au prince Jérôme Napoléon.

LITHOGRAPHIES.

Toutes les lithographies d'Horace Vernet se sont trouvées dans la collection de M. de la Combe ; nous avons puisé dans l'excellent catalogue, rédigé par M. Ph. Burty, des renseignements que l'on peut regarder comme complets sur ce point.

PORTRAITS.

M. Perregaux, *buste tourné vers la droite*, H. V. (*Lasteyrie*) *et une copie par M. Denon.* — Mme Perregaux *debout, les bras croisés, dans un jardin. H. Vernet.*

Portrait de Cyrus, fils du maréchal Gérard. *On n'en connaît que deux ou trois épreuves.*

Boyer, président d'Haïti. *H. Vernet (Engelmann).*

Carle Vernet, en buste, *H. Vernet (Motte). Premier état avant le nom de Carle Vernet.* — Carle Vernet, debout dans la campagne, dessinant sur un calepin. *H. Vernet, 1818.*

Le Petit Oiseleur. *H. Vernet, 1er mai 1818, Paris, (Engelmann). C'est le portrait de M. Henri Bache Thornill.*

Louis-Pierre Louvel, *dessiné à la Chambre des Pairs (Delpech).*

Maurocordato, chef du gouvernement de la Grèce. *H. V. (Delpech). Se vend au profit des réfugiés grecs.*

Chauvelin. *H. Vernet, 1823 (Delpech).*

Dupin aîné, avocat. *Il y a un état avant la forme ovale.*

Mahomet-Ali Pacha. *H. Vernet, 1818 (Delpech). La tête dessinée d'après un croquis de M. le comte de Forbin. Il y a un état avant cette variante. La tête copiée sur un dessin fait par M. le comte de Forbin.*

El general Quiroga. *H. Vernet, 1820.*

Mort du prince Joseph Poniatowski. *H. Vernet, 1817.*

Sinné, sauvage du désert de Sahara, Voyage en Afrique.

Serlet, rôle de Regnaudin dans la *Maison* en loterie. *H. V. (Engelmann).*

Talma, rôle de Sylla. *H. V. Il y a un état avec des travaux ajoutés sur le lit sur lequel est étendu le dictateur..*

Le Général en retraite. — Schmitz mesurant des pierres de taille. *Il y a un état avec la réclame adressée aux constructeurs.*

Le Général Foy. *H. Vernet. Portrait en buste (Delpech).*

Le Général Foy. *H. Vernet. Autre portrait également en buste, sous les bras indiqués.*

Vignette pour placer au-dessous d'un portrait de Pelletier de Chambure, par Singry.

M. de Verdière, à cheval en colonel de hussards.

Portrait en buste et de face du général Sebastiani. *H. V. Il y a quelques retouches aux cheveux, à la bouche et au menton.*

Le comte Muraire, premier président à la cour de cassation. *H. Vernet (Engelmann).*

Mme la maréchale Macdonald, en buste, la tête tournée vers la gauche. *H. Vernet (Delpech).*

M. Bruyard. H. Vernet, 1828. Autre portrait de M. Bruyard *beaucoup moins ressemblant que le précédent. Il porte la croix à la boutonnière. H. Vernet, 1818 (C. Motte). Il y a un état avant le nom.*

Pierre Guérin. *H. Vernet, Rome 1830. Épreuve d'essai avec des essais de crayon sur l'angle de la pièce.*

Pie VIII. H. Vernet, Rome, 1830 *(Delpech). Premier état avant la lettre et avec quelques essais de crayon sur l'angle de la pierre.*

Le prince Édouard Gagarini. Debout, en costume de page, la main appuyée sur une table. *H. Vernet, Rome, 1832.*

Brad, premier hautbois de l'Académie royale de musique. *H. Vernet. L. Viardot (Lemeer).*

SUJETS DIVERS.

Lancier de l'ex-garde impériale en vedette. *H. Vernet, 1836.*

Grenadier de la garde, le bras en écharpe. *H. Vernet, 1817.*

Napoléon debout sur un cap de l'île d'Elbe. *Vernet, 1817.*

La Pièce en batterie. — La Pièce en action.

Grenadier assis sur les débris d'un affût au milieu d'un

champ de bataille, *croquis H. Vernet, avec ces mots : lithographie Engelmann.*

Blessés français attaqués par des Cosaques.

A la grâce de Dieu, *avec l'adresse de l'imprimerie lithographique du comte de Lasteyrie.*

Mathilde et Malek-Adhal, *2ᵉ état avec H. Vernet 1817 (C. de Lasteyrie).*

Les Adieux, *2ᵉ état, avec C. de Lasteyrie.*

La Cuisine militaire. *H. Vernet, 1817 (Lasteyrie).*

La Cuisine au bivouac *(Delpech).*

Soldats jouant à la drogue. — Les Suites du jeu de la drogue. — La Réconciliation. — *H. Vernet, 1818 (Lasteyrie).*

Tombeau du général Moncey — *1818 (Lasteyrie).*

Mort de Tancrède, 1818, *1ᵉʳ état avant la lettre.*

Passage d'une rivière.

Scène d'Auvergne en 1812, *avec l'adresse d'Engelmann.*

Bivouac français, 1818. — Prise d'une redoute par les grenadiers français. *Avec le nom de Lasteyrie.*

A Stage-coach-malle-poste, *1818 (Delpech).*

Un commissionnaire portant sur ses crochets une pierre lithographique sur laquelle on lit : Croquis lithographiques par H. Vernet, *1818. Avec l'adresse de Delpech.*

Don Quichotte. — Paysanne qui file en gardant ses vaches. — Officier d'artillerie parlant à un soldat démonté. — Embuscade d'infanterie contre les cosaques. — Trois hommes dans une barque. *Toutes ces pièces sont en largeur et portent au bas : H. Vernet, 1818.*

Deux soldats ivres s'embrassant. — Invalide faisant sauter un enfant. — Grenadier en sentinelle dans la neige. — Procession rentrant au couvent. — *Ces quatre pièces sont en hauteur et portent au bas : H. Vernet, 1818.*

Turc surpris par des assassins.

Ses premiers pas annoncent ce qu'il doit être un jour. — Départ du jeune Grivet pour l'armée. — Équipement militaire du jeune Grivet. — Premier fait d'armes du jeune Grivet. — Amusements du jeune Grivet pendant la paix.

Route de Naples *(Delpech)*.

Famille de hussards au bivouac.

Conrad sauve Gulnare de l'incendie *(1819)*. *H. Vernet.*

Tirailleur derrière un mur. — L'apprenti cavalier. 1819, *H. Vernet.*

Imprimerie-lithographique de Delpech. — Soldat blessé à cheval, conduit par un paysan. *Le premier état est avant le titre.* — Jeune soldat jouant du flageolet. — Grec assis près de sa femme. — Une plage. — Combat d'infanterie. — Moine debout en méditation. — Religieuse dans un *in-pace.* — Deux chevaux de ferme dans un hangar. — Cheval de cosaque broutant un sapin.

Lazarone debout, assis sur un parapet. — *La pierre s'est cassée, on n'a tiré que quelques épreuves.*

Manfred et le chasseur. *H. Vernet, 1820 (Lord Byron).* —

Artilleur mettant le feu à une mine. — Escorte russe. — Soldat, je te pleure. — Débarquement de marins armés.

La Sœur de charité *(G. Engelmann)*.

Le Général Maurice Gérard à Kowno, 1813. *Dédié aux électeurs du département de la Seine (Delpech).*

Les Osages *(G. Engelmann)*.

Scène historique aux environs de Barcelone. *Croquis inachevé pour cette pierre.*

Chasseur à cheval, chargeant. — Les Fourrageurs. — Petits! Petits! Petits! — Tiens ferme! — Leicester et Amy Robsart. — Naufrage de don Juan. — Chevaux de poste anglais. — Marchand d'esclaves. — Marchand de poisson hollandais *(Delpech)*.

Chien de métier ! — Coquin de temps ! — Gredin de sort ! — J'te va descendre ! — Qui dort, dine. — Écossais combattant. — Le Serment *(Delpech)*.

La Fiancée d'Abydos. — Mon caporal, je n'ai pu avoir que ça ! — Mon lieutenant, c'est un conscrit. — C'nest pas un lapin, non c'est le chat !

Soldat français instruisant des Grecs *(Delpech)*.

Les Forçats *(Delpech)*.

Le Rendez-vous *(Delpech)*.

Vue du lac Majeur. *H. Vernet pour sa nièce, 1828 (Lith. Mendouze)*.

Courrier à cheval, Paris, *H. Vernet, 1834 (Lamarcier)*.

Garde-bœufs (guarda bovi), *Paris, H. Vernet (Delpech). Le premier état est avant ce titre, l'adresse et le trait carré.*

Sepolcro di Rafaello di Urbino scoperto il 14 settembre *(Lithografia della Bella Arti G. Caccarini, Roma). Signée dans la pièce H. Vernet, Rome, 1834.*

SUJETS DE CHASSE.

Chasseur africain. *H. Vernet, 1818.*

Paysan parlant à un chasseur. — Chien en arrêt. *H. Vernet, 1818.*

Tête de chien braque. — *2ᵉ état avec les lettres H. V.*

Repos de chasseurs. — Chasseur appuyé contre un mur.

Garde-chasse rentrant un chien au chenil. *Cette pierre, restée inachevée par l'artiste, et biffée, n'a tiré que peu d'épreuves.*

Garde au bois, avec un chien courant, tenant une branche d'arbre. *Croquis inachevé.*

Garde furetant à blanc. *Le premier état est avant le titre.*

Le Braconnier. — Battue au bois. — *Premier état avant le*

titre. — Après, après ! là, mes beaux ! *Premier état avant le titre.* — Ça rapproche. — Hallali. — Départ pour la chasse au marais. — Chasse au marais. — Lever du valet de limier. — Rapport du valet de limier. — Hallali du cerf *sur papier teinté et sur blanc.*

Horace Vernet a fait aussi beaucoup de dessins pour *l'illustration de divers ouvrages. Le nombre des gravures et lithographies faites d'après ses tableaux est si considérable que nous renonçons à en donner la liste.*

Nᵒ 4941. — Bataille de Las Navas de Tolosa, 16 juillet 1212.

» 1791. — Revue passée au champ de Mars, par Charles X, 30 septembre 1824.

Salle nᵒ 20. — La voussure tout entière.

dᵒ nᵒ 21. — La voussure est de Féron sous la direction d'Horace Vernet, qui a peint toutes les toiles de cette salle. — La Smâlah. — La Bataille d'Isly.

Nᵒ 2013. — La Flotte française force l'entrée du Tage, 11 juillet 1831.

» 2014. — Entrée de l'armée française en Belgique, 9 août 1831.

» 2015. — Occupation d'Ancône, par les troupes françaises, 23 février 1832.

» 2016. — Attaque de la citadelle d'Anvers, 22 décembre 1832.

» 2017. — Prise de Bougie, 2 octobre 1833.

» 2018. — Combat de l'Abrah, 3 décembre 1835.

» 2019. — » de la Sickak, province d'Oran, 6 juillet 1836.

» 2020. — Combat de Somah, 24 novembre 1836.

» 2021. — Siège de Constantine : l'ennemi repoussé des hauteurs de Coudiat-Ati, 10 octobre 1837.

» 2022. — Siège de Constantine. Les colonnes d'assaut se mettent en mouvement, 13 octobre 1837.

» 2023. — Siège de Constantine : prise de la ville, 13 octobre 1837.

» 2024. — Attaque du fort Saint-Jean d'Ulloa, 27 novembre 1838.

» 2025. — Combat de l'Affroun, 27 avril 1840.

» 2026. — L'armée française occupe le Téniah de Mouzaïa, 12 mai 1840.

» 2027. — Prise de la Smâlah d'Abd-el-Kader, à Taguin, 16 mai 1843.

» 2028. — Bataille d'Isly, 14 août 1844.

» 2031. — Siège de Rome, prise du bastion n° 8, 30 juin 1849.

» 2674. — Bataille de Bouvines (Philippe-Auguste), 27 juillet 1214.

» 2743. — Bataille de Fontenoy (maréchal de Saxe), 11 mai 1745.

» 2768. — Bataille d'Iéna (par l'empereur Napoléon Ier), 14 octobre 1806.

» 2772. — Bataille de Friedland (par l'empereur Napoléon Ier), 14 juin 1807.

» 2776. — Bataille de Wagram (par l'empereur Napoléon Ier), 6 juillet 1809.

» 4516. — Chasse au lac de Patria, 1749, *par Joseph Vernet.*

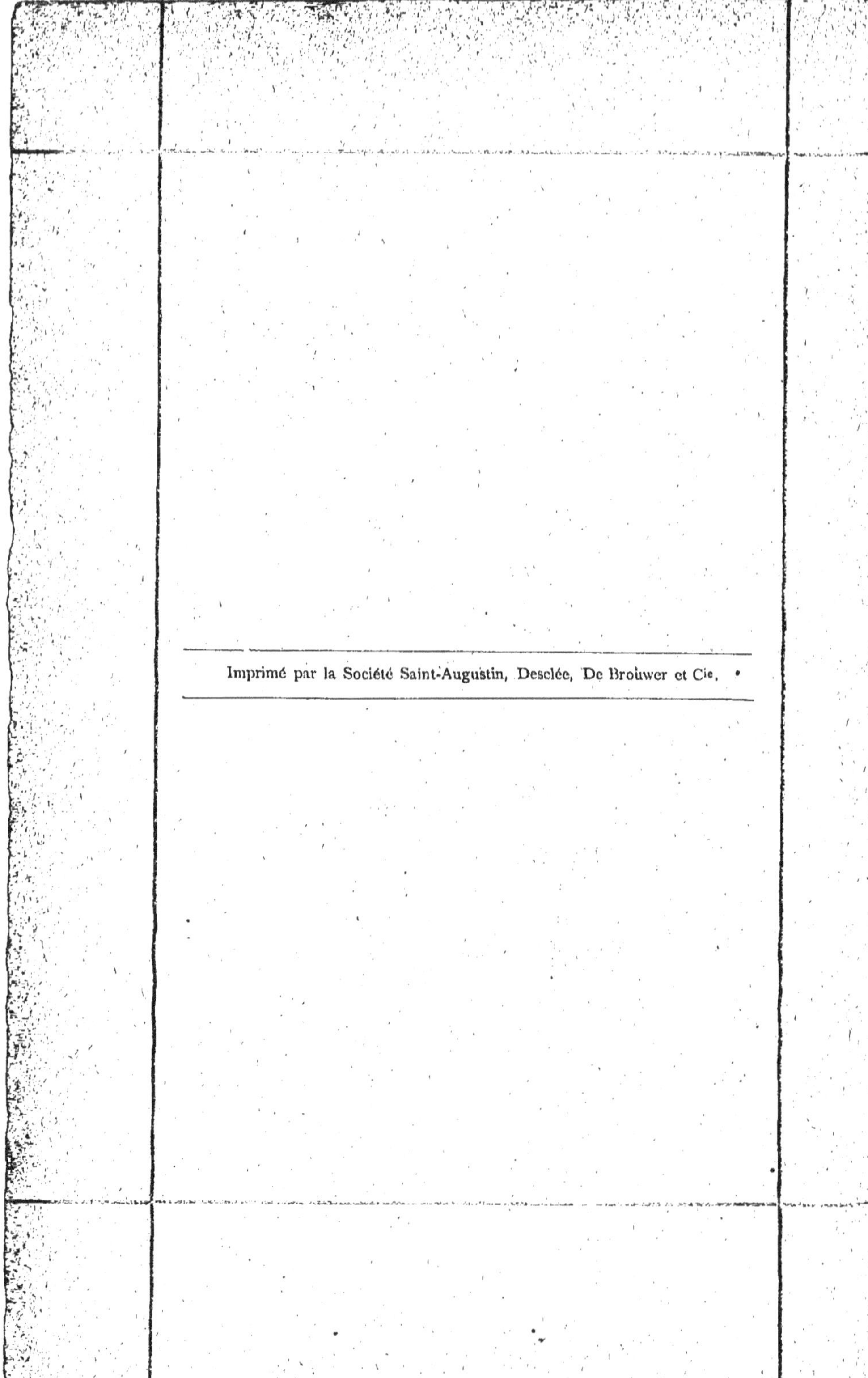

Imprimé par la Société Saint-Augustin, Desclée, De Brouwer et Cie.